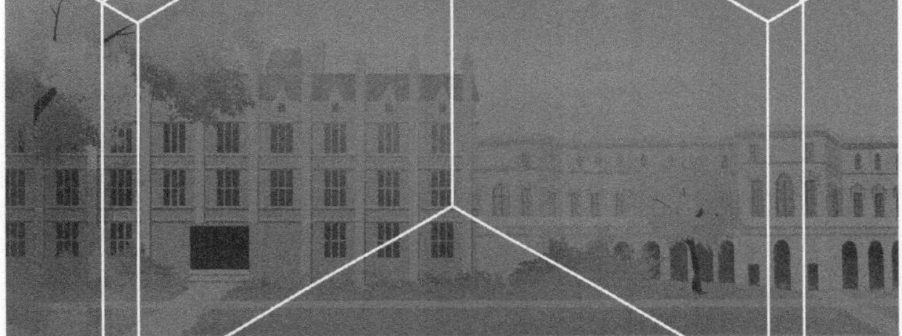

Introduction to Education

교육학개론

정황순 권은진

태영출판사

머리말 ··· 3

교육을 학문적으로 정의하면 '인간행동의 계획적인 변화'라고 정의를 내린다. 인간의 행동을 가치로운 방향으로 변화시키는 계획적인 행동이라는 것이다. 그러나 인간이라는 존재는 가르친 대로 교육이 이루어지지는 않는다. 만약에 가르친 대로 아이들이 학습하고 가치로운 존재가 되어진다면 교육만큼 쉬운 일이 없을 것이다. 인류가 존재하는 긴 역사 속에서 교육은 각 사회의 모습을 반영하면서 여러 가지 모습으로 다양한 방법으로 계속되어져 왔으며, 아직도 여전히 많은 학자들이 수많은 시간들을 시행착오를 거쳐 연구하면서 '어떻게 하면 좀 더 효과적인 교육을 할 수 있을까?', '어떻게 하면 좀 더 바람직한 방법으로 교육할 수 있을까?'를 고민하고 연구해 오고 있다. 그러나 아직도 우리가 살고 있는 이 사회의 모습에서는 여전히 해결해야 할 일들이 산적해 있고, 범죄율이 줄지 않고 범죄의 연령대가 낮아지고 있으며, 여전히 아이들은 교육기관인 학교를 떠나 거리를 방황하고 있다. 이러한 사회적인 이슈가 되는 여러 가지 사건들에 대한 책임을 우리는 여전히 교육에서 답을 찾고 있으며, 따라서 교육이 먼저 변해야 한다고 입을 모아 이야기를 한다. 그 이유는 무엇일까? 그것은 그만큼 아이들을 바람직한 방향으로 이끌어 가는 교육의 중요성, 교사의 책임이 중요하다는 것을 말하는 것이다. 아이들이 처음 접하는 환경인 가정에서 좋은 부모, 성숙한 부모를 만난다면 얼마나 좋을까? 그러나 문제는 그렇지 못하다는 것에서 출발되어진다.

교육의 시작은 가정이다. 그러나 가정만의 책임일까? 이 질문에는 많은 의문을 제기할 수밖에 없다. 가정을 떠나 아이들은 학교라는 교육기관으로 가면서 이제는 학교라는 사회에 들어가게 된다. 이 때부터 아이들에게는 정말로 중요한 시간들이 펼쳐진다. 다른 아이들과 어울리고, 학습하고, 또 경쟁을 해야 한다. 아직 성숙하지 못한 상태에서 다양한 모습의 교사를 만나게 된다. 미성숙하다는 것을 부정적으로 보는 것이 아니라 그만큼 아이들이 가정에서 발견하지 못한 가능성을 실현할 수 있는 또 다른 장을 만난다는 것을 의미하는 면에서는 긍정적이다. 이렇게 미성숙한 아이들을 대상으로 이루어지는 것이 교육이다. 미성숙한 아이들은 어른들의 말 한 마디, 행동 하나하나에 우리가 상상도 못할 정도의 기대감과 관심을 가지고 쳐다본다. 아니 쳐다보는 것만이 아니라 자연스럽게 녹아 들어간다. 교사의 가치관, 교사의 삶의 태도, 교사의 인간관계 방식, 모든 것을 다른 말로 하면 그대로 자신안에 셋팅해 나간다. 무엇이 옳은 일인지 모르고 넘치는 에너지를 주체하지 못하면서 어른들의 가치관에 휩쓸려 들어간다. 또 이 아이들은 너무나도 빠르게 변화되어지고 수많은 정보들이 생겼다가 사라지고 또다시 새로운 정보들이 정말 홍수처럼 쏟아져 나오고 여러 가지 가치관이 혼재해 있는 이 현대사회로 아무런 준비 없이 녹아 들어가면서 지식과 정보의 바다에 빨려들어간다. 그 많은 지식과 정보 중에서 어떤 것이 옳고 그른지, 어떻게 해야 할지 모르는 상태로 아이들은 어른들에게 밀려 어른들이 원하는 꿈과 희망을 이루기 위해 고군분투하게 된다.

요즈음 TV 드라마에서도 부모의 무분별한 꿈과 희망에 상처받고 억눌려 있는 아이들의 모습을 그린 드라마가 인기를 끌고 있다. 그래서 아이들에게 정말 올바른 교육이 무엇인지에 대한 올바른 시각이 필요하다. 우리 학교의 모토는 '사람을 사람답게 만드는 것'이다. 이것은 지식만으로는 부족하며, 교사가 변화하지 않으면 이루어질 수 없는 것이다. 교사의 올바른 가치관과 이것이 녹아나는 삶의 모습을 통해 아이들은 변할 수 있는 것이다. 올바른 가치관을 가진 교사의 열정과 헌신이 아이들을 변하게 할 수 있으며, 세상으로부터 아이들을 바로 설 수 있는 힘을 가질 수 있게 한다. 이것이 교사가 할 일이다. 세상에 범람하는 수많은 가치관 속에서 흔들리더라도 자신의 올바른 뜻을 세우고 그것을 이루기 위해 어려움도 극복해 나갈 수 있는 열정을 가진 학생을 기를 수 있다면 그것이 바로 교육이 가야 할 길이다. 그리고 교육은 그 길을 반드시 가야 한다고 생각한다.

본 교재는 1장은 교육의 본질에 대해서, 2장은 교육의 철학적 기초, 제3장은 교육의 사회적 기초, 제4장은 교육의 심리적 기초, 제5장은 교육과정, 제6장은 교육평가, 제7장은 교수-학습이론 부분을 다루었으며, 제8장은 현대 다문화 교육의 분야를, 제9장은 생활지도와 상담 부분을, 제10장은 리더십과 교육을 그리고 제11장은 교직과 교사 부분을 다루었다.

학교를 졸업하고 처음으로 학생을 대하는 예비교사로서 필요한 부분들을 유아예비교사의 부분까지 포함하여 기초적인 부분부터 다루었다. 이 책을 통해 교사를 준비하는 학생들에게 작은 도움이나마 되기를 바라며, 같이 많은 애를 써 주신 권은진 교수님께도 감사를 드리고, 마지막으로 졸고를 위해 출판에 많은 애를 써 주신 태영출판사 사장님과 직원분들에게도 깊은 감사의 마음을 전한다.

2020년 1월

저자 씀

차 례

제1장

교육의 본질

1. 교육의 이해
2. 교육의 형태

1. 교육의 이해

1) 교육의 개념

인간의 삶이 시작되어 인간의 삶을 효율적으로 유지하기 위하여 교육은 시작되어졌다고 볼 수 있다. 인간은 인간으로 태어나는 것이 아니며 인간으로 길러지는 것이다. 대부분의 포유류들은 태어나서 불과 몇 시간이면 일어나서 자신의 먹이를 찾아다닐 수 있지만, 인간은 긴 임신기간 뿐만 아니라 태어날 때 미숙한 상태로 태어나고 주변의 도움 없이는 살아갈 수가 없는 존재이다. 또한 이 기간에 적절한 도움을 받지 못한다면 평생을 여러 가지 크고 작은 문제를 겪게 된다. 그러기에 인간이 인간답게 성장하기 위해서는 교육이라는 것은 절대적으로 중요하다. 이러한 교육을 정의하기에 앞서 교육을 교육답게 하는 세 가지 조건에 대해서 알아보고자 한다.

첫째, 가치지향성이다. 교육을 교육답게 하는 가장 중요한 것은 교육은 가치를 추구하는 학문이라는 것이다. 학습의 입장을 볼 때 심리학에서는 행동의 모든 변화를 모두 포괄하여 학습의 범주에 넣지만 교육에서는 가치로운 변화만을 학습의 범주에 넣는다. 훈련과 교육의 차이에서도 이것을 볼 수 있다. 우리가 흔히 '소매치기 교육'이라는 말을 일상적으로 쓰지만, 이것은 잘못된 말이다. 소매치기라는 행위는 바람직한 행위가 아니기 때문이다. 그러므로 '소매치기 훈련'은 맞지만 '소매치기 교육'이라는 말을 써서는 안 된다. 교육은 가치를 추구하는 학문이기 때문이다.

둘째, 계획성이다. 우리에게 학습은 다양한 장소에서 다양하게 이루어질 수 있다. 길을 가다가도, 매스컴을 접하다가도 우리는 다양한 것을 학습한다. 그러나 이렇게 학습이 이루어지는 것은 교육이라고 볼 수 없다. 교육은 시행착오적으로 이루어지는 것이 아니라 특정의 목적을 이루기 위해 체계적인 방법을 통해서 이루어지는 과정이기 때문이다.

셋째, 의도성이다. 목적이 없는 것은 교육이라고 할 수 없다. 교육은 매순간마다 추구하고 달성해야 목적을 이루기 위하여 끊임없이 나아가는 작업이기 때문이다. 각 국가마다 거시적인 교육의 목적을 세우고 그 목적을 위해 학교 기관별로 또는 각 세부 단위별로 또한 시간 수업을 위해서도 그 시간에 달성해야 하는 수업목표가 반드시 있어야 하는 것이다. 그러므로 교육이라고 할 때는 반드시 의도성, 즉 목적의식, 계획성, 가치를 추구하는 활동인지를 확인하여야 한다.

다음으로는 이러한 교육의 어원을 세 가지 측면에서 살펴보고자 한다.

우선 먼저, 교육이라는 말의 어원을 동양에서 찾아보자면 중국의 맹자(孟子)의 진심장(盡心章) 상편(上篇)에서 처음으로 교육이라는 말이 쓰여졌다. 진심장 상편에서는 '군자의 세 가지 즐거움(君子有三樂)'을 설명하고 있는데 거기에서 교육이라는 말이 처음으로 쓰여졌다. 맹자는 군자가 갖는 세 가지 즐거움에 대하여 논하고 있는데, 첫째의 즐거움은 부모가 건강하게 생존하시고, 형제들이 아무 일 없이 잘 살아가는 것이요, 둘째 즐거움은 행하는 바가 공정하여 하늘을 우러러 부끄러움이 없는 것이고, 셋째 즐거움은 천하의 영재를 얻어 이를 가르치고 기르는 일, 즉 교육하는 일(得天下英才而教育之三樂也)이라는 것이다. 여기에서 나오는 교육이라는 말의 '교육(教育)'은 '가르칠 교(敎)'는 "윗사람이 베풀고 아랫사람은 본받는다."라는 의미를 가지며, '기를 육(育)'은 "자녀를 길러 착하게 만든다."는 의미를 담고 있다. 즉, 윗사람인 교사, 부모, 어른들이 미성숙한 학습자를 올바른 길로 이끄는 의미를 담고 있는 것이다.

두 번째로 서양에서 교육을 뜻하는 대표적인 단어로는 '에듀케이션(education)'을 들 수 있다. '에듀케이션(education)'은 라틴어 '에듀세레(educere)'에서 유래되어진 말로 '이끌어 내다(draw out)'라는 의미를 가지고 있다. 즉 아동의 내면에 가지고 있는 잠재능력과 가능성 등을 잘 실현할 수 있도록 도와주는 것을 의미하는 것이다.

세번째로 교육이라는 의미를 가진 우리말에는 '가르치다'와 '기르다'가 있다.

'가르치다'는 '가리키다'와 어원이 같으며, '가르치다'는 '갈다'와 '치다'의 합성어로 풀이할 수 있다. 즉 우리말의 교육이란 말의 의미는 미성숙한 학생들에게 바람직한 것을 지도하고 안내한다는 등의 뜻을 가지고 있다.

2) 교육의 정의

교육에 대한 정의는 각 사회에 따라 그 사회에서 강조하는 철학적 입장에 따라 달라진다. 교육을 정의하는 것은 교육을 통해 이루고자 하는 바를 의미하기 때문에 교육에 대한 정의가 바로 이루어져야 올바른 교육의 방향을 제시할 수 있는 것이다. 본 장에서는 이제까지 내려진 교육에 대한 세 가지 입장에서의 교육을 정의해 보고자 한다.

(1) 규범적 정의 : 가치를 지향하는 입장

위의 교육을 성립시키는 조건에서 봤듯이 교육은 가치를 추구하는 활동이다. 인간이 하는 모든 행동은 가치를 나름대로 추구한다고 볼 수 있지만, 특히 교육은 가치를 추구하는 활동이다. 교육의 규범적 정의는 바로 교육 활동을 통해 이루고자 하는 것이 바로 가치라는 것이다. 그러므로 교육에 관한 규범적 정의는 교육 활동의 본질적 측면을 규정하는 측면에서 교육을 이해하는 데에 매우 중요한 의미를 갖는다.

(2) 기능적 정의 : 수단을 강조하는 입장

교육의 기능적 정의란 교육을 무엇을 하기 위한 수단으로 보는 입장이다. 예를 들어, 교육을 '사회개혁을 위한 수단', 또는 '사회발전을 위한 도구'라고 보는 입장이다. 규범적 정의가 교육의 가치에 중점을 두는 데 비해 기능적 정의는 교육을 통해서 도달하고자 하는 어떤 목적이나 대상에 초점을 두고 정의

한다.

개인의 입장에서 교육을 취업 수단으로 보거나 높은 지위를 차지하기 위한 수단으로 볼 수 있으며, 이러한 입장을 사회적 관점에서는 교육을 '사회발전을 위한 수단' 또는 '문화유산을 계승, 발전시키는 수단'으로 볼 수 있다. 경제적 입장에서는 '인력 양성을 위한 수단'으로 볼 수 있고, 국가적 입장에서는 '국가경쟁력을 높이기 위한 수단'으로 볼 수도 있다. 물론 이와 같이 교육을 정의하는 입장이 국가적인 차원에서 사회적인 차원에서 필요하다고는 하지만 이와 같은 기능적 정의는 교육을 지나치게 수단적 도구로 봄으로써 교육의 진정한 본질을 왜곡할 가능성이 있다.

(3) 조작적 정의 : 과학적 근거를 강조하는 입장

조작적 정의는 교육을 가장 과학적으로 정의하는 한 가지 방식이며, 그 대표적인 예는 교육을 "인간행동의 계획적인 변화(정범모, 1968)"라고 정의하는 것이다.

이러한 정의를 교육의 대상인 '인간행동', 방법인 '계획적', 그리고 결과인 '변화'로 나누어 알아보면 다음과 같다.

① 인간행동

교육은 인간행동을 대상으로 하며, 여기서 인간행동의 '행동'이라는 말의 의미는 우리의 눈에 일상적으로 보이는 외현적 행동, 즉 지적, 정의적, 행동적 행동뿐만 아니라 그러한 행동이 일어나게 하는 가치관, 지식, 감정, 성격특성, 자아개념 등 내면적인 행동까지 포함하는 말이다.

② 계획적

교육을 성립시키는 조건에도 포함되지만 시행착오적으로 학습이 이루어지는 것은 교육이라고 볼 수 없다. 교육의 계획성이란 피교육자에게 무엇을 어떻게 교육할 것인가에 대한 계획과 준비를 말하는 것이며, 이는 다른 말로 교육의 계획성을 의미하는 것이다.

교육은 학교현장에서만 이루어지는 것이 아니다. 길을 가다가도, 일을 하다가도, 은행 업무를 보다가도, 이야기를 나누고, TV를 보다가도 일어난다. 이러한 모든 것을 다 교육이라고 보기는 어렵다. 물론 교육을 목적으로 하는, 예를 들어 EBS TV프로그램을 통한 것은 예외적으로 한다. 교육을 통해 이루고자 하는 목표는 명확하고 이것을 어떠한 방법으로 달성할 것인지에 대한 구체적인 방안이 나와야 하며, 교사는 이에 대한 충분한 준비와 이를 잘 전달하기 위해 노력하여야 한다. 예전에 수업시간에 칠판에 우리는 학습목표를 반드시 쓰도록 되어 있는 것을 기억할 것이다.

③ 변화

근본적으로 교육은 변화를 추구하는 활동이다, '변화'란 몰랐던 것을 알게 되고, 이러한 가치관을 저러한 가치관으로 바꾸는 등 생각이나 관점을 바꾸도록 하는 것을 포함한다. 그리고 이러한 변화는 유전적으로 결정되어진 변화는 제외하고, 학습을 통해서 이루어진 변화만을 말하며, 이러한 변화는 반드시 가치로운 변화만을 포함한다.

위와 같은 세 가지 조건을 충족시킨다면 교육을 '인간행동의 계획적 변화'라고 보는 입장이 교육을 가장 학문적으로 정의하는 입장이라고 볼 수 있다.

3) 교육의 목적

(1) 각급학교의 교육목적

교육이 무엇인지가 밝혀지고 나면 다음 질문은 '교육은 왜 하며, 어떤 목적을 추구해야 하는가?'이다. 교육의 목적은 교육의 개념과 별개의 것이 아니다. 교육의 개념은 바로 총체적인 관점으로 교육을 바라보는 것이기 때문에 이를 교육의 관점에서 어떻게 인식하는가의 문제는 우리가 어떤 교육 개념을 가지고 있느냐에 달려 있다. 교육의 내재적 목적은 다름 아닌 교육의 개념과 논리적으로 관련되어 있는 목적을 의미하며, 교육의 외재적 목적은 교육과 사실적으로 관련된 목적을 의미한다. 2012년 3월 21일 기준 국가법령정보센터(http://www.law.go.kr/lsSc./)에서 인용한 각급학교의 교육목적을 제시하면 〈표 1-1〉과 같다.

표 1-1 각급학교의 교육목적

구분	규정 제시	관련 조항	내용
유치원	교육부 「유아교육법」 http://www.mest.go,kr	유아교육법 제7조(유치원의 구분) 유치원은 다음 가호와 같이 구분한다.	1. 국립유치원: 국가가 설립·경영하는 유치원 2. 공립유치원: 지방자치단체가 설립 주체에 따라 시립유치원과 도립유치원으로 구분할 수 있다.
초등학교	http://www.law.go.kr/lsSc./)	「초·중등교육법」 제4절	제38조(목적) 초등학교는 국민생활에 필요한 기초적인 초등교육을 하는 것을 목적으로 한다.
중학교·고등학교	http://www.law.go.kr/lsSc./)	「초·중등교육법」	제41조(목적) 중학교는 초등학교에서 받은 교육의 기초 위에 중등교육을 하는 것을 목적으로 한다. 제45조(목적) 고등학교는 중학교에서 받은 교육의 기초 위에 중등교육 및 기초적인 교육을 하는 것을 목적으로 한다.
특수학교	http://www.law.go.kr/lsSc./)	「초·중등교육법」 제7절	제55조(특수학교) 특수학교는 신체적·정신적·지적 장애 등으로 인하여 특수교육을 필요한 사람에게 초등학교·중학교 또는 고등학교에 준하는 교육과 실생활에 필요한 지식·기능 및 사회 적응 교육을 하는 것을 목적으로 한다.
대학교	http://www.law.go.kr/lsSc./)	「고등교육법」 제2절	제1관 대학 제28조(목적) 대학은 인격을 도양하고, 국가와 인

			류사회의 발전에 필요한 학술이론과 그 응용방법을 가르치고, 연구하며, 국가와 인류사회에 이바지함을 목적으로 한다. 제2관 산업대학 제37조(목적) 산업대학은 산업사회에서 필요로 하는 학술 또는 전문적인 지식이나 기술의 연구와 연마를 위한 교육을 계속받으려는 사람에게 고등교육의 기회를 제공하여 국가와 사회발전에 이바지하는 산업인력을 양성함을 목적으로 한다. 제3절 교육대학 등 제41조 (목적) ① 교육대학은 초등학교의 교원을 양성함을 목적으로 한다. ② 대학의 사범대학(이하 '사범대학'이라 한다)은 중등교육의 교원을 양성함을 목적으로 한다. ③ 대학에는 특별한 필요가 있는 경우에 대통령령으로 정하는 바에 따라 교원의 양성을 목적으로 하는 교육과(이하 "교육과"라 한다)를 둘 수 있다. 제4절 전문대학 제47조(목적) 전문대학은 사회 각 분야에 관한 전문적인 지식과 이론을 가르치고 연구하며 재능을 연마하여 국가사회의 발전에 필요한 전문직업인을 양성함을 목적으로 한다. 제5절 원격대학 제52조(목적) 원격대학은 국민에게 정보 · 통신매체를 통한 원격교육으로 고등교육을 받을 기회를 제공하여 국가와 사회가 필요로 하는 인재를 양성함과 동시에 열린 학습사회를 구현함으로써 평생교육의 발전에 이바지함을 목적으로 한다.

출처: http://www.law.go.kr/lsSc./

(2) 내재적 교육목적과 외재적 교육목적

교육의 내재적인 목적이라는 것은 교육의 목적을 인간 내부에서 찾는 것이고, 교육의 외재적 목적이라는 것은 교육의 목적을 외부에서 찾는 것이다. 즉 교육의 목적이 그 자체 내에서 의미나 목적을 추구한다면 이를 내재적이라 표현하고 만약에 교육을 통해 어떠한 것을 실현하기 위한 수단으로 생각한다면 외재적이라고 표현할 수 있다.

교육의 내재적 목적으로 거론되는 것은 '자율성 추구', '주도성 발달', '올바른 인성 함양' 등을 들 수 있으며, 교육에서 관심을 가져야 할 일은 교육 바깥의 것을 끌어 들이기보다는 이러한 교육의 내재적 목적을 잘 실현하는 것이라고 설명하고 있다.

교육의 외재적 목적을 주장하는 입장은 교육을 어떤 목적을 이루기 위한 수단이나 도구로 연결되어서 행해진다는 것이다. 즉, '국가발전', '사회 발전'. '사회이동' 등의 목적을 추구하기 위한 수단으로 보는 입장이다. 그러므로 교육의 외재적 목적을 추구하는 입장에서는 교사는 부단히 사회의 변화에 민감하게 반응하며 사회의 현실과 개인의 필요를 잘 반영하는데 관심을 두어야 한다고 설명하는 입장을 취하고 있다.

4) 교육의 가능성

인간은 태어날 때 신체적 발달 가능성, 지적으로 수월할 수 있는 가능성, 도덕적, 사회적, 정서적으로도 수월할 수 있는 잠재적인 가능성을 가지고 세상에 태어난다. 그러나 이러한 가능성이 다 실현되어지는 것은 아니다. 이는 인간의 성장 · 발달에는 환경과의 상호작용 등 여러 가지 복합적인 요인이 작용하기 때문이다. 그러므로 생후 주어지는 환경에 따라 인간의 가능성은 실현되어지기도 하고 때로는 발달에 어려움을 겪기도 한다. 인간의 발달에 있어서 잠재적인 가능성이 크다는 것은 그만큼 환경이 중요하다는 것을 설명하고 있는 것이다.

(1) 교육의 가능성과 한계

인간은 스스로 무엇인가를 할 때까지 오랜 기간을 필요로 한다. 태어난 순간 인간은 주변의 도움 없이는 살 수 없는 무능한 존재로 태어나며, 더 오랜 기간 동안 이러한 무능은 지속되어진다. 그러나 이러한 기간에 어떠한 주변으로부터의 도움을 받느냐가 한 인간의 성장에 절대적인 영향을 미친다는 것을 부정하는 학자들은 없다. 따라서 인간은 인간다운 인간으로 성장하여 인간다운 삶을 누리기 위해서는 반드시 인간사회에서 올바른 교육을 받아야 한다.

그러나 미완성의 무능력한 존재로 태어난다는 것은 반드시 부정적인 것만을 의미하는 것은 아니다. 미완성의 상태로 태어나기 때문에 더 많은 잠재적인 가능성을 실현할 수 있는 것이다.

동물은 시간이 지나 성장한다고 해서 달라지는 것은 거의 없다. 일찍 성장한 다음 생존을 위해 환경에 적응해야 하기 때문에 그렇게 오랜 시간 동안의 보살핌이 필요하지 않다. 송아지는 분만 직후 몇 시간이 지나면 비틀거리지만 곧 어미소와 비슷하게 걸어 다닌다. 송아지에게 아무리 많은 시간과 정성을 쏟는다고 하더라도 인간과 같은 가능성 실현을 기대할 수는 없다.

인간은 가소성이 큰 존재이다. 루소(J. J. Rousseau)는 그의 저서 『에밀』에서 "우리들은 연약하게 태어난다. 우리들에게는 힘이 필요하다. 우리들은 커가면서 필요한 모든 것을 교육을 통해 얻는다."고 말하고 있으며, 인간은 교육을 통해서만 그 생명을 보존하고 가치를 발휘할 수 있는 존재이다. 그 구체적인 예를 들어 보면 다음과 같다.

<프랑스 아베롱(Aveyron)의 야생아>

1779년 남부 프랑스 아베롱 숲 속에서 12~13세로 추정되는 한 소년이 발견되었으며 이 소년은 5년 전부터 숲 속을 배회하였던 것으로 파악되었으며, 거의 야생동물과 같은 수준이었다.

이 소년은 발견된 후 젊은 의사 이따르((J. M. Itard)의 주관 하에 5년간 교육이 이루어졌으나, 연구 결과 이 소년의 교육은 실패한 것으로 밝혀졌다. 결국 인간이라는 존재는 인간으로 태어나지만 인간사회에서 양육되어지지 않으면 오히려 동물보다 더 열등한 존재가 되어지며, 교육의 효과는 어릴수록 더욱 중요하고 큰 영향을 미치며, 발달에는 적절한 시기가 있다는 사실을 말해 주고 있다. 이 야생아의 경우 개인적이고 인간적인 측면에서 본다면 피해자이지만, 이러한 연구를 통해 인간이 인간다운 존재가 되기 위해서는 절대적으로 교육의 힘이 필요하다는 사실을 말해 주고 있다. 물론 모든 인간에게 교육의 효과가 동일하게 나타나는 것은 아니며, 가지고 태어난 가능성의 달성 정도도 동일한 것은 아니지만 인간이 가진 가능성을 실현하기 위해서는 교육의 힘이 크게 작용한다는 것을 부인할 수 없다.

인간의 성장은 다른 사람과의 상호작용, 즉 환경과의 상호작용을 통해 이루어지는 것이다. 즉 인간이 배우고 자란다는 것은 그를 둘러싸고 있는 다양한 환경을 통해 이루어진다는 것이다. 그러나 이러한 무한한 가능성을 지닌 인간의 성장 가능성에 한계를 짓는 조건이 있는데 이것은 개인의 유전적인 소질이다. 어떠한 유전적 소질을 가지고 태어났느냐에 따라 동일한 환경이 주어지더라도 발달의 정도는 다르다. 즉 아무리 좋은 환경이 주어지더라도 선천적으로 부족한 소질을 가지고 태어났다면 환경을 통해 이룰 수 있는 효과는 극히 미비하다는 것이다. 즉, 성장 가능성을 훌륭하게 타고났다 하더라도 그가 경험한 문화적 · 물리적 환경이 교육적으로 부적합했을 때 그 사람의 잠재능력의 계발은 제한을 받을 수밖에 없는 것이다. 그러나 우리가 생각해 보아야 하는 것은 인간의 성장 가능성을 실현하기 위해 만든 교육이라는 것이 오히려 학생들의 다양한 가능성의 실현인 전인적인 발달을 저해하는 방향으로 작용하는 안타까운 사례도 있음을 우리는 간과해서는 안 된다.

(2) 유전과 환경의 상호작용

위에서 살펴본 바와 같이 인간의 발달에 있어서 유전과 환경 중 어느 것이 더 중요한가에 대해서는 단정적으로 말할 수는 없다. 앞으로는 이것과 관련된 논의는 계속되어질 것이다. 인간에게 유전적인 소질과 환경적인 요인은 둘 다 인간을 형성하는데 중요하게 작용하기 때문이다.

우드워즈(R. S. Woodworth)는 인간의 성장 가능성이란 환경을 세로로, 유전을 가로로 한 직사각형 속의 면적과 같다고 보아 유전과 환경과의 관계는 더하기의 관계가 아니라 유전과 환경의 함수라고 하였다. 즉, D=f(H · E)이다. 이 관계를 그림으로 나타내면 [그림 1-1]과 같다.

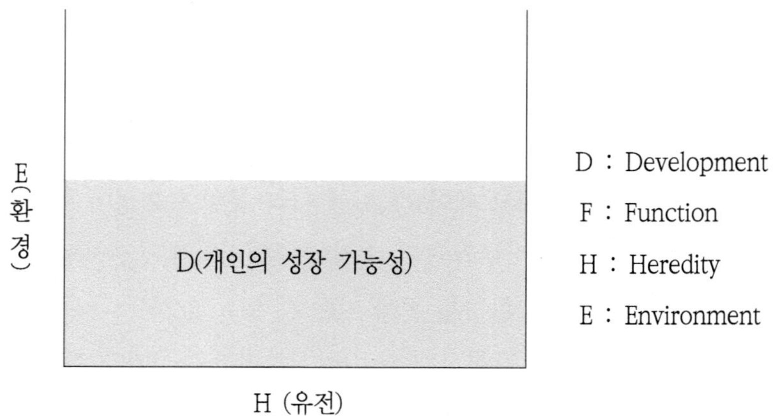

[그림 1-1] 유전과 환경과의 관계
출처: 교육학개론 장선철 외(2008).

그러므로 교육은 환경적인 요인과 유전적인 요인의 상호작용에 의해 이루어진다는 것이다. 유전적인 요인을 강조한다고 해서 환경적인 요인을 무시해서도 안 되며, 환경적인 요인을 강조한다고 해서 유전적인 요인을 부정해서도 안 된다는 것이다. 그러므로 가지고 태어난 잠재적인 가능성이 잘 실현되어질 수 있도록 최적의 교육환경을 만들어 주는 것이 가장 중요한 것이다.

그러나 우리는 여기서 교육이 가진 한계점에 대해 생각해 보아야 한다. 인간이 가진 가능성이 부딪치는 삶의 문제들로 인해 그 성장 가능성이 저해 당하고 있는 것은 아닌지, 오히려 인간의 성장을 돕기 위해 마련된 학교교육제도까지도 비교육적 요인들로 인하여 인간 발달에 많은 역기능적 작용을 하고 있으며 오히려 인간의 성장 가능성을 저해하는 방향으로 흘러가는 면도 적지 않다는 것이다. 과도한 경쟁, 계속적인 긴장과 불안, 지적 호기심을 죽이는 강요된 기계적 학습 등은 인간의 진정한 자아실현에 오히려 부정적인 영향을 미친다는 것이다.

5) 교육의 구성요소

교육을 '인간행동의 계획적인 변화'라고 정의 내릴 때 교육의 대상을 학생, 즉 교육의 객체로 간주하였으며, 교육에 대해 의도와 계획을 가진 교사를 교육의 주체로 간주하였다. 그러나 사회의 변화에 따라 현대교육에서는 학생을 교육의 주체로, 교사를 교육의 보조나 객체로 간주하는 추세이다. 이렇게 사회의 변화에 따라 교육의 주체나 객체는 달라지지만 기본적으로 교육이 성립되어지기 위해서는 교사와 학생, 그리고 교사와 학생을 상호 연결하는 교육매체는 교육이 이루어지기 위한 필수요소이다. 즉 교육이 이루어지기 위해서 반드시 교육의 주체와 객체, 그리고 매개체가 있어야 하며 이는 교육의 3요소라 할 수 있다.

물론, 교육활동이 이루어지기 위해서는 교사, 교육내용, 학생이라는 요소 이외에도 학교건물이나 시설, 교육행정 체계나 조직, 지역사회의 여러 가지 여건 등이 교육에 영향을 미치지만 교사, 교육내용, 학생이라는 세 가지 요소는 교육활동이 이루어지는 과정에서 가장 기본적인 요소가 되는 것이다.

(1) 교사

교육의 주체에서 교육의 객체, 안내자, 조력자의 입장으로 교사의 입장이 바뀌는 추세이지만 교육이 효율적으로 이루어지기 위해서 교사는 중요한 역할을 담당하는 것은 사실이다. 관련 분야에 대한 전문적인 지식과 교수 방법에 있어서도 충분한 전문성을 갖추고 있어야 한다. 더불어 학생들의 모범이 되어져야 하므로 인생에 대한 긍정적이고 바람직한 가치관과 인성, 학습자에 대한 사랑과 관심을 포함한 바른 인품까지 갖추어야 한다.

(2) 학습자

학습자는 기존의 교육의 입장에서는 교육의 객체 입장이었지만, 열린교육을 강조하는 현대교육의 입장에서는 학습자를 교육의 주체로 인식하여 교육이 진행되어진다. 그렇지만 학습자를 주체로 하되 교육을 완전히 학습자 중심으로만 진행할 수는 없다. 학습자는 미성숙하여 가르침을 필요로 하는 존재이기 때문이다. 그러나 학습자를 단순히 교수자의 지식을 받아들이는 수동적 대상이 아니라 자기 스스로 성장 가능성을 가지고 배우며 변화하는 주체로 인식하는 의식의 전환이 필요하다. 즉 아직은 미숙한 존재이지만 완전성을 향해서 발달하는 과정에 있다는 것을 염두에 두어야 한다는 것이다.

(3) 교육내용

교육내용은 교사와 학습자가 만나는 매개체의 역할을 한다. 교육활동에서 교수자가 전달해야 할 인류가 역사 이래로 축적하여 온 지식, 기술, 가치를 포함하고 있어야 한다. 그리고 학습자가 자신의 가능성을 실현할 수 있도록 학습자의 발달수준이나 학습자의 수준을 고려하여 적절한 내용으로 구성되어져야 한다. 이러한 교육내용은 학생의 수준과 발달단계에 적합하게 주어져야 하며, 발달단계의 수준에 따라 위계적이며 순차적으로 주어져야 한다. 또한 교육의 내용에는 국가 차원에서 중요하게 여겨지는 내용뿐만 아니라 가정과 사회에서 중요하게 여겨지는 내용이 포함되어야 하며, 이 세 가지 요소가 교육의 장에서 상호 유기적으로 작용하며 효율적인 교육이 이루어지도록 해야 한다. 또한 급변하는 4차 산업혁명 시대의 중요한 내용이나 다양한 정보매체를 통한 교육의 내용도 이러한 교육내용에 포함되어져야 한다.

가장 바람직한 교육의 모습은 이 세 가지 교육의 요소가 중복되어지는 가운데 부분의 확장이 가장 중요하다고 볼 수 있다.

이러한 세 가지 교육의 구성요소를 살펴보면 [그림 1-2]와 같다.

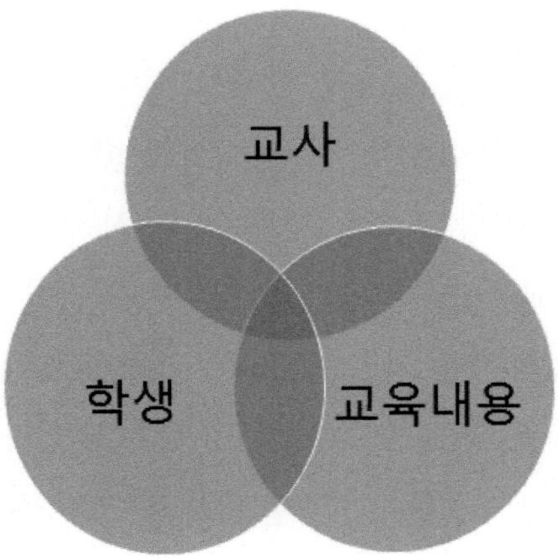

[그림 1-2] 교육의 구성요소

2. 교육의 형태

현대사회에서 이루어지는 교육의 형태를 나누어 보면 형식적 교육과 비형식적 교육으로 나누어 구분할 수 있다. 일반적으로 교육이라 하면 의도성과 계획성, 가치지향성을 충족시키는 학교교육을 연상하게 되지만 현대사회의 급속한 변화로 인한 사이버 교육, 원격교육 등 교육의 형태는 좀 더 다양해지고 있다.

일반적으로 형식교육이란 교육의 이념과 목적에 따라 적절한 교육과정을 편성하여 특정 장소에서 학습자에게 계획적이고 지속적으로 일정 기간 동안 실시하는 교육의 형태를 말하는 것이다. 우리가 교육의 3요소라고 말하는 교사, 학습자, 교육과정을 충족시키며, 일정한 시설에서 교육기자재를 통해서 이루어지는 유형과 상호작용과 인간관계 등을 통한 무형의 교육을 말한다. 이러한 형식적인 요소를 갖추고 있는 대표적인 교육은 일반적으로 이루어지는 유치원 교육을 포함하여 초 · 중 · 고등학교에서 이루어지는 학교교육을 말하는 것이다.

그러나 사회의 급속한 변화는 이러한 일정한 틀에서의 교육뿐만 아니라 우리의 주변에서 사회의 전반에서 교육이 가능하도록 하고 있다. 교육의 3요소인 교사, 학습자, 교육과정 등 교육매체에 의존하지 않고도 TV 및 신문과 정보 · 통신매체, 사회생활을 통한 인간관계 등 다양한 삶의 현장에서 교육의 모습은 다양하게 이루어지고 있다. 이러한 교육을 비형식적 교육, 즉 무의도적인 교육이라고 한다. 사실 교육이라는 것은 학교라는 기관이 생기기 전부터 인류의 삶이 시작되어지며 의도성을 지녔을 때부터 교육이라고 볼 수 있다. 원시사회에서부터 삶을 통해 자연스럽게 교육이 이루어졌으며, 이러한 생활 과정을 통하여 필요한 지식과 기술, 사회생활에 필요한 규범과 관습 등을 배웠다. 이때는 교육을 위한 계획성, 조직성 등은 미약하였지만, 생활하는 삶의 과정에서 직면하는 환경과의 상호작용을 통하여서 자연스럽게 교육이 이루어졌다. 그러나 이러한 무의도적인 교육은 검증을 거치지 않고 이루어지기 때문에 바람직하지 못한 것을 습득할 가능성이 있다는 것도 배제할 수 없기 때문에 어느 정도의 통제가 필요하다.

교육은 형식에 따라 의도적인 교육과 무의도적인 교육으로 나누어 볼 수 있지만, 교육이 이루어지는 장을 중심으로 교육의 형태를 분류하면 교육은 가정교육, 학교교육, 사회교육으로 구분된다. 본 장에서는 교육의 형태에 따른 분류를 가정교육과 학교교육 그리고 이 모든 교육을 포괄하는 개념으로 평생교육으로 나누어 살펴보고자 한다. 또한 각 교육을 형태별로 알아보면서 각 교육의 문제점까지도 같이 살펴보고자 한다.

먼저 교육의 가장 기본적인 형태인 가정교육을 먼저 알아보고자 한다.

1) 가정교육

아이들이 처음으로 태어나서 접하는 환경은 가정이다. 그러므로 가정에서 이루어지는 교육은 그 아이의 모든 것을 이루는 근간이 된다고 볼 수 있다. 우리는 흔히 '세살 버릇 여든까지 간다.'는 속담을 자주 쓴다. 이것은 가정교육의 중요성을 설명하고 있는 말이다. 아이들은 태어나서 처음 접하는 환경을 통해 지적, 정서적, 신체적 발달의 기본이 형성되어지고, 인간관계를 맺는 방법을 터득해 나간다. 기존의 전통사회에서는 교육은 삶 속에서 자연스럽게 이루어져 왔다. 그러므로 아이들은 가정에서 생활하면서 여러 가지 삶의 지식과 기능을 배우고 지역사회에서 필요로 하는 사회적 규범과 가치를 학습할 수 있었다. 그러나 급속하게 변화하는 현대사회에서 기존의 전통적인 방식으로서의 가정이 대신하였던 교육의 기능을 더 이상 지속할 수 없게 되었다. 그것은 맞벌이 부부의 증가와 도심으로의 인구 이동에 따른 핵가족 등 생활양식의 변화 등이 가장 큰 이유이다. 그러나 최근 정보 · 통신기술의 발달은 가정이 다시 생산과 교육의 터전이 될 수 있다는 가능성을 넓혀 주고 있는 것은 다행한 일이다.

그러나 이렇게 한 사람 인생의 전반적인 발달에 영향을 미치는 가정이 그 고유한 기능을 하지 못하고 급변하는 사회의 변화에 따라 위기를 겪고 있다는 것은 최근에 대두되어진 이야기가 아니다. 이러한 위기 속에서 가정은 송두리째 흔들리고 있으며, 가정에서 중심을 잡고 아이들을 양육해야 할 부모들도 위기를 겪기는 마찬가지이다. 이러한 현대 가정이 겪고 있는 위기를 살펴보면 다음과 같다.

첫째, 가치관의 변화를 겪고 있다. 전통적으로 믿어 오던 가치관이 더 이상 자녀들에게 제대로 전달되지 못할 뿐만 아니라 모든 전통적인 가치관은 부정되어지면서 젊은 세대들은 무엇이 옳은지에 대한 가치관의 혼란을 겪고 있다.

문명은 엄청난 발전을 이루었지만, 정신적으로는 황폐해져 젊은이들은 무엇이 옳은지에 대한 가치관의 혼란뿐만 아니라 기존의 세대와의 가치관의 격차로 인해 더 어려움을 겪고 있다. 사람은 환경의 산물이다. 그만큼 환경의 영향을 많이 받는다는 것이다. 부모세대의 가치관과 현대사회의 아이들이 사는 세상은 다름에도 부모들은 여전히 자신들의 가치관과 신념을 아이들에게 강요하고 있다. 이러한 가치관의 차이에 따른 가장 큰 문제는 소통의 부재이며, 이러한 소통의 부재는 다양한 갈등을 유발할 수 있다.

둘째, 가정구조가 변하고 있다. 이제는 더 이상 나누어질 수 없는 핵가족 시대가 된지는 오래이다. 그런데도 가정은 이제 더 나누어지고 있다. 사회 전반에 걸쳐 이제는 혼자 사는 혼족 문화가 자연스럽다. 커피숍을 가도 여러 명이 앉는 자리에 서로가 다 모르는 사람이 앉아 있고, 이제 혼자 식사 등의 음식물을 편히 먹을 수 있도록 음식점의 구조도 바뀌어 가고 있는 실정이다. 이제는 이것이 자연스러운 문화의 한 측면으로 정착되어지면서 문화의 한 주류를 이루고 있으며, 이러한 Single Family가 늘어남으로 인해 생기는 여러 가지 문제들이 생겨나고 있다. 서로 의존하고 도와주는 가정은 이제 독립적인 구조로 바뀌어 가고 있는 것이다.

셋째, 사회윤리가 변하고 있다. 절대적인 윤리가 상황윤리로 변화되어지고 있다. 상황에 따라 윤리는 다르다는 것이다. 공유하는 가치관은 있으되 그것이 절대적으로 옳은 것은 아니라는 것이다. 즉 다른 말로 하면 절대적인 윤리는 사라졌다는 것이다. 실용주의적 도덕이라는 말로 표현되어지면서 옳고 그름은 없다는 것이다. 이러한 것은 포스트모던 라이프 스타일이라는 말로 내가 좋아하고 옳다고 생각하는 것이 옳다는 식으로 여겨지고 있는 것이다. 이러한 사회가 이것이 다양성과 개별성, 다름을 존중하는 사회이며, 창의적인 사회로 설명되어지고 있다. 이러한 포스트모더니즘적인 생각은 가정뿐만 아니라 사회의 전반에서 개인주의로 인한 문제를 유발할 수 있다. 또한 고령화사회가 도래되어지면서 전체 인구의 14% 이상이 65세 이상이 되어지는 '고령'사회에서 이제는 전체인구의 20% 이상을 65세 이상의 노인 인구가 차지하는 '초고령'사회가 멀지 않았음을 우리는 예측할 수 있다. 이러한 현상은 지방으로 갈수록 심화되어지고 있다. 이것은 그만큼 일할 수 있는 인구가 줄어들고 있다는 것을 의미하는 것이다. 또한 예전처럼 할머니, 할아버지를 통해 기존의 전통적인 가치관을 배우고 전하는 시대는 지나가고 노인을 우대하고 존중하는 가치관 또한 많이 흔들리고 있음을 의미하는 것이다. 이렇게 현대 가정이 위기를 겪으면서 아이들이 흔들리고 있다. 아이들이 마땅히 어린 시절 가정을 통해서 배워야 할 여러 가지 것들을 배우지 못하고 당연히 누려야 할 것에서 제외되면서 여러 가지 사회적인 문제를 유발하고 있음을 볼 수 있다. 다음의 뉴스에서 말하듯이 '홈 메이드 크리미널'이 이루어지고 있다는 것이다. 사회적 문제의 '방아쇠는 이미 집에서 당겨졌다'는 끔찍한 현실을 우리는 이제는 인정하고 받아들여야 한다. 이제는 정말 부모가 변하고 가정이 변해야 한다. 그래야 사회가 건강하게 유지될 수 있음을 다음의 사례는 단적으로 보여주고 있는 것이다.

방치된 어린 시절, 그 분노가 범죄의 뿌리다

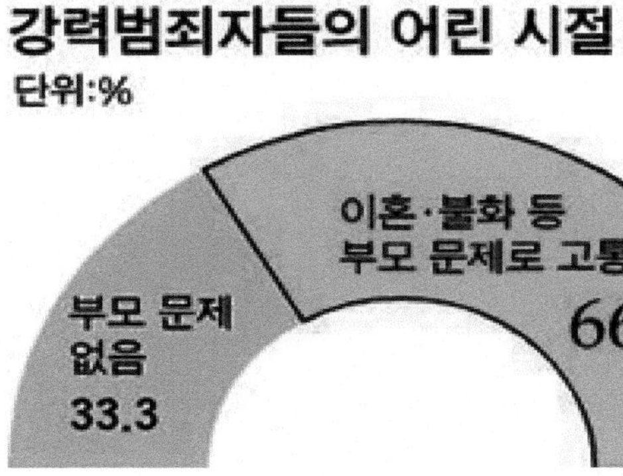

강력범죄자들은 분노를 억제 · 조절하지 못해 우발적으로 범행에 이른 경우가 가장 많은 것으로 나타났다.

[탐사기획] 수원지법 강력범 159명 성장사(成長史) 추적

이에 따르면 우발적 동기로 강력범죄를 저지른 경우가 44.3%로 가장 많은 비중을 차지

했다. 이는 성장기에 부모의 적절한 보살핌을 받지 못하고 학교에서도 이탈한 사람들이 분노를 조절하는 교육을 제대로 받지 못했기 때문으로 분석된다.

경북의 한 교도소에 특수강도 강간죄로 수감 중인 이모(41)씨. 그는 소년원 시절을 포함해 반평생에 가까운 18년을 감옥에서 보냈다. 그간의 전과 기록만 11건이다. 그는 아버지로부터 학대받고 방치된 어린 시절을 겪으면서 축적된 분노를 조절하지 못해 범죄의 늪에 빠진 경우다. 알코올 중독에 의처증이 심한 아버지의 폭행을 피해 네 살 때 어머니를 따라 집을 나왔던 그는 결국 13세 때 아버지를 살해했다. 아버지에게 대들다 우발적으로 벌어진 일이었다. 소년원 퇴소 후 삶은 돌이킬 수 없었다. 우발적 범행에 따른 전과는 계속 쌓였다.

중략…….

이번 조사에서 강력범죄자들은 부모의 이혼 · 외도 · 불화 · 알코올 중독 · 정신질환 등으로 성장기에 고통을 받은 경우가 66.7%에 달했다. 부적응 · 집단 따돌림 등 학창 시절에 문제가 있었던 경우도 67.2%로 조사됐다. 강력범죄와 성장기 환경 간 밀접한 상관관계를 보여주는 결과다.
취재팀 의뢰로 분석을 담당한 이수정(범죄심리학) 경기대 교수는 “인간이라면 적대적 관계에서 누구나 살의를 품을 수 있다”며 “하지만 대부분의 사람은 이를 억제하고 분노를 삭이는 반면, 어린 시절 적절한 사회화 과정을 거치지 못한 이들은 순간적 유혹에 노출돼 강력범죄에 이르게 되는 경우가 많다”고 분석했다.

출처: 방치된 어린 시절, 그 분노가 범죄의 뿌리다의 내용 중 일부 발췌, 중앙일보, 2012. 05. 29.

[단독] 잔혹 강력범 159명 성장사 추적 '충격'

어머니 가출 … 아버지의 폭행 … 10명 중 7명 **'홈 메이드 크리미널'**

수원지법 강력범 159명 성장사 추적 리포트 〈상〉 방아쇠는 집에서 당겨졌다

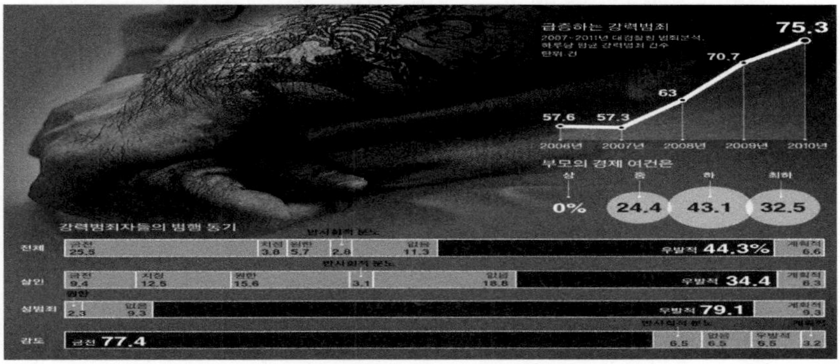

중략…….

◆ 가정사 불행이 범죄로 이어져: 강력범죄자들의 가정사는 불행 그 자체였다. 이번 조사 결과 부모의 이혼 · 외도 · 학대 · 알코올 중독 · 정신질환 등을 경험한 강력범죄자는 66.7%에 달했다. 부모의 직접적 신체 · 언어적 폭력과 방임 등의 학대를 받았던 이들은 34.7%로 조사됐다. 부모가 이혼한 결손 가정 출신은 38.8%였다. 2010년 현재 국내 한부모 가구 비율(9.2%)을 크게 웃도는 수치다. 알코올 중독 부모를 둔 이들도 15.7%로 나타났다.

중략…….

◆ 존속살인범은 모두 부모와 적대적 관계: 김모(23)씨는 어렸을 적 아버지에 대한 무서운 기억을 가지고 있다. 중학교 때 학원을 하루 빠지고 놀다 집에 돌아오니 책상 한가운데에 식칼이 꽂혀 있었기 때문이다.

중략…….아버지를 야구방망이로 내리쳐 살해했다.

김씨처럼 존속을 살해한 이들의 가정환경은 더욱 열악했다. 이번 조사에 포함된 존속살인범 중 80%가 신체적 · 언어적 학대를 당한 것으로 나타났다. 부모와의 관계는 모두 적대적이라고 진술했으며 형제와의 관계도 마찬가지였다.

◆ 경제적으로 궁핍한 생활 연속: 특수강도죄로 복역 중인 이모(26 · 여)씨. 13세 때 부모가 이혼한 후 그녀는 아버지와 단칸방에서 생활했다. 학교 갈 차비도 모자라 결석을 자주 했다.

중략…….

이씨 처럼 강력범죄자들의 어린 시절은 경제적으로도 궁핍한 생활의 연속이었다. 조사 결과 일정 수입 없이 최하위 경제생활을 했던 부모 밑에서 자란 사람은 32.5%에 달했다. 수입은 있어도 간신히 연명하는 수준이었던 이들도 43.1%였다. 상위계층에 속하는 강력범죄자는 한 명도 없었으며 보통 수준은 24.4%에 불과했다.

출처: 잔혹 강력범 159명 성장사 추적 '충격'. 중앙일보. 2012. 05. 29.

이제는 가정의 불행은 가정에서 끝나는 것이 아니라 사회에 강력한 영향을 미친다. 방치되어진 어린 시절이 아이들을 범죄자로 만든다는 것이다. 점점 맞벌이 부모가 많아지고 있는 현대사회에서 이렇게 방치되어진 아이들은 점점 증가할 것이라는 예측은 쉽게 할 수 있다. 이제 가정교육의 기능을 제대로 하지 못하는 것을 사회에서 어떤 체계적인 정책이나 방법으로 접근해야 하는 것은 아닐까? 이제는 '부모교육'이라는 것이 의무화되어 부모가 되기 위해서는 '부모자격증'을 가진 사람만이 되어야 한다는 어느 지인의 말이 농담으로만 들리지 않는 것은 그 말이 지당하다는 생각이 들기 때문이다.

2) 학교교육

학교는 일정한 학교 건물과 설비 등을 갖추고 교직원으로 구성되어 교육과정에 의하여 전문적인 지식을 계속적으로 가르치는 제도화된 교육활동이 이루어지는 곳이다. 학교라는 지정된 장소에서 일정한 기간 동안 계획적 · 의도적 · 조직적으로 교육을 행하며, 유치원, 초등학교, 중등학교, 대학교에서 이루어지는 교육을 총칭한다. 전 세계의 모든 나라들은 학교교육을 통해서 각 국가, 사회, 인류에 공헌할 수 있는 인간을 양성하려는 노력을 하고 있으며, 의무교육 기간이나 교육의 제도나 정책은 다르지만 나라별로 의무교육을 실시하고 있다. 우리나라는 현재 의무교육이 중학교까지 이루어지고 있으며, 고교무상교육의 실시도 조만간 이루어질 예정이다.

오늘날 학교교육은 가장 대표적인 형태의 교육으로 일반적으로 교육을 지칭할 때는 학교교육을 뜻한다.

학교교육의 중요한 기능적 특징을 살펴보면 다음과 같다.

첫째, 문화유산 전달 기능이다. 일반적으로 문화는 언어, 사상, 제도, 규범 등을 포함한 생활방식과 사고방식으로 인류역사를 통하여 형성된 것이다. 이러한 문화유산이 전달을 통해 한 사회가 안정적으로 유지될 수 있는 것이다.

둘째, 학교교육은 문화유산의 전달을 통하여 사회 통합과 통제의 기능을 수행한다. 인간은 문화유산인 행동양식, 가치관, 사회규범 등을 습득함으로써 한 사회에서 필요로 하는 유사한 인격과 행동적 특성을 형성한다.

셋째, 학교교육은 사회 선발 및 지위 결정의 기능을 한다. 학교는 청소년을 선발함으로써 미래 사회생활에서 사회적 지위 결정에 필요한 중요한 요소로 작용한다.

넷째, 학교교육은 사회발전에 적합한 인재를 양성하기 위하여 노력한다.

다섯째, 학교교육은 개인이 자아실현 할 수 있도록 도움을 준다.

그러나 학교교육이 이러한 기능 중 자아실현에 그 교육목적을 둘 때 현재의 학교교육은 다양한 문제를 안고 있는 것을 알 수 있다. 학교교육을 통해 한 인간의 전인적인 발달을 추구하고 그 자신이 가지고 있는 자아실현을 저해하는 요인을 정리해 보면 대체적으로 다음과 같이 정리할 수 있다.

첫째, 성적평가의 방식과 등수를 결정하는 것이 학생들 사이에서 지나친 경쟁심과 우월감과 열등의식을 갖게 한다.

둘째, 학교 교사의 고유한 업무보다는 과중한 잡무로 인해 교사의 수업준비에 할당할 수 있는 물리적 시간이 절대적으로 부족하다.

셋째, 학급당 인원이 예전보다는 줄어들기는 하였지만, 학생 수가 많음으로 인해 학생과 교사의 인격적인 관계 맺기에 어려움이 있다.

넷째, 선행학습 등의 영향으로 교사가 학생들에게 절대적인 존재가 되기보다는 사교육으로 인한 부작용으로 학교교육의 권위가 추락됨으로 인해 교사의 권위도 같이 추락하고 있다. 이는 요즈음 가끔 매스컴을 통해 '교사폭행' 뉴스를 접하면서 더욱 피부로 느낄 수 있다.

다섯째, 학생의 수업수준에 다른 반 배정이 학습효과 면에서는 긍정적인 측면이 있으나 학생들의 정서발달에는 부정적인 영향을 미칠 수 있다. 예를 들어 요즈음 일반계 고등학교에서는 '들꽃반'이라는 일명 '대포반'이 운영되어지고 있다. '대포반'이라는 것은 '대학을 포기한 반'이라는 것이다. 아이들은 학기가 시작되어지면 과목별로, 학생들의 능력 수준에 따라 반편성이 이루어지는 것을 볼 수 있다.

여섯째, 학교교육이 추구하는 바가 학생의 전인적인 발달을 추구하기보다는 우수한 상위권 학교로의 진학이 목표가 되어지므로 파행적으로 학교운영이 될 수 있다. 이는 입시와 상관없는 과목의 파행적인 운영이 이루어지는 것으로 알 수 있다. 예를 들어 모든 학교가 그런 것은 아니지만 입시와 상관없는 과목은 폐지되거나 다른 과목으로 대체되는 예가 있는 것을 볼 수 있다.

일곱째, 다양한 검사가 학생에게 긍정적으로 피드백을 위한 자료로 사용되어지는 것이 아니라 평가를 위한 자료로 사용되어지고 있다. 예를 들면, 지능검사가 이루어지는 가장 중요한 이유는 학생들의 각 지적인 능력의 어느 부분이 부족한지를 파악하여 부족한 부분을 교사가 파악하여 보완하는 것이 중요한 목적임에도 불구하고 이것이 학생에 대한 평가의 잣대로 이루어지는 것을 볼 수 있다.

여덟째, 교사의 인격적인 문제로 인해 학생들이 인성발달에 문제를 일으킬 소지가 있다.

아홉째, 부적절한 교재 사용으로 인한 학생들의 흥미유발을 저해할 수 있다.

열 번째, 평가를 하는 것이 아니라 시험을 위한 시험이 시행되어지고 있다.

이와 같이 학생들의 긍정적인 인성발달을 위한 학교교육이 오히려 학생들의 긍정적인 인성발달과 전인적인 발달을 방해하는 요소로 작용하는 것이 현재 학교교육의 가장 큰 문제점이라고 볼 수 있다.

이러한 틀에 박힌 학교교육의 문제점을 보완하기 위하여 형성되어진 교육체제가 자유학교운동(Free school movement)이다. 자유학교운동에 크게 기여한 사람은 니일(A. S. Neill)이다. 1921년 5명의 아이들을 데리고 영국의 동북쪽 Suffolk 지역에 Summerhill 학교를 처음으로 세운 것이다. 서머힐 학교는 자유로운 교육을 통해서만이 자아실현인을 육성할 수 있다는 니일의 기본 사상을 바탕으로 세워진 학교이며, 현재까지도 자유학교, 대안학교의 대표적인 모델로 자리잡고 있다.

에릭 프롬(Erich Fromm)은 니힐의 저서 『Summerhill』(1969)의 서문에 서머힐 학교의 교육원리에 대해 다음과 같이 서술하고 있는데(김은산 역, 1993, 6~9) 이를 요약하면 다음과 같다.

첫째, 니일은 '어린이는 선하다'라는 것을 굳게 믿었다. 대부분의 어린이들은 바보나 겁쟁이로 태어나는 것이 아니라 삶을 사랑하고 삶에 대한 흥미를 느낄 충분한 잠재력을 가지고 있다고 확신하고 있다.

둘째, 교육의 목적은 즐겁게 일하며 행복해지는데 있다. 니일은 행복은 '삶에 대한 흥미를 느끼는 것'이라고 말하고 있다.

셋째, 교육은 지적 발달만으로는 충분하지 않다. 교육은 지적인 면과 정서적인 면의 양면을 다 같이 발달시켜야 한다.

넷째, 교육은 어린이의 심리적인 요구에 맞는 것이어야 한다.

다섯째, 독단적으로 가해지는 훈육과 벌은 공포심을 자아내며 공포심은 적의(敵意)를 불러일으키게 된다.

여섯째, 자유는 결코 방종을 뜻하는 것이 아니다.

일곱째, 교사는 정직해야 한다. 니일은 40년간의 생활에서 어린이들에게 거짓말을 한 적이 단 한 번도 없다고 말하고 있다.

여덟째, 한 인간이 건전하게 발달하려면 어린이가 자기 부모와의 최초의 밀착에서 차츰 떨어져 나와야 한다. 어린이가 다른 사람에게 의존하는 공생적인 결합 관계에서가 아니라, 세상을 지적, 감정적, 예술적으로 파악하는 능력으로 자기 스스로 안정을 찾는 법을 배워야 한다.

아홉째, 어린이로 하여금 죄의식을 느끼게 해서는 안 된다. 죄의식은 어린이를 권위에 예속시키는 기능을 한다. 그러므로 죄의식은 어린이가 독립적으로 되는 것에 방해가 된다.

열 번째, 서머힐 학교에서는 종교교육을 행하지 않는다.

니일은 서머힐 학교에서 어린이들을 기존 질서에 잘 적응하도록 교육하려고 하지 않았다. 그는 어린이들을 '행복한 인간'으로 기르기 위해 노력하였다.

이와 같이 서머힐 학교를 통해 이루어지는 자유학교운동은 현재 우리사회에서 전통적인 주입식 교육에 대해 교육의 개선을 추구하는 대안학교의 롤 모델이 되어지고 있다.

교육은 행복을 추구하는 활동이다. 그러나 오히려 이러한 목적을 추구하기 위한 학교교육이 아이들의 자아실현을 저해하는 여러가지 요인들에 대해서 알아보았다. 그리고 이러한 문제를 해결하기 위한 대안학교의 롤 모델인 서머힐 교육의 특징도 알아보았다. 현재 우리나라에도 간디학교 등과 기독교 대안학교인 풀무농업고등기술학교 등 수십 개의 대안학교들이 자유로운 교육활동을 통해 정말 교육이 추구하는 것이 무엇인지에 대한 학교교육의 문제점을 해결하기 위한 다양한 교육적 탐색이 이루어지고 있다. 그러나 이러한 교육의 문제를 해결하기 위하여 이루어진 대안학교들도 공교육 차원에서 교육과정의 갈등 등 여러 가지 문제점을 안고 있는 것을 볼 때 이에 대한 좀 더 다양한 연구와 긍정적인 탐색이 필요하다고 생각한다.

다음은 금산신문에서 게재되어진 대안학교인 금산간디학교 관련 기사이다.

간디학교와 서머힐

"자유학교에서 어른의 바람직한 역할은 무엇일까요?"
"자신의 삶을 살면 됩니다. 아이들의 삶에 섣불리 개입하려 하지 말고"
대전 건신대에서 열린 서머힐 교감 헨리 레드 헤드 선생님의 초청강연회 자리.
묵직한 질문들과 그에 걸 맞는 깊이 있는 답변이 이어진다.

중략…….

서머힐은 1921년에 설립되어 100년 가까이 운영되고 있는 영국의 대안학교이다. 사랑과 자발성의 교육을 지향하는 간디학교의 설립에 큰 영감을 준 학교이기도 하다. 그래서인지 서머힐의 이야기는 간디학교의 일상과 비슷한 것들이 많다. 학교 규칙 등 학교의 중요 사항을 모든 구성원들이 모여 의결하는 총회가 정기적으로 열리지만 교사와 학생이 모두 똑같이 한 표씩을 행사한다. 타인에게 피해를 주지 않는 범위에서 모든 학생이 최대한의 자유를 존중받는다. 모든 학생은 수업을 선택할 권리가 있으며, 자신의 속도에 맞추어 배워 나간다는 것을 인정받는다. 그와 동시에 스스로의 선택에 대한 책임도 배운다.

〈서머힐 초청 강연회 모습〉

자유로운 배움터에서는 놀이와 학습이 잘 구분되지 않는다. 더 나아가 가르치고 배운다는 것이 하나로 고정되어 있지 않다. 따라서 이런 배움터에서는 교사와 학생이 이미 만들어진 완성된 존재가 아니다. 끊임없이 새로 태어나는 존재라고 봐야 한다. '교사'와 '학생'은 하나의 역할이라기보다는 (가르침과 배움이 일어나는) 어떤 특정한 상태를 표현하는 말이 되어야 한다.

헨리의 비유가 감동적이다. "서머힐에 입학할 때 아이들은 자신만의 꽉찬 여행 가방(성장과정에서 만들어진 각자 인생의 짐)을 안고 들어온다. 아이들마다 가방의 크기가 다르다. 내용물도 다르다. 어떤 아이들은 가방을 반쯤 열고 들어와, 내용물을 학교 안 여기저기 흘리기도 한다. 어떤 아이들은 가방을 쉽게 열고, 빨리 가벼워진다. 하지만 자기만 아는 비밀번호를 달아 놓고, 무거운 가방을 껴안고 사는 아이들도 있다."

〈교사와 학생이 모두 한 표를 행사하는 간디학교 회의〉

우리는 각자 인생의 짐보따리들을 짊어지고 서로 만난다. 수많은 장면에서 우리는 교사와 학생으로 끊임없이 태어나며 서로에게 치유와 성장의 촉진제가 되어 준다. 그렇게 우리는 나날이 새로워진다. 물론 사랑하고 사랑받는 따뜻한 공간의 셋팅이 무엇보다 중요한 전제가 될 것이다.

강의 말미, 헨리가 인용한 A. S. 닐(서머힐 설립자)의 경구가 가슴을 울린다. "서머힐이 앞으로 어떻게 될 것인가는 중요하지 않습니다. 그렇지만 서머힐이 던진 아이디어는 인간사회에 매우 중요한 문제라고 생각합니다. 새로운 세대는 반드시 자유로움 속에서 자라날 수 있어야 합니다. 자유로움을 누린다는 것은 사랑을 누릴 수 있다는 것입니다. 그리고 사랑만이 인류를 구원할 것입니다."
자유로워질 수 있는 용기를 내는 것, 그것이야말로 근본적으로 세상을 바꾸는 가장 쉬운 방법 중의 하나일지 모르겠다.

교육이란 무엇인가? 교사는 어떻게 탄생하는가? 밤늦은 귀가길, 생각이 많아진다. 참 아름다운 밤이다.

출처: 간디학교와 서머힐, 금산신문, 2018. 10. 25.

다음의 사례는 가정교육의 문제로 사회에 부정적인 영향을 미치듯 학교교육에서 제기되어지는 부적응 문제, 왕따, 학교폭력 등의 문제가 결국은 사회의 범죄문제로 이어지는 것을 말해 주고 있다.

학교폭력이 도화선 … 강력범 45%는 가해자, 16%는 피해자였다.

무기수로 복역 중인 신모(34)씨. 그의 어린 시절은 유복했다. 하지만 중학교에 들어가면서 인생이 어긋나기 시작했다. 불량한 친구들과 어울리는 통에 무단결석이 잦아졌고 고등학교 1학년 때 학교를 그만뒀다. 21세 때는 특수강도로 구속돼 2년 6개월간 복역했다. 이후 아버지 사업 부도에 어머니 암 투병까지 겹쳐 우울증 증세를 보이던 신씨는 2009년 말 택시기사를 아무 이유 없이 흉기로 16곳을 찔러 살해했다.

수원지법 강력범 159명 성장사 추적 리포트 〈하〉 어긋난 학교생활도 범죄의 씨앗

본지 탐사팀이 수원지방법원에서 최근 3년간(2009~2011년) 살인 · 강도 · 성범죄 혐의로 유죄 판결을 받은 강력범죄자 159명의 '양형조사보고서'를 통해 학창 시절을 분석한 결과 신씨처럼 비행 또래와 어울려 학교에서 문제를 일으켰던 강력범죄자는 44.9%로

조사됐다. 7일 이상의 무단결석(46.2%), 집단 따돌림(15.7%), 3회 이상의 가출(19.0%), 학교생활 부적응(44.8%) 등을 한 번이라도 경험한 강력범죄자는 67.2%였다. 붕괴된 가정의 안전망 역할을 해야 할 학교에서도 범죄의 씨앗이 자라고 있는 것이다.

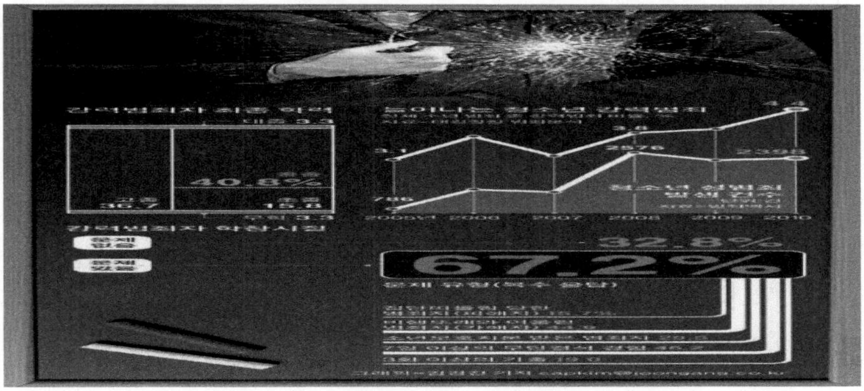

◆ 절반 이상이 고교 졸업 못해: 강력범죄자 중에선 중졸 학력을 지닌 사람이 40.8%로 가장 많았다. 초등학교만 졸업했거나 중퇴한 이들까지 합치면 59.9%다. 강력범죄자 10명 중 6명이 고등학교를 마치기 전에 학업을 중단한 셈이다

중략…….

◆ 학교폭력 피해자도 위험: 학교폭력 가해자는 물론이고 피해자도 강력범죄의 늪에 빠지는 경우가 적잖다. 강력범죄자 중 비행집단과 어울려 폭력을 행사한 경우는 44.9%, 집단따돌림 피해를 보았던 경우는 15.7%로 조사됐다. 김모(27)씨는 중학교 시절 따돌림을 당했다. 김씨는 2010년 PC방에서 초등학생 돈을 빼앗고 성추행한 혐의로 붙잡혔다.

중략…….

◆ 학교 부적응 학생 대안 시급: 전문가들은 강력범죄를 막기 위해서는 입시 준비 일변도인 공교육에 적응 못하는 아이들을 위한 현실적 대안이 필요하다고 조언했다.

법원이 현재 시행 중인 '학교장 통고제도'처럼 비행을 저지른 학생들에게 신속하게 도움을 주는 제도도 활성화돼야 한다. 학교장이 법원에 직접 학교폭력 사실을 알리면 수사기관을 거치지 않고 바로 비행교정을 위한 보호처분을 내리는 제도다.

출처: 학교폭력이 도화선 … 강력범 45%는 가해자 16%는 피해자였다. 중앙일보. 2012. 05. 30.

다음의 사례도 학교교육에 적응하지 못하여 결국은 사회의 부적응자, 범죄자

로 낙인찍혀 사회적인 문제를 유발한 경우다.

단 한번의 무단결석 담임은 몽둥이 찜질 난 못 참고 학교 접어…그리고 인생이 꼬였다.

수원지법 강력범 159명 성장사 추적 리포트 〈하〉 **어긋난 학교생활도 범죄의 씨앗**

19년 10개월, 전과 5범 김모(44 · 사진)씨가 감옥에서 보낸 세월이다. 경북의 농사꾼 집안에서 2대 독자로 태어난 그는 어려서부터 '순한 아이'로 불렸다. 하지만 고교 시절 3일간 학교를 무단으로 빠지면서 그의 인생은 엉뚱한 방향으로 흘렀다. 그의 인터뷰를 보면

중략…….

– 학창 시절에 무슨 일이 있었나.

"공부는 잘 못했지만 성실하게 학교에 다녔다. 선생님에게 꾸지람 한번 들은 적 없었다. 그런데 고등학교 1학년 때였다. 동네 친구들과 어울려 놀러 다니느라 3일간 학교를 빠졌다. 4일째 되는 날 학교에 갔는데 선생님이 몽둥이로 스무 대 넘게 때렸다. 체벌을 처음 당해 보니 충격이 컸다. 그날로 학교를 접었다. 부모님이 말리셨지만 돌아가기 싫었다."

– 두렵지 않았나.

"첫발 떼는 게 어려울 뿐이다. 친구들끼리 하다 보니 별 두려움이 없었다. 범죄라는 생각도 안 들고 한번 성공하니까 계속하게 됐다. 열 번째 범행 때 집주인에게 걸려 징역 10월 살고 나왔다."

– 후회스럽지 않나.

"학교를 떠난 후 인생이 송두리째 꼬였다. 그때 조금만 참았더라면, 선생님이 조금만 따뜻하게 대해 주셨더라면, 주변에 제대로 된 친구들이 있었더라면, 그런 아쉬움들이 가득하다. 어쩌다 이렇게 됐나 싶다."

출처: 단 한 번의 무단결석 담임은 몽둥이 찜질 난 못 참고 학교 접어 그리고 인생이 꼬였다. 중앙일보, 2012. 05. 30.

3) 평생교육

평생교육은 가정교육, 사회교육, 학교교육을 모두 포함하는 가장 포괄적인 형태의 교육을 의미한다. 평생교육이라는 용어는 1965년 이후 유네스코(UNESCO)에 의하여 발달되기 시작했으며, 우리나라에서도 1982년에 제정된 '사회교육법'이 1998년에 평생교육법으로 전면 제정되었고, 2008년에 평생교육의 활성화를 위해 다시 한 번 개정되었다.

헌법상에 규정된 평생교육은 다음과 같다.

> **(헌법) 제31조**
> ① 모든 국민은 능력에 따라 균등하게 교육을 받을 권리를 가진다.
> ② 국가는 평생교육을 진흥하여야 한다.
> ③ 학교교육 및 평생교육을 포함한 교육제도와 그 운영, 교육재정 및 교원의 지위에 관한 기본적인 사항을 법률로 정한다.

다음은 교육기본법에서 정하고 있는 학습권이며, 모든 국민은 평등하게 교육받을 학습권을 가지고 있다.

> **제3조(학습권)** 모든 국민은 평생에 걸쳐 학습하고, 능력과 적성에 따라 교육받을 권리를 가진다.
>
> **제4조(교육의 기회균등)**
>
> ① 모든 국민은 성별, 종교, 신념, 인종, 사회적 신분, 경제적 지위 또는 신체적 조건 등을 이유로 교육에서 차별을 받지 아니한다.
> ② 국가와 지방자치단체는 학습자가 평등하게 교육을 받을 수 있도록 지역간의 교원 수급 등 교육 여건 격차를 최소화하는 시책을 마련하여 시행하여야 한다.

출처: 교육기본법[시행 2019. 6. 19] [법률 제15950호, 2018. 12. 18, 일부개정]

또한 평생교육을 위한 사회교육을 장려하고 있다. 지금은 사회교육이라는 말 대신에 사회교육을 포함한 의미로 평생교육이라는 말을 사용하지만 평생교육 속에 사회교육의 의미가 포함되어져 있다. 예전에 모든 대학에서는 재학생을 제외한 학교 외 교육으로 사회교육원이라는 기관을 통해 성인을 대상으로 교육을 많이 하였지만, 지금은 사회교육원이라는 명칭 대신에 평생교육원을 별개의 부설기관으로 운영하여 재학생뿐만 아니라 지역사회 주민 등 성인을 대상으로 하는 교육활동이 활발하게 이루어지고 있는 것을 볼 수 있다.

제10조(사회교육)

① 국민의 평생교육을 위한 모든 형태의 사회교육은 장려되어야 한다.
② 사회교육의 이수(履修)는 법령으로 정하는 바에 따라 그에 상응하는 학교교육의 이수로 인정될 수 있다.
③ 사회교육시설의 종류와 설립 · 경영 등 사회교육에 관한 기본적인 사항은 따로 법률로 정한다.

출처: 교육기본법[시행 2019. 6. 19] [법률 제15950호, 2018. 12. 18, 일부개정]

다음은 평생교육법에서의 평생교육의 정의와 평생교육이 추구하는 이념을 살펴보면 다음과 같다.

제2조(정의) 이 법에서 사용하는 정의는 다음과 같다.
① '평생교육법'이란 학교의 정규 교육과정을 제외한 학력보완교육, 성인 문자해독교육, 직업능력 향상 교육, 인문교양교육, 문화예술교육, 시민참여교육 등을 포함하는 모든 형태의 조직적인 교육활동을 말한다.

제4조(평생교육의 이념)
① 모든 국민은 평생교육의 기회를 균등하게 보장받는다.
② 평생교육은 학습자의 자유로운 참여와 자발적인 학습을 기초로 이루어져야 한다.
③ 평생교육은 정치적 · 개인적 편견의 선전을 위한 방편으로 이용되어서는 아니 된다.
④ 일정한 평생교육과정을 이수한 자에게는 그에 상응하는 자격 및 학력인정 등 사회적 대우를 부여하여야 한다.

출처: 평생교육법[시행 2019. 1. 19] [법률 제15964호, 2018. 12. 18, 일부개정]

이와 같이 우리나라에서는 모법인 헌법에서 평생교육을 규정함으로 모든 국민으로 하여금 평생교육을 받을 기회를 균등하게 보장하고 있으며, 교육기본법에서도 모든 국민이 평등하게 교육받을 학습권을 보장하고 구체적으로도 평생교육법에서 평생교육을 장려하고 있다.

현대적 평생교육의 최초 주창자인 랑그랑(P. Lengrand)은 "평생교육은 개인의 출생부터 죽을 때까지의 생애에 걸친 교육(수직적 혹은 시간적 차원)과 개인 및 사회 전체의 교육(수평적 혹은 공간적 차원)의 통합"이라고 정의 내리고 있다.

즉 평생교육은 '삶의 질 개선'이라는 이념을 실현하기 위하여 인간에게 이루어지는 교육을 '수직적 통합'과 '수평적 통합'을 통해 개인의 '자아실현'과 '사회발전에 참여하는 능력 계발'을 목적으로 하고 있다. 그러므로 평생교육은 개인의 성장시기별로 유아교육, 아동교육, 청소년교육, 성인교육, 노인교육을 수직적으로 통합하면서 이루어진다. 수직적 통합의 의미 속에는 두 가지의 의미가 포함되어 있다. 하나는 '연령에 따라 다르게 가르쳐라'의 의미이고, 또 다른 의미는 '연령에 상관없이 같은 것을 가르쳐라'의 의미를 가지고 있다. 수직적 통합에서 '연령에 따라 다른 것을 가르쳐라'의 의미 속에는 '헤비거스트(Havighust)의 발달과업이론'을 들 수 있고, '연령에 상관없이 같은 것을 가르쳐라'의 의미 속에는 연령과 상관없이 가르쳐야 하는 것들, 예를 들어 '진실성', '성실', '정직'같은 것들은 연령에 상관없이 학습해야 한다는 것을 의미하는 것이다. 그리고 교육이 이루어지는 공간적인 차원에서의 수평적 통합의 의미에는 가정교육, 학교교육, 각종 사회교육이 통합적 운영을 의미하는 것이다. 수평적 통합의 의미에는 제도적 통합과 기능적 통합이 포함되어 진다. 평생교육은 개인의 평생에 걸친 다양한 학습기회의 제공을 통하여 개인의 잠재능력을 최대한 발휘시키고 사회 발전에 참여할 수 있는 능력의 개발을 목적으로 한다.

전통적 학교교육은 교육과정이 정하고 있는 교육기간 동안 지식 내용을 습득하고 이를 반복적으로 습득하는 방식으로 이루어지며, 학습내용이 매우 제한적이며, 교육은 주로 공급자인 학교나 교사에 의해 주도된다.

이에 비해 평생교육 체제는 학교교육뿐만 아니라 직장, 지역사회 등의 삶의 전 영역에 걸쳐서 학습이 이루어지며, 학습의 특성도 학습자 스스로 주도적인 학습이 가능하도록 하는 것에 주안점을 두게 된다. 이와 함께 언제 어디에서 얼마 동안 교육을 받았느냐가 중요한 것이 아니라, 어떠한 교육성과를 달성했는가에 따라 개인의 능력을 판단하게 된다. 학습 전달 방식에서도 다양한 방법이 존재하며, 학습에 대한 통제도 개인에 의하여 자율적으로 이루어지는 특징을 가지고 있다.

평생교육의 특성에 대해서는 데이브(R. H. Dave, 1973, 13~28)는 평생교육의 개념을 분석적이고 종합적인 방향으로 고찰하여 20가지의 사실을 나열해 놓고 있는데 그 중 중요한 것을 정리하면 다음과 같다.

① 평생교육이 뜻하고 있는 세 가지 기본 단어는 생(life)과 평생(life-long)과 교육(education)으로 규정하고 있으며, 생의 중요성을 설명하고 있다(김종서 외, 2014 : 8 재인용).

② 교육은 학교교육으로 끝나는 것이 아니라 평생교육은 한 개인의 전체 생활의 영역 속에서 이루어지는 것이다.

③ 평생교육은 반드시 성인교육뿐만 아니라 학령전 교육, 초등교육, 중등교육, 고등교육 및 그 밖의 모든 단계의 교육이 포괄되거나 통합되는 개념이다.

④ 평생교육은 학교교육과 학교 외 교육을 포함하므로 조직교육과 비조직교육을 다 포함한다.

⑤ 평생교육에 있어서는 가정이 제1차적이며 가장 민감하고 결정적인 역할을 담당한다.

⑥ 평생교육에 있어서는 지역사회 역시 한 아동이 처음으로 지역사회와 접촉할 때부터 중요한 역할을 담당한다.

⑦ 학교나 대학이나 훈련기관도 중요하지만 그들은 각각 전체 평생교육기관의 하나로서 중요할 따름이다.

⑧ 평생교육은 계속성과 아울러 수직적 측면에서의 통합을 추구한다.

⑨ 평생교육은 모든 발달단계에 있어서 수평적 측면의 통합을 추구한다.

⑩ 평생교육은 학습시간, 학습내용, 학습방법 및 자료 등에 있어서 융통성과 타당성을 가지고 있다.

⑪ 개인의 자이실현 기능이나 사회발전을 위한 기능은 평생교육을 통하여 충족된다.

⑫ 평생교육의 궁극적인 목표는 '삶의 질을 향상'시키는데 있다.

⑬ 평생교육은 교양교육과 전문 직업교육이라는 두 개의 넓은 구성요소를 가지고 있으며, 이 두 개의 구성요소는 그 성격상 서로 완전히 다른 것이 아니라 서로 연관성이 있거나 상호작용을 하는 것이다.

위와 같은 데이브의 평생교육의 특징을 정리해 보면 평생교육은 '개인의 삶을 통해 이루어지는 모든 교육 노력의 통합'이라고 볼 수 있다.

평생교육의 전체적인 개요를 설명하면 다음의 [그림 1-3]에 잘 나타나 있다.

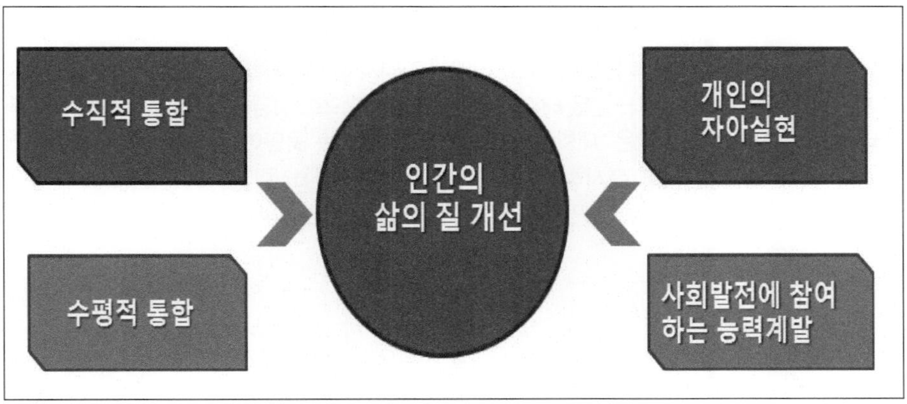

[그림 1-3] 평생교육의 개요

"지역주민과 같이 성장하는 대학이고 싶어요."

백석예술대학교 평생교육원 정황순 원장
백석 인문학 산책 · 늘푸른대학…지역 주민을 위한 프로그램 풍성

"백석예술대학교는 지역사회와 발걸음을 맞춰 동행하는 대학, 지역과 협력하고 소통하는 대학입니다. 대학이 가지고 있는 풍성한 자원으로 지역사회를 돕고 기여하는 일은 학생들을 가르치는 것만큼이나 중요합니다."

최고 수준의 인문학 강연으로 서울시민들의 삶을 풍성하게 했던 '백석 인문학 산책'이 어느덧 3년째를 맞았다. 6기 46회의 강연이 진행되는 동안 1만 3천여 명의 시민들이 참여한 인문학 산책은 서초구를 넘어 서울시의 대표적인 문화강좌로 자리 잡았다. 올해 강좌를 모두 마무리한 지난 15일, 인문학 산책을 2년 반 동안 이끌며 명품 인문학 프로그램으로 성장시킨 주역인 정황순 교수(백석예술대 평생교육원장)를 학교에서 만났다.

인문학 산책은 '대학이 가진 자원으로 어떻게 지역사회에 기여할 수 있을까'라는 고민에서 지난 2015년 3월 시작됐다. 같은 해 2학기 평생교육원장으로 취임하면서 2기 인문학 강좌의 바통을 이어받은 정 원장은 "대학은 학문의 상아탑을 쌓는 곳만이 아니다. 지역주민들에게 교육의 기회를 제공하고 봉사하는 일도 그에 못지않게 중요하다"며 "백석예술대가 갖고 있는 자원과 역량으로 서울 시민들에게 최고의 인문학적 경험과 감동을 선사하고 싶었다".

중략…….

강좌의 문을 연 예술의전당 고학찬 사장을 시작으로 고전평론가 고미숙 교수, '풀꽃'으로 잘 알려진 나태주 시인, 국립창극단 김성녀 예술감독, 전 국회의원 김홍신 소설가 등 인문·문화·예술계를 대표하는 쟁쟁한 인사들이 인문학 산책에 참여했다.

지난 3년을 뒤돌아보며 정 원장은 인문학 산책이 학교와 지역사회 사이 소통의 장을 만들었다고 평가했다. 강연이 열리는 백석아트홀에는 총장과 교수, 학생, 그리고 지역주민들이 한자리에서 만난다. 정 원장은 "주민들은 인문학 산책을 통해 예술문화를 접했고 자연스레 학교와 친숙해졌다. 높아보였던 대학의 장벽은 낮아졌고 학교의 문턱을 낮추는 계기가 됐다"고 자평했다.

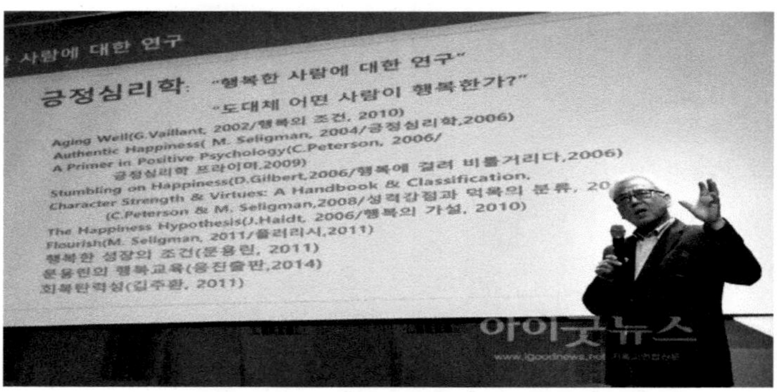

지역사회를 섬기고자 시작한 강연은 학교의 이름을 알리는데도 톡톡히 공헌했다. 인문학 산책 덕분에 백석예술대학교는 지역사회 문화예술의 수준을 높이는 학교로 인식되기 시작했다. 대학과 지역이 서로 윈윈(Win-Win)하는 성공적인 모델로 정착된 것이다.

지역과 상생하며 섬기고자 하는 정 교수의 꿈은 평생교육원의 여러 사역에서 이어지고 있다. '작은 대학'이라고 불리는 평생교육원에서는 기악, 실용음악, 미술, 사회복지 등 19개 전공이 운영된다. 지난 10여 년간 교육원에서 배출한 전문학사만도 4천여 명에 이른다. 서초구청과 연계해 진행되는 노인학교, '늘푸른대학'도 눈에 띄는 사업이다.

정 교수는 "졸업식에서 학사모에 학사복을 입고 평생소원을 이룬 듯 즐거워하시던 노인 분들의 모습이 잊혀 지지 않는다. 다양한 연령대의 주민들이 성악레슨을 받은 후 드레스를 입고 무대에 서서 행복해하는 모습 역시 기억에 남는다. 주민들의 행복한 모습을 보는 것이 가장 큰 보람"이라고 전했다.

중략…….

정 원장은 "백석예술대학교 평생교육원의 역할은 지역사회 주민들의 삶에 작은 쉼표가 되는 것"이라며 "지역과 함께 성장하고자 하는 꿈을 실현하기 위해 계속 노력하겠다"고 밝혔다.

출처: 지역주민과 같이 성장하는 대학이고 싶어요. 아이굿뉴스. 2017. 12. 18.

제2장

교육의 철학적 기초

1. 교육철학의 성격과 기능
2. 전통적 철학과 교육
3. 20세기 초반의 교육철학
4. 20세기 후반의 교육철학

1. 교육철학의 성격과 기능

1) 교육철학의 성격

철학(philosophy)이란 philos(사랑)와 sophia(지혜)가 결합된 용어이다. 즉 철학이란 지혜를 사랑하고 추구하는 학문인 것이다. 즉 철학이란 끊임없이 삶에 대해 질문하고 사색하며 가치로운 삶에 대해 고민하는 것과 관련된 학문이다. 그러므로 철학은 교육의 방향성을 결정하는데 아주 중요하다고 볼 수 있다. '인간 행동의 계획적인 변화'를 추구하는 교육에서는 가설을 세우는데 그치는 것이 아니라 긍정적이고 필요한 변화를 일으키는 과정이므로 교육과 관련된 철학적 접근이란 이러한 교육의 타당성과 관련된 학문이다. 즉, 인간의 삶 전체에 대한 철학적인 고민은 교육의 방향성 설정에 아주 중요하다고 볼 수 있다. 그러므로 이러한 철학적인 연구결과를 교육에 적용하고자 노력하는 교육철학적 입장에서는 교육의 실천원리나 이론체계를 정당화하는 근거를 분석하고 검토하며 비판하는 일, 교육에 사용되는 개념들과 주장들의 논리적 타당성과 가능성을 밝히고 통합된 지식 체계로 조작하는 일 등을 하는 탐구하는 활동을 통해 교육을 정당성을 부여하기 위해 노력한다. 즉 철학의 영역에서는 인간의 '삶', '앎', '탐구'등에 대한 탐구를 통해 교육의 방향성을 제시해 준다. 이러한 철학적인 기초가 있기 때문에 우리는 참다운 교육을 할 수 있는 것이며, 교육철학이란 이러한 철학적인 연구 성과 등을 교육의 문제를 해결하는데 직접적으로 적용하는 것이라고 볼 수 있다.

철학이 연구하는 4가지 영역을 살펴보면 다음의 〈표 2-1〉과 같다.

표 2-1 철학의 연구영역

종류	존재론	인식론	가치론	논리학
의미	우주의 실체와 본질을 밝히려는 노력	앎에 대한 탐색, 진리와 비진리에 대한 탐색	선과 악, 의와 불, 목적과 수단, 美와 醜의 판단	결론에 도달하기까지의 사고과정의 타당성 규명
구분	일원론, 관념론(정신, 영혼), 실재론(물질) 실용주의	독단론, 회의론, 오류가능성론	윤리학(도덕의 본질과 행동 규명) 미학(아름다움의 본질 규명)	연역법: 보편적인 원리에서 구체적인 사실 규명 귀납법: 구체적인 사실에서 보편적인 법칙이나 원리 규명

2) 교육철학의 기능

교육철학은 교육이 나아가야 할 바를 규명해 주는 학문이다. 교육이 무엇을 추구하고 어떠한 방향으로 나아가야 하는지 방향을 제시해 주는 학문이다. 그러기 때문에 교육이 교육으로 인정되어지기 위해서는 교육을 통해 이루고자 하는 것은 가치지향적이어야 하며, 교육을 통해 사람을 변화시켜야 한다. 사람을 변화시킨다는 것은 단순히 행동만의 변화를 말하는 것이 아니고 교육을 통해 바람직한 가치관을 형성시켜야 한다는 것을 말하는 것이다. 또한 교육은 궁극적으로 행복을 추구하는 활동이기 때문에 교육의 과정도 긍정적이어야 한다. 행복을 추구하기 위해서 부정적인 과정을 통해서 행복을 추구한다는 것은 있을 수 없는 일이기 때문이다.

이러한 철학들은 그러면 어떠한 기능들을 하는지 살펴보면 다음과 같다.

첫째, 사변적인 기능을 한다. 사변적인 기능이란 교육의 현장에서 다양한 문제에 직면했을 때 기존의 자료를 통해서 시행착오를 줄여 문제를 해결할 수 있는 기능을 하게 도와준다는 것이다.

둘째, 교육과 관련되어서 사용되어지는 여러 가지 개념들에 대한 분석적인 기능을 함으로써 이론이나 개념 등에서 사용되어지는 다양한 언어의 애매성과 모호성의 문제를 해결할 수 있도록 도와준다.

셋째, 평가적인 기능을 한다. 이러한 평가기능을 통해서 다양한 교육이론의 당위성을 증명하는 것이다.

넷째, 통합적인 기능을 한다. 통합적인 기능이란 수많은 교육현상들을 포괄하는 공통적인 원리나 개념들을 전체로써 파악하고 통합하려는 노력이다.

정리하면 교육철학이란 철학적인 연구 성과 등을 통한 교육의 목적, 개념, 교육의 과정 등 교육의 현장에서 이루어지는 문제의 해결을 철학적인 입장에서 접근하고자 하는 학문이라고 말할 수 있다.

2. 전통적 철학과 교육

교육철학적인 관점들은 대체적으로 이상주의, 실재주의, 실용주의로 나누어 볼 수 있으며, 이러한 입장들에 따라서 세상을 바라보는 철학적인 관점들이 다르다. 이러한 교육철학적인 관점을 교육자가 공부하여야 하는 이유는 교육은 그 사회에서 필요로 하는 바람직한 인간을 양성하는 것이 교육의 중요한 목적이기 때문에 교사는 교육에 관련한 다양한 이론의 탐색을 통한 전문성과 함께 교육의 대상인 인간에 대해서 어떠한 가치관과 신념을 가지고 있느냐가 교사의 교육활동에 절대적인 영향을 미치기 때문이다.

교육철학을 논하는 세 가지 관점을 알아보면 다음과 같다.

1) 이상주의와 교육

이상주의(idealism)에 의하면 진정한 선이나 아름다운 것은 정신적으로만 경험할 수 있는 관념적인 것이라고 주장한다. 완전한 사회의 모습과 인간의 모습이 설정되어지면 인간은 그러한 표상을 닮아 가기 위해서 현실을 어떻게 변화시키고 무엇을 교육할 것에 대한 목적의식을 갖게 된다.

이상주의에 있어서의 교육은 인간성 안에 내재된 가장 좋은 것, 인간이 지향해야 할 가장 아름다운 것을 교육에 적극적으로 반영시켜야 한다고 설명하고 있다. 이상주의의 교육원리는 철학자 플라톤으로부터 시작되어지며, 플라톤은 이 세상을 두 가지 종류로 설명하고 있다. 우리가 흔히 영과 육으로 구분하여 육은 정신보다 낮은 존재로 대조시켜 설명하는 경우가 있는데, 플라톤도 이 세상을 정신적인 세계와 오감으로 느낄 수 있는 현실의 세계가 있다고 설명하고 있다. 즉 정신의 세계는 불변하며, 영원하고, 현실의 세계는 무질서하고 불완전하다고 설명한다. 그러므로 교육은 보이는 것이 아니라 보이지 않는 정신세계, 즉 이성의 도야에 초점을 두어 인격을 실현하는 도덕교육이 중요성을 설명하며 이를 강조하고 있다. 그러므로 교육이란 무지하고 동물적인 존재인 인간을 신적인 존재인 인격자로 만드는 것이라고 설명한다. 그리고 이러한 교육이란 가치 있는 무엇인가를 무조건 주입해서 이루어지는 것이 아니라 이미 선천적으로 가지고 태어난 정신세계를 잘 개발할 수 있도록 도와주는 것이 중요하다고 설명하고 있다. 그러므로 이상주의 입장의 교육에서 중요하게 여기는 교육방법은 소크라테스의 산파술이나 교사가 보이는 모범 등이 중요하다고 설명하고 있다. 이렇게 교육을 통한 개인의 인격적인 발달은 개인의 발달로 끝나는 것이 아니라 이러한 개인의 발달을 통해 사회전체를 이데아(idea), 즉 이상의 세계로 끌고 갈 수 있다고 믿는다.

이상주의 철학적 관점에서 중요하게 여기는 교육과목은 주로 학생들이 이데아를 경험할 수 있는 철학, 역사, 문학, 종교 같은 과목들이다.

2) 실재주의와 교육

실재주의(realism)라는 것은 사물의 본질이 실재를 벗어나 이데아, 관념의 세계에 존재한다고 믿는 이상주의의 생각과는 반대되는 생각이다.

실재론에서 중요한 것은 실제로 증명할 수 있는 것, 즉 과학적으로 검증되어진 것을 중요하게 여긴다. 이상주적 관점에서 인간을 영과 육의 이분법적인 면에서 본다면 실재주의적 관점에서 중요한 것은 육이다. 물론 실재론자들도 끊임없이 기본 가치들을 탐구하고 그러한 가치들이 근본적으로 영원하다는 점에서는 관념론자들과 그 뜻을 같이한다. 그러나 실재론자들이 지식을 탐구하는 방법은 이상주의자들보다는 상당히 실제적이다. 끊임없이 자연을 탐구하고 관찰하면서 다양한 실재적인 자료를 구축해 나가면서 새로운 지식을 얻고 원리를 발견해 나가는 것을 중요하게 생각한다.

그러므로 실재론자들이 중요하게 여기는 과목은 식물학, 동물학, 지구과학, 물리학 등의 과목이다. 실재론자들에게 교육은 아동으로 하여금 이 우주가 거대한 어떠한 과학적인 법칙에 의해서 움직이며, 그러한 자연의 법칙과 체계를 학습하여 자연의 법칙을 깨달아 알게 하는 것이 중요하다. 또한 그러한 것들을 학습하는 방법은 관습적이고 관념적인 방법이 아니라 과학적인 접근으로 문제를 해결하는 능력을 갖추게 하는 것을 강조한다. 그러므로 실재론은 나중에 과학적인 방법론의 토대가 되어진다. 예를 들어 가뭄이 오래 지속되어지면 전통적으로 기우제(祈雨祭)를 드리거나, 어떤 종교적인 행위를 하는 것이 아니라, 매년 내리는 비의 양을 측정하여 시기와 양을 조절하여 가뭄을 극복하는 경우와 같이 과학적이고 체계적인 방법으로 문제를 해결하기 위해 노력하며, 또한 몸이 아픈 경우 이것을 영적인 문제로 보고 종교적인 방법으로 해결하기보다는 식물학을 연구하고 자연을 연구하여 얻은 실제적인 치료법을 적용하려고 하는 등의 입장이다. 즉 문제해결 방법에 있어서 좀 더 객관적이고 과학적인 접근을 한다는 것이다. 그러므로 실재론자들이 중요하게 여기는 과목은 당연히 과학과 수학 등 결론이 과정과 결론이 명확한 과목들이다.

그러나 실재적인 철학적 관점에서 비판적이고 과학적인 사고방법을 습득하였지만, 지나치게 경험과 실재적인 것만을 강조한 나머지 인간의 이성적인 부분, 우리가 요즈음 중요하게 여기는 인문학을 소홀히 했다는 한계점을 지니는 것은 어쩔 수 없는 실재론적 입장의 한계이다.

3) 실용주의와 교육

실용주의(pragmatism)는 20세기에 찰스 다윈의 진화론 등 유럽의 철학에 도전하여 미국에서 새롭게 발전한 교육철학이다. 실용주의에서 중요하게 여기는 것은 이상주의에서 강조하는 이데아, 실재론에서 강조하는 과학적인 방법의 탐구보다 더 중요하게 여기는 것은 '변화(change)'이다. 사회는 끊임없이 변화하고, 오직 변화만이 실재라고 보는 것이다. 사회적인 존재인 인간은 사회 속에서 문제를 해결할 때 단순히 외부에서 오는 정보만을 가지고 문제를 해결하는 것이 아니라 이러한 정보를 내부에서 재조직하여 새로운 문제를 해결해 나간다고 설명하고 있다. 즉 실용주의에서 핵심단어는 '변화(change)'이다. 사회적으로 중요한 가치란 각 사람이 살고 있는 사회나 문화에 따라 달라지는 것이 아니라 각 사람이 처한 상황에 따라 달라진다고 설명하고 있다. 그러므로 대부분의 실용주의자들은 인간을 고유한 정신세계를 가진 정신적인 존재라는 것을 부정하고, 삶 속에서 부딪치는 문제들을 상황에 따라 세심하게 체크하고 해결해 가는 복잡한 기계라고 보고 있다. 그러므로 실용주의에서는 지식은 인류가 살면서 문제를 해결해 나가는 과정에서 얻어진 것들을 체계적으로 정리한 것이며, 인간이라는 존재를 다른 유기체와 마찬가지로 이렇게 문제를 해결하면서 환경에 적응하는 존재로 보았다. 그러므로 교육에서 중요한 것은 아동에게 무엇인가를 전달하고 주입하는 것이 아니라 변화하는 삶 속에서 문제를 해결해 나가면서 끊임없이 자신의 지식과 경험을 계속적으로 재구성해 나갈 수 있도록 도와주어야 하는 것을 강조하고 있다. 그래서 실용주의 철학은 다른 말로 '생활의 철학'이라고 보는 입장도 있다.

그러나 실용주의 철학적 관점 또한 한계점을 가지고 있다. 지나치게 실용적인 지식의 강조로 인해 교육에서 중요한 가장 기본적인 기초 교육에 소홀하게 되고, 역사적으로 전해 내려온 인간의 중요한 문화적인 가치나 지식 중에서 우리가 꼭 알아야 할 것들을 간과하는 우를 범하고 있다는 비판을 받고 있다.

3. 20세기 초반의 교육철학

앞에서는 철학을 보는 관점에 따라 전통적인 철학의 입장을 세 가지로 살펴보았다. 본 장에서는 20세기 교육철학의 사조를 그 초반과 후반 부분으로 나누어 알아보고자 한다. 20세기 초반의 교육철학의 사조는 진보주의, 본질주의, 항존주의, 재건주의로 나누어 각 철학적인 관점을 교육과 연관지어 알아보고자 한다.

1) 진보주의 교육철학

진보주의(progressive education) 교육철학은 고대 그리스의 교육사상에서 그 근원을 찾아볼 수 있고, 18세기의 자연주의를 대표하는 루소의 아동중심 교육사상, 그리고 그 뒤를 이어 일어난 19세기의 페스탈로치, 헤르바르트, 프뢰벨 등의 교육사상이라고 할 수 있다. 진보주의의 교육사상은 20세기 초 전통적인 교육에 대한 비판으로부터 시작되었다. 진보주의는 종래의 교육이 지나치게 교사 중심적이며, 교과목 중심적인 교육에 대해 불만을 품고 아동중심적이며 생활중심적인 교육을 할 것을 주장하였다. 즉 진보주의는 실용주의, 존 듀이(John Dewey)의 도구주의, 실험주의를 기초로 발달되어진 교육철학이다. 특히 존 듀이는 1896년 시카고 대학에 실험학교를 개설하여 진보주의 교육을 실제로 실험하였으며, 이러한 진보주의 사조는 1920년대부터 1950년대까지 미국의 중요한 교육사조로 자리매김하고 있다.

사회는 끊임없이 변화하고 이러한 변화 속에 사는 아이들이 변화하는 세계에 친숙해지고 현실에서 당면하는 여러 가지 문제들에 대한 문제해결 능력과 이에 필요한 태도를 배우는 것이 교육에서 중점적으로 다루어야 하는 것을 강조한다. 따라서 교육에 있어서는 '과정(process)'의 중요성을 설명하고 있다. 아이들은 자유롭게 활동하면서, 교육과정은 학생들이 직접 해결해야 할 문제나 경험해야 할 과제로 구성되어지며, 직접적인 경험을 통한 교육을 중시하고 교육이란 현재의 학교생활에 있어서 도움이 될 만한 내용으로 구성해야 한다고 보았다. 즉 교육이란 미래를 위한 준비가 아니라는 것이며, 현재 삶을 기반으로 하여야 하며, 아이들은 자유로운 탐색과 활동을 중심으로 교육은 놀이중심, 흥미중심으로 이루어진다. 그러므로 교육의 중심은 교사가 아니라 아동중심으로 이루어지고 교사는 조언자, 조력자의 역할을 하게 된다.

그러나 진보주의 교육철학은 아동의 흥미위주로 교육이 진행되어 너무 쉬운 교과위주로 교육이 진행되어졌으며, 너무나 자유를 강조한 나머지 교육이 나아갈 바를 명확하게 지향하지 못하였다는 비판과 시행착오와 산만한 수업 분위기를 조성하였으며, 현재를 지나치게 강조하여 먼 미래를 준비하지 못한 점 등에서 비판을 받고 있다. 그러나 이러한 놀이중심과 흥미중심 교육은 나중에 아동교육 체계에 지대한 영향을 미친 것은 부인할 수 없는 사실이다.

2) 본질주의 교육철학

본질주의(essentialism)라는 말은 인류의 문화유산 중 중요한 가치는 반드시 다음 세대로 전달되어야 한다는 것이다. 진보주의 교육철학의 입장에서는 삶의 현장에서의 문제해결력을 중요하게 여기고 학생의 흥미위주와 놀이중심, 경험중심으로 교육이 이루어지고 이러한 교육을 통해서 사회의 변화에 적응할 수 능력을 기르는 것을 중요하게 여긴 나머지 사회문화적으로 중요한 가치를 전달하는 것을 소홀히 한 것에 대한 반동으로 나타났다. 즉 본질주의 교육철학의 입장에서도 사회의 변화를 부정하는 것은 아니다. 다만 사회가 변화되어지고 가치도 변화되어지지만 가치는 변화는 가치와 변하지 않는 가치가 있다는 것을 강조하였다. 즉 불변하는 가치의 학습을 강조한 것이다. 그러므로 교육은 이러한 변하지 않는 가치를 담은 교과를 통해 학생이 당연히 알아야 할 것들을 가르치는 것이 중요하다고 설명하고 있다. 그러므로 본질주의 교육철학에서는 개인적인 흥미에 따른 개인적인 경험보다는 문화적으로 쌓여온 중요한 가치가 담긴 민족적인 경험이 포함된 교과과정을 중시하며 학생의 자율적인 학습보다는 능력 있고 경험 많은 교사의 체계 있는 지도를 강조하였다. 교육을 미성숙한 아동들에게 맡길 수는 없다는 것이다. 교육의 시작점은 아동의 흥미로 시작하되 교육의 주도권은 교사가 가져야 한다는 것이다. 그리고 교육이란 흥미만을 위주로 이루어져서는 안 된다는 것이며, 교육이 효과적으로 이루어지기 위해서는 노력이 필요하다는 것을 강조한다. 우리는 흔히 요즈음 학습의 임계점이라는 말을 쓴다. 학습의 효과는 처음부터 나타나는 것이 아니라 어느 순간 쌓여서 그 임계점에 다다르면 학습의 효과가 나타난다는 것이다. 이러한 임계점에 대한 것은 흔히 외국어 과목 등에서 그 효과를 보이고 있다. 외국어 공부는 금방 교육의 효과가 나타나는 것이 아니다. 계속 꾸준히 노력하다 보면 어느 순간 그 학습의 효과가 나타난다는 것이다. 다음의 예를 보자.

> 어느 중국 대나무는 씨를 뿌리고 나서 거의 5년 동안은 아주 작은 순 말고는 아무것도 보이지 않는다. 모든 성장은 땅 밑에서 이루어진다. 복잡한 구조의 뿌리가 땅 밑에서 종으로 횡으로 뻗어 나가면서 형성된다. 이것이 노력의 과정을 말하는 것이다. 그러다 다섯 번째 해가 끝나갈무렵, 갑자기 약 25미터 높이로 성장한다.

출처: 파울로 코엘료, 오진영 역(2011). 알레프. 문학동네.

이와 같이 교육에서는 재미있고 즐거운 것만이 아니라 노력을 통해 힘든 시간을 지나고 나면 흥미가 생겨 더 긍정적이고 바람직한 학습을 할 수 있다는 것이다.

그러므로 교육에서는 문화적으로 중요한 가치가 담겨있는 기본적인 교과를 성공적으로 습득하고 문화 전통을 잘 이어받아 생활의 준비를 철저히 하는 것을 중요하게 생각하였다. 그러나 본질주의 교육철학 역시 그 한계점을 가지고 있다. 지나치게 자연과학을 중시한 나머지 사회과학을 경시하였다는 것이다. 사회과학은 현실적인 사회의 문제점을 우리에게 인식시켜 주고 그 문제를 해결하기 위한 방안을 강구하는 등 여러 가지 기능을 함에도 불구하고 이를 지나치게 경시하였다는 점과 가치의 항존성을 경시한 점, 교사의 주도권을 강조한 나머지 아동의 참여의식과 학습동기를 가볍게 여겼다는 면에서 비판을 받고 있다.

3) 항존주의 교육철학

항존주의(perennialism)의 교육철학은 진보주의 교육에 대한 비판에서 시작되었으며, 본질주의자들이 진보주의 교육에 대해 미온적으로 부정한 것에 불만을 품고 항존주의 교육철학자들은 진보주의를 전면적으로 부정하였다. 본질주의 교육철학자들은 자연과학 교과들을 중요하게 여기는데 반해 항존주의 교육철학자들은 자유 인문교과를 중요시하므로 항존주의는 고전적 인문주의라고 불리기도 하였다.

항존주의 교육철학에서 항존이라는 것의 의미는 '불변'의 의미이며, 변하지 않는 불변의 가치, 절대 진리를 강조하는 입장이다. 항존주의 교육철학은 본질주의 교육철학이나 진보주의 교육철학이 지나치게 과학주의에 치중하고, 세속주의적이고 물질주의적 경향을 나타내는 것에 반발하여 교육은 철저하게 종교적인 세계관 위에서 반과학주의로 탈세속주의와 정신주의로 돌아가야 한다고 주장하고 있다.

항존주의 교육철학의 대표자인 허친스는 끊임없이 변화하는 세상에서 가장 중요한 것은 인간이 가지고 있는 이성이라고 주장하면서, 교육을 통해 인간의 이성을 계발하고 도야하는 것이 중요하다고 강조하고 있다. 인간의 이성계발을 위해 문화적으로 중요한 가치가 담겨있는 책을 선정하여 이를 위대한 고전(the great books)이라 명명하고 이러한 고전을 읽고 탐독하는 과정을 통해 인간의 이성을 계발할 수 있다고 설명하고 있다. 이러한 위대한 고전에는 세익스피어, 플라톤, 아리스토탈레스, 성어거스틴, 에라스무스, 토마스아퀴나스, 갈리레오 등이 쓴 책 등이 포함되어 있다.

Kneller(1971)는 항존주의 교육철학의 기본원리를 다음과 같이 요약하였다.

첫째, 인간성은 변하지 않으므로 교육의 변질도 변하지 않으므로 누구에게나 교육의 모습은 동일하여야 한다.

둘째, 인간의 최고 특징은 이성이므로 교육은 이성을 계발시키는데 집중되어야 한다.

셋째, 교육의 과업은 일반적인 진리에의 깨달음이며, 진리는 어느 곳에서나 동일하므로 교육도 동일하여야 한다.

넷째, 교육은 생활의 모방이 아니라 생활을 위한 준비이다.

다섯째, 학생에게는 세계의 영원성에 접하도록 일정한 기본적인 교과를 배우도록 해야 하며, 기본적인 과목으로는 문학, 철학, 역사, 미술, 자연과학, 언어 등과 같은 과목이다.

그러나 이러한 항존주의 교육철학 역시 그 한계점을 가지고 있다. 절대적인 가치를 중시한 나머지 현실 세계에서의 인간들의 노력들을 통한 현실 세계에 대한 적응력을 경시하였으며, 고전을 중시한 교육방법으로 인해 민주주의적인 교육방법이 위협을 당했으며 교육이 지나치게 귀족적으로 흐를 가능성 등을 들고 있다.

4) 재건주의 교육철학

재건주의 교육철학은 진보주의, 본질주의, 항존주의를 극복하기 위한 사상으로, 현대의 세계를 아주 급박한 위기에 처해 있는 것으로 설명하고 있다. 즉 우리가 살고 있는 사회가 문화적인 큰 위기에 처해 있다고 보고 있다. 즉 인구는 증가하고 기아의 문제는 심각하며, 생활과 건강과 교육 수준은 불균형을 이루고 있으며, 환경은 오염되어 있고, 전쟁의 위협, 국가 간의 적대감과 증오감은 점점 커져 가고, 도덕감각은 마비되어지고 사이비 민주주의가 팽배해 있는 등 이 사회를 빨리 바꾸어야 하는 위기의식에서 출발하였다. 그러므로 교육이 선봉이 되어 현재 인류가 처한 위기를 극복하고 이상적인 미래를 건설해야 한다고 주장하고 있다. 재건주의 교육철학 입장에서는 진보주의 교육철학은 아동의 흥미와 자유로운 현재 생활을 지나치게 강조해서 기존의 전통주의 교육의 교사중심의 주입식 교육을 과감히 시정하려 하였으나 오히려 학생의 지적인 저하를 유발하였다고 보고 있다. 또한 본질주의 교육철학도 지나치게 전통과 문화적인 유산을 통한 교육만을 강조하여 보수주의적인 측면을 탈피하지 못했고, 항존주의 교육철학 역시 절대적 가치와 이성계발만을 강조하여 과거 지향적이고 종교적이었다는 것이라고 비판하고 있다. 그러므로 재건주의 교육철학 입장에서는 위의 세 가지 철학적인 입장에 대한 대안으로 나온 교육철학적인 입장이라고 볼 수 있다. 그러므로 재건주의 철학의 창시자인 브라멜드는 개인적인 변화보다는 사회의 전체의 변화를 추구하여 개인적인 자아실현보다는 사회적인 자아실현을 하는 것이 중요하다고 보았으며, 이러한 목적의 실현을 통해서만 경제적, 정치적, 교육적, 심미적, 종교적인 민주주의를 실현할 수 있다고 보았다.

그러므로 재건주의 교육철학의 교육원리를 요약하며 다음과 같다.

첫째, 교육을 통해 빨리 민주적인 사회를 만들어야 하므로 사회개혁 프로그램을 개발해야 한다는 것이다.

둘째, 학생의 변화를 통해 사화를 변화시키기에는 너무 사회의 위기가 긴급하므로 교사에 의한 학교교육에 의한 사회변화를 강조하고 있으므로 교사교육을 강조하고 있다.

셋째, 교육의 방법과 목적 등은 행동과학의 연구 성과를 이용하여 이룩되어야 한다고 주장하고 있다.

브라멜드는 재건주의 교육철학의 입장을 문화연속체란 도표를 제시하고 있는데, 항존주의 교육철학은 과거 중심적이며, 진보주의 교육철학은 현재 중심적이며, 재건주의 교육철학은 미래에 가까우며, 본질주의 교육철학은 과거와 현재의 사이, 즉 항존주의 교육철학과 진보주의 교육철학의 사이에 위치하고 있다고 설명하고 있다.

이를 그림으로 나타내면 다음과 같다.

과거		현재	미래
항존주의	본질주의	진보주의	재건주의

[그림 2-1] 교육철학의 문화연속체적 입장

그러나 이러한 재건주의 교육철학도 미래지향적인 입장에서 사회의 변화를 추구하는 노력은 높이 사지만, 정확히 구체적으로 사회의 전반적인 부분에서 어떠한 변화를 누가 어떻게 추구해야 하는지에 대한 명확하게 제시하지 못한 점과 사회의 변화가 어느 한 가지나 몇 가지 요소만으로 변화되어질 수 있는 것이 아니라는 점을 간과하였다. 또한 교육의 힘을 너무 과신하였다는 점과 미국사회의 문제에 초점을 맞추고 있기 때문에 이것을 다른 곳에 일반화시키기에는 무리가 있으며, 변화하기 원하는 사회의 그림을 그려 놓고 여기에 맞추는 교육은 역시 민주주의 교육에 역행한다는 점 등의 약점을 가지고 있다.

위의 20세기 전반의 교육철학의 입장을 몇 가지 준거에 의하여 정리해 보면 다음의 〈표 2-2〉와 같다.

표 2-2
20세기 초반의 현대교육사조의 비교

	진보주의	본질주의	항존주의	재건주의
교육목적	학습자의 흥미, 필요 배우는 법의 학습	문화적 전통의 전수 학문적 수월성 추구	항구적 지식의 훈련을 통한 이성적 인간 형성, 즉 이성적 능력과 도덕적 추론 능력 계발	사회재건
교육내용	삶의 경험, 문제해결	역사, 과학, 외국어, 3'R	위대한 교과	사회과학
교육적 의미	아동중심 교육관의 확립	교사의 수업 주도권 인정, 본질적 지식의 구조 인정	문화유산에 내재한 항구적 진리의 재발견	교육의 사회적 역할 강조
교수자	동료 학습자 조력자	전문가 모범 제공자	교수활동의 주도자	민주적인 절차로 학생에게 교수
대표학자	Dewey Kilpatrick	Bagley Ulich	Adler Hutchins	Brameld Stanley

출처: 정석환 저(2012), p. 286 교육철학 및 교육사의 내용을 재구성함.

4. 20세기 후반의 교육철학

1) 실존주의 교육철학

20세기 후반 교육철학의 대표적인 입장은 실존주의(existentialism) 교육철학이다. 이는 인간 존재(existence)에 관한 철학이다. 2차 세계대전의 비극적인 체험과 아우슈비츠 등의 상황은 인간의 존재에 대한 질문을 던지게 되었다. 위와 같은 비극적인 체험은 유럽에 염세주의적인 사회 분위기 속에서 대두되어진 철학이다. 즉 인간이 추구하고 질문하며, 탐구하는 무엇이 아니라 그것을 추구하는 인간 존재에 대한 질문을 던지게 되었다. 이것을 '실존'이라는 개념으로 표현하였으며, 이러한 실존은 본질에 앞선다. 즉 존재 자체가 본질에 우선한다는 것이다. 니체, 샤르트르, 하이데거 등으로 대표되어지는 철학자들은 각자 독특한 관점으로 인간을 조망하게 된다. 인간 존재에 대한 질문, 즉 인간의 불안, 자유, 선택 등 인간 존재에 대해서 어떤 운명이나 진리가 있는 것이 아니라 인간 자체를 주체성을 가진 존재로 인식하였다. 모든 인간은 누구나 자유로우며, 독립된 존재로 자신의 운명을 스스로 선택하고 자신이 한 선택에 대해 책임을 진다는 내용으로 인간의 존재를 설명한다. 즉 인간은 우주의 일부가 아니라 철저한 '자유인'이며, 철저한 신념과 확신이 가득 찬 책임감과 개성을 지닌 존재로 인식하게 되었다. 즉 사람의 운명이라는 것은 바로 자신에 의해서 형성되어지는 것이라는 것이다. 교육이란 환경을 통해서 인간을 바람직한 방향으로 만들어 가는 것이라는, 즉 환경을 통해 인간은 성장해 나간다는 입장에 대해 비판적인 입장을 취한다. 교육이란 사람으로 하여금 스스로의 존재와 자신의 가치를 찾도록 도와주는 활동이며, 인간이 스스로의 '독존'을 깨닫고 깊은 고독감에 빠졌을 때 영혼과 영혼이 마주치면서 자기 자신의 본질적인 삶을 살도록 하는 것에 교육의 목적을 두고 있다. 그러므로 실존주의 교육철학에서는 교사와의 대화와 만남을 통한 교육을 중요하게 생각한다. 이러한 영혼의 만남, 인격의 만남이 이루어질 때 인간은 독존을 깨달을 수 있으며, 교사와의 만남을 통해 이러한 고독을 잘 극복하고 성장할 수 있는 능력을 기를 수 있다는 것이다. 그러므로 실존주의 교육철학에서는 지적인 교육보다는 도덕교육 분야와 교과주의적인 교육방법보다는 인간주의적인 교육방법에 보다 많은 강조점을 두고 있음을 알 수 있다. 그러므로 실존주의 입장에서는 기존 사회의 어떤 틀에 맞추어 내는 인간을 길러 내는 것이 교육이 아니라 자유롭고 창조적인 인간을 만들어 내는 것이 교육에서 중요한 목적이다.

실존주의 교육철학에서는 자신을 사랑하고, 남을 사랑하는 마음을 갖는 일, 신앙을 갖는 일 등은 교육을 통해서는 불가능하다고 보지만 지식을 학생들의 자아수용과 학습자의 마음을 자유롭게 만드는 것에 사용한다면 일반적인 교과목도 바람직하다고 보고 있다.

2) 포스트모더니즘 교육철학

20세기 중 · 후반에 대두되어진 포스트모더니즘(post-modernism)이란 기존의 모더니즘에 대한 비판적인 시각에서 시작되었으며, 특정한 철학, 사회과학, 자연과학 외에도 건축, 예술, 무용, 음악 등 다양한 문화적인 양상을 설명하는 새로운 이론적인 틀이다. 20세기 후반에 접어들면서 사회는 전반적으로 커다란 변화의 시기를 맞게 된다. 다양한 이데올로기가 생겨나고, 정보사회, 후기 산업사회가 대두되어지면서 이러한 문화 전반의 사회변화를 해석하고 수용할 수 있는 이론적 틀로써 포스트모더니즘이 생겨나게 되었다. 그러므로 포스트모더니즘이란 모더니즘의 특성과는 다르지만 모더니즘의 단절이라기보다는 모더니즘의 단점을 비판하면서 현대사회를 새롭게 해석하는 사상이라고 볼 수 있다. 그러므로 포스트모더니즘은 기존의 획일적인 교육을 비판하며 교육은 차이의 원리에 입각하여 다양성을 존중해야 할 것을 강조하므로, 서로 다른 것이 잘못된 것이 아니라 서로 다른 개체로써 존중받아야 한다는 생각이 강하다. 이러한 생각은 교육에서도 적용되어져 다양한 학습자의 각자의 특성을 인정하고 존중하고 이것들을 어떻게 하면 바람직하게 길러 줄 것인가를 고민한다.

포스트모더니즘의 가장 중요한 특성은 기존에 절대적이라고 가치를 부여받던 것들이 절대적인 것이 아니라 다원성(多元性)을 중요하게 여기고 인정하며, 기존에 중요하게 여겨지던 가치에 대해 비판적인 시각을 가질 수 있는 가능성을 열어 준다. 또한 주변부의 세계에 대한 관심이 중요하게 여겨져 대중문화, 일상문화를 중요하게 여기며, 기존에 소외되어졌던 저소득계층이나 고령자, 외국인, 여성 등에 관심이 증대되어지며, 교육의 상황에서도 다양한 상황에서 열정적으로 학습하고 헌신하는 사람, 즉 '상상력을 고양한 사람'으로 대체될 수 있다는 가능성을 열어 놓고 있다. 그러므로 교육의 방법이나 교육목표, 내용적인 면에서도 획일성을 지양하고 학생들을 중심으로 이끌어 냈다는데 큰 시사점을 둘 수 있다.

그러나 포스트모더니즘도 비판을 받고 있다. 즉 너무나 다양성을 지나치게 존중하고 치우쳐 있다 보니 교육이 나아가야 할 방향성을 제시하지 못하고 가치에 혼란을 주고 있다는 것이다. 즉 너무나 다양하고 많은 가치가 공존하므로 교육이 마땅히 갈 바를 제시하지 못하고 있다는 것이다. 특히 교육에서는 공교육의 해체를 가져올 수 있음으로 교육이 한 방향으로 나아가야 하는 것을 거부하는 것이기 때문에 공동체적인 입장에서는 위험을 초래할 수 있다는 비판을 받고 있다. 그러나 다름을 인정하고 자아 지향에서 타인에 대해 관심을 가지고 주변부와 중심부가 차별하지 않고, 서로 어우러질 수 있다는 것은 거시적인 차원으로 한 사회를 바라보는 입장에서는 분명 바람직하다고 생각한다.

제3장

교육의 사회적 기초

1. 교육의 사회적 기능
2. 교육과 사회화
3. 교육사회학의 기초이론
4. 사회계층과 교육 불평등

1. 교육의 사회적 기능

교육의 대상인 인간은 사회적인 존재(social being)이다. 사회 속에서 사람들과 더불어 살면서 한 사회의 구성원이 되어 간다. 한 사회 속에서 하나의 구성원이 되기 위하여 필요한 여러 가지 것들은 교육이라는 이름으로 사회 속에서 이루어진다. 그러므로 교육도 하나의 사회적인 현상이다. 교육을 통해 한 사람은 그 사람이 속한 사회의 중요한 가치관과 태도, 지식을 습득하여 그 사회에서 필요로 하고 원하는 인간이 되어진다. 사회 속에서 이루어지는 교육은 때로는 사회의 다양한 현상에 대해 영향을 받는 종속변인으로 때로는 영향을 주는 독립변인으로 작용을 하며 교육의 모습을 바꾸어 나간다. 그러므로 교육사회학이란 사회 속에서 이루어지는 교육의 현상에 대해 사회학적으로 연구하여 교육의 문제를 연구하고 해결하기 위해 탐구해 나가는 학문이라고 볼 수 있다. 교육은 그 사회 속에서 다양한 기능을 하게 된다. 먼저 교육은 역사적으로 이어 내려온 기존의 전통적인 문화의 전달기능을 한다. 그러나 교육은 그 사회의 전통적인 것을 유지하면서도 동시에 시시각각으로 변화하는 사회의 요구에 적절하게 반응하여 새로운 사회를 개혁하는 기능도 하여야 한다. 이렇게 교육은 사회 속에서 보존과 개혁의 기능을 하면서 사회 속에 구성원들이 적응할 수 있도록 돕는 기능을 한다. 이러한 교육의 사회적 기능을 좀 더 자세히 살펴보면 다음과 같다.

1) 문화유산의 전달기능

기본적으로 교육의 중요한 기능 중 하나인 문화유산의 전달기능이란 각 사회의 구성원들에게 역사 속에서 형성되어진 중요한 지식과 가치, 태도 등을 전해주는 일이다. 이러한 과정을 통해 한 사회는 기존 질서의 바탕 속에서 안정적으로 유지되어지며, 질서를 지켜나갈 수 있다. 그러므로 각 사회 속에 속한 개인들은 그가 속한 사회에서 인정하고 요구하는 언어, 가치관, 사고, 감정 등을 학습하고 내면화하는 과정을 통해서 그 사회에서 요구하는 여러 가지 생활양식대로 올바른 사회생활을 할 수 있다. 이것이 바로 사회화(socialization)의 과정이며, 이러한 사회화의 과정은 주로 가정교육이나 학교교육을 통해서 이루어져 다음 세대를 전달되어진다.

2) 사회통합의 기능

사회에는 다양한 계층이 있으며, 한 사회 속에 포함되어진 다양한 계층의 사람들을 하나로 통합하는 기능을 하는 것이 사회통합의 기능이다. 이러한 기능은 의무교육을 통하여 다양한 계층의 아이들이 동일한 공간에서 지내면서 자연스럽게 계층 간의 만남과 소통이 이루어진다고 보는 것이다. 즉 학교교육에서 이루어지는 사회화를 통해서 각 사회 속에서 공인되어진 핵심적인 가치관과 생활태도 등을 배우며 이를 통해 그 사회 속에서 하나의 구성원으로서의 자격과 역할을 갖추게 된다. 이러한 의미에서는 문화유산의 전달과 같은 의미를 가지고 있지만 이러한 조화를 이루게 하기 위해서 문화유산의 전달보다는 강제성을 띠는 사회적 통제 또는 사회적 규제의 가능성을 수반한다는 의미에서는 문화적인 전승과는 구별되어진다.

각 사회별로 형성되어진 다양한 계층 간의 갈등이 심화되어지면 한 사회의 기본적인 안정에 큰 위협을 받을 수 있으므로 교육을 통해 계층 간의 골이 깊어지지 않도록 해야 한다. 즉 한 문화 속에 존재하는 부분 문화 간의 대립과 갈등을 해소시키고 조화로운 관계를 유지하게 하기 위한 기능이다.

3) 사회충원의 기능

한 사회가 기본적으로 유지되어지기 위해서는 다양한 능력을 가진 사람들이 필요하게 된다. 사회충원의 기능이란 학교교육이 사회에서 필요한 사람을 길러 사회 적재적소에 배치하는 기능을 말한다. 즉 선발 · 분류 · 배치의 기능을 말한다.

이 세상에는 수많은 직업이 존재하며 이러한 직업의 종류에 따라 각 개인이 지위와 역할이 달라진다. 그러므로 학생들은 자신의 지능과 적성, 가정의 경제력 등 다양한 요인에 의해 학교를 선택하게 되며, 학교도 계열별에 따라 학교교육의 사회충원 기능에 영향을 미칠 것이다.

4) 사회적 지위 이동의 기능

학교교육은 사회적인 이동을 촉진한다. 이동은 수평적인 이동과 수직적인 이동이 있다. 수평적인 이동이란 직종이나 지역적인 이동 같은 횡적인 이동을 말하는 것이고, 수직적인 이동이란 개인의 전문적인 지식이나 기술 등이 개인의 종교, 가정배경, 성별 같은 귀속적인 요인보다 사회적인 지위의 상향조정을 가능하게 해 준다는 것을 말한다. 교육기관을 이유로 지역적인 이동이 이루어지는 것은 때로는 문제를 일으킬 소지가 있기도 하다.

우리나라와 같이 학력을 중시하는 사회에서는 학교교육은 계층 간 이동을 가능하게 하는 것은 사실이나 최근 사회의 모습을 보면 교육 불평등의 문제 등으로 계층 간 이동이 가능한 문제에 대해서는 다시 한 번 되짚어 볼 필요가 있으며, 이러한 문제는 종종 매스컴을 통해서 사회적 고위층의 문제점으로 제기되어지는 경우가 종종 있다.

5) 사회개혁의 기능

학교교육은 사회화의 기능을 통해 기존의 문화유산의 전달 기능도 하지만 다른 한 편으로는 이러한 과거의 문화유산을 바탕으로 새로운 사회변화를 꾀하는 역할을 해야 한다. 이는 사회의 변화에 따라 교육의 모습이 바뀌기도 해야 하지만 적극적으로 교육을 통해 기존의 가치관이나 태도의 변화가 필요하기도 하기 때문이다. 즉 변화하는 현대사회 또는 미래사회에서 필요로 하는 새로운 지식과 기술 및 가치관을 교육을 통해 제공함으로써 기존 문화를 개혁하고 혁신하는 과정이 필요하기 때문이다. 그리고 이러한 역할을 담당하는 기관은 초·중등 교육기관보다는 대학에서의 연구 활동을 통해 가능하다고 볼 수 있다.

2. 교육과 사회화

한 개인이 한 사회 속에서 적응하여 살아가기 위해서는 그 사회 속에서 공유하고 있는 다양한 가치관, 언어, 생활양식 등을 학습하고 이를 내면화하는 과정이 필요한데 이러한 과정을 사회화(socialization)라고 한다. 이러한 사회화의 과정을 통해 한 사회가 다음세대에게 전해져야 할 중요한 가치관 등이 전달되어지고, 개인적인 측면에서는 이러한 것을 바탕으로 개인의 잠적인 능력을 개발하고 성장시키는 데에도 중요한 과정이라고 볼 수 있다. 이러한 사회화의 과정은 인생의 어느 한 시기에 일어나는 것이 아니라 태어나는 순간부터 사람들과의 접촉과 상호영향을 통해 이루어지며 장기적이고 지속적으로 이루어진다.

1) 사회화의 방법

인간은 사회화를 통해 행동이 발달되어지고, 사회적 학습이 일어난다. 이러한 사회화는 다음과 같은 방법을 통해 이루어진다.

첫째, 주로 모방을 통해서 많이 이루어진다. 아이들은 부모나 자기가 자주 접하는 사람들의 행동을 자연스럽게 배우면서 사회에 적응해 나간다. 만약 모방의 대상이 자신에게 중요한 타인, 즉 존경하는 대상이라면 모방할 가능성은 더욱 커진다.

둘째, 처벌과 강화를 통한 방법이다. 아이들은 처벌을 받는 행동은 바람직하지 않다고 생각하므로 벌을 받은 행동은 감소하고, 긍정적인 강화, 즉 칭찬을 받는 행동은 바람직하다고 생각하여 그러한 행동은 증가한다. 그러므로 칭찬과 벌을 통한 일관성 있는 교육을 통해 모방은 자연스럽게 이루어진다. 그렇지 않다면 아이들은 어떠한 것이 올바른 것인지에 대한 혼란이 일어날 것이므로 이러한 벌과 칭찬은 일관성 있게 이루어져야 한다. 우리가 사회화를 생각하면서 중요하게 생각해야 하는 것은 '행동은 말하는 것보다 더 많은 것을 말한다'는 것이다.

셋째, 동일시의 방법을 통한 자아형성의 방법이다. 아이들은 5세 전후로 자신이 여자이거나 남자라는 것, 어떻게 행동해야 하는지, 자신이 누구인지에 대한 자아정체성이 형성되어진다. 이러한 자아정체성은 동일시의 과정을 통해서 이루어지며, 이러한 과정을 통해 아이들은 사회적인 존재가 되어 가는 것이다.

2) 사회화의 내용

그러면 이러한 사회화의 방법을 통해서 아이들은 어떠한 것을 학습하게 되는가를 알아보기로 하자.

첫째, 사회화의 과정을 통해서 아이들은 그 사회에서 각 개인에게 주어지는 지위와 역할에 대해서 학습하게 된다. 부모로서의 역할, 자녀로서의 역할, 학생으로서의 역할, 크리스챤으로서의 역할 등이다.

둘째, 사회화의 과정을 통해서 아이들은 '나는 누구인가?'라는 자아정체감을 형성하게 된다. 자아정체감은 하루 아침에 형성되어지는 것이 아니라 오랜 시간을 걸쳐 다른 사람과의 관계를 통해서 내가 다른 사람과 다른 점 등을 알아나가는 과정이며, 내가 다른 사람과 다른 독특한 '나다움'을 알아가는 과정이다.

셋째, 성에 따른 역할을 학습하게 된다. 내가 남자인지, 아니면 여자인지 그리고 그러한 성적인 구분에 따라 어떻게 행동하고 어떠한 역할을 해야 하는지에 대해 학습하게 된다. 우리가 알다시피 모든 사회와 문화에 따라 성적으로 부여되어진 역할은 다르다. 우리나라 같은 경우에는 일반적으로 양육은 엄마인 여자가 책임지고, 경제적인 책임은 일반적으로 남자가 책임지는 경우가 흔하다, 물론 이러한 현상은 최근 들어서는 남자들도 육아휴직이 가능해진 부분도 있어서 달라지고 있기도 하지만, 중국의 소수민족 등의 경우에는 가정 경제의 책임을 남자가 아닌 여자가 지는 등 사회나 문화에 따라 성적으로 부여되어지는 역할과 지위는 다르다.

넷째, 각 사회에서 중요하게 여겨지는 문화적인 전승이 이루어진다. 그 사회에서 오랜 시간을 통해 형성되어진 역사적인, 문화적인 것들을 자연스럽게 학습함으로써 다음 세대에게 전통적으로 중요한 가치관 등이 자연스럽게 전해진다.

그럼 이러한 사회화는 어떠한 과정과 기관을 통해서 이루어질까? 물론 인간이 태어나면서 가정 먼저 접하는 사회 집단인 가정부터 시작하여, 학교, 또래집단, 매스미디어, 직장 등 다양한 사람들과 기관을 통해 이루어진다고 볼 수 있다.

첫째, 가장 먼저 태어나자마자 처음 접하는 가정에서의 부모의 양육방식 등에 의해 한 사람의 삶에 중요한 영향을 미치는 가치관, 언어, 태도나 행동 등을 학습하게 된다. 즉 인격적인 틀의 많은 부분이 가정에서 이루어진다고 볼 수 있다. 인간은 가소성(可塑性)이 큰 존재이기 때문에 배운다는 생각 없이 가정생활을 통해 다양한 행동특성이나 사회적인 기술을 습득하게 된다. 물론 사회의 급속한 변화에 따라 가족 해체 현상 등이 일어나면서 가정을 통해서 이루어지는 사회화의 기능이 약화되어지기는 했지만, 아직도 가정이 담당하고 있는 사회화 기능은 여전히 큰 비중을 차지하고 있다.

둘째, 또래집단을 들 수 있다. 아이들은 이제 성장하여 가정을 떠나 또래집단이 모여 있는 유치원 등을 통해 새로운 인간관계를 맺기 시작하면서 또래집단의 다양한 영향을 받기 시작한다. 이러한 또래집단과의 상호작용을 통해서 이제는 부모의 곁을 떠나 스스로 관계를 맺어 가는 능력, 사회적 스킬을 학습하게 되고, 이러한 관계 속에서 때로는 좌절감과 무능감을 느끼기도 하고 자신을 억제하고 남의 뜻을 따라가 기도하고, 훈련, 질서를 지키고 자발성을 키우는 등의 학습을 통해 또 다른 사회적인 행동양식을 습득하게 된다.

셋째, 학교를 통한 사회화이다. 학교는 이때까지와는 다른 의미로 아이들에게 다양한 규제를 행하는 기관이다. 학생들은 학교교육을 통해서 개인이 속해 있는 국가적인 차원에서의 교육, 즉 국민으로서 가져야 할 기본적인 태도나 가치, 기능, 사회적인 규범 등을 학습하게 된다. 또한 상급생과 동료들 그리고 교사와의 관계를 통해 좀 더 성숙하고 책임을 요구하는 사회적인 학습과 사회적인 역할도 학습하게 된다.

넷째, 직장을 통해서도 자신이 종사하는 분야의 전문적인 지식과 여러 가지 필요한 기술 등을 학습하게 되어진다.

마지막으로, 현대사회에서는 매스미디어의 강력한 영향력을 통한 학습도 결코 무시할 수 없다. 학교에서 배우는 것보다 어쩌면 더 많은 것들을 인터넷이나 대중매체를 통해 학습하게 된다. 이제는 학생들은 궁금한 것이 있으면 인터넷을 통해 모든 것을 해결할 수 있는 수준까지 왔다. 그러나 이러한 대중매체를 통한 교육은 소통을 통한 교육이 아니므로 항상 긍정적인 영향만을 준다고 볼 수 없기 때문에 대중매체의 긍정적인 측면과 부정적인 측면에 대한 충분한 교육이 이루어져야 한다. 또한 이러한 대중매체로 인해 인간 대 인간과의 소통을 통한 교육의 부재로 인한 부작용을 줄일 수 있는, 즉 인성적인 측면을 통한 사회화의 중요성이 더욱 부각되어진다.

다음의 사례는 우리가 일상적으로 많이 사용하는 스마트폰에 대한 의존이 아이에게 미치는 부정적인 영향과 부모의 스마트폰 사용이 아이에게 어떠한 영향을 미치는 지를 보여주는 내용이다.

스마트폰 너무 좋아하는 우리아이 어떡하죠……진짜 문제점은?

[스마트기기시대 우리아이가 위험하다②] 정신적 · 신체적 발달 장애 위험

중략…….

공공장소나 식당에서 아이들 손에 들려있는 갤럭시S8, 갤럭시노트, 아이패드, 아이폰7플러스 등을 찾는 일은 이제 어렵지 않다. 지하철이나 버스 안에서도 떠들거나 우는 아이들의 손에 스마트기기를 쥐어 줘 게임을 하게 해 주거나 동영상을 보여주면 조용해지는 것을 관찰할 수 있다.

중략…….

육아정책연구소가 지난 2014년에 발간한 '영유아 스마트폰 노출 실태 및 보호대책' 보고서는 영유아 스마트폰 과다 사용으로 인한 부작용을 지적하고 있다. 보고서에 따르면 스마트폰 중독이 의심되는 유아들이 행동 특성으로, ▲ 감정표현의 미숙함, ▲ 원만하지 못한 또래관계, ▲ 의사소통 방식의 어려움, ▲ 공격성, ▲ 분노발작의 경향, ▲ 신체발달 저하 등이 발생하는 것으로 나타났다.
구체적인 행동으로 보고서는 '화가 나면 때리는 행동과 함께 사자 소리를 내며 매우 크게 화를 냄', '또래가 자신의 물건을 건드리면 물거나 때림', '또래나 교사의 말에 반응이 없고 경청을 하지 않고 같은 단어를 반복해서 말하는 경향이 나타남', '집에서 게임만 하고 밥을 먹지 않으려 하고 게임을 제지하면 울고 어머니를 물거나 할퀴는 양상이 나타남' 등을 지목했다. 보고서는 "발달의 모든 영역이 전반적으로 지체되고 있고 실제로 사람들을 만나서 관계를 맺는 경험이 부족하고 관계가 일방적이기 때문에 사회성 발달이 원만하게 이뤄지지 않았다"고 지적했다.

중략…….

안구건조 · 시력저하 · 수면장애 등 신체적 문제 발생 가능성도 높아

중략…….

대한신경정신의학회 · 한국중독정신의학회 · 대한소아청소년정신의학회가 지난 2015년 내놓은 '스마트 디지털 미디어 이용에 대한 권고안'을 보면 과도한 스마트기기 사용이 어떤 부작용을 줄 수 있는지 파악할 수 있다.

중략…….

스마트기기 과의존의 문제점	
정신적 문제	·우울, 자살, 불안, 주의력결핍과잉행동장애, 충동성, 중독, 물질 오남용 ·학습 및 인지기능 저하, 행복감 자존감 만족감 저하, 가족간 유대감 상실, 전반적인 삶의 질 저하, 사회성 저하, 갈등 조절능력 저하 ·사이버 왕따 폭력 등에 노출, 사회적 범죄와 관련된 위험 행동 가능성 증가
신체적 문제	·시력저하, 근골격계 이상, 수면장애, 비만과 체형 변화 초래

스마트기기 과의존의 부작용 (자료: 스마트 디지털 미디어 이용 권고안)

게임 · 동영상 중독 특히 경계해야

유아동은 특히 게임과 동영상 중독을 특히 경계해야 한다고 전문가들은 입을 모아 말한다. 2016년 인터넷 과의존 실태조사에 따르면 유아동의 스마트폰 이용률은 67.7%로 나타났고, 가장 많이 즐기는 콘텐츠로는 교육 · 학습용 콘텐츠와 게임이 1,2위를 차지했다. 부모들이 유아동 자녀에게 스마트폰 사용을 허가하는 이유로는 '오락 · 재미'를 위한다는 점이 1순위로 조사됐다. 특히 게임이나 자극적인 동영상은 아이들에게 강력한 자극을 줘 신체적 부작용과 더불어 사회화에 심각한 악영향을 끼칠 수 있다는 것이 전문가들의 공통적인 의견이다. 중략…….

성인 스마트폰 중독도 아이에게 영향 끼쳐

중략…….

'2016년 인터넷 과의존 실태조사' 보고서에서도 부모가 스마트폰 과의존위험군인 경우 유아동 · 청소년 자녀도 위험군에 속하는 비율이 높게 나타났다. 부모가 위험군일 때 유아동 자녀가 위험군에 속하는 비율은 23.5%로 일반사용자군인 부모였을 경우의 17.3%보다 더 높았다. 청소년의 경우 부모가 위험군일 때 청소년도 위험군인 비율이 36%로 일반사용자군의 부모의 29.7%보다 높은 것으로 드러났다.

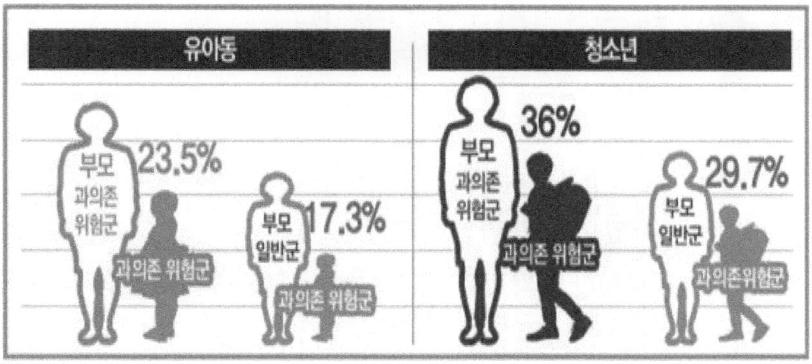

부모의 스마트기기 과의존과 자녀의 과의존 상관관계 표 (사진=한국정보화진흥원)

스마트기기 긍정적 효과는 정말 없나

스마트기기를 교육이나 아이들 인지능력 발달 등에 활용하는 시도는 꾸준히 있어왔다. 학습지 회사에서 태블릿을 활용한 교육을 하거나 스마트교실 등으로 교과서 없는 교실을 만드는 등의 시도가 있었다. 하지만 전문가들은 일부분에서는 시청각 학습의 극대화로 교육 효과를 높일 수 있지만 대체적으로는 부정적인 견해를 내놨다. 특히 어린 아이일수록 자극적인 콘텐츠를 노출시키는 스마트기기를 최대한 늦게 접하게 해야 한다고 강조했다. 중략…….

유 소장은 "청소년들을 포함해 그보다 더 어린 아이들이 스마트기기를 사용하는 것은 현실과 가상세계의구별을 어렵게 해 인지능력이나 사회화 측면에서 부정적 영향이 더 크다고 본다"고 덧붙였다.

출처: 스마트폰 너무 좋아하는 우리아이 어떡하죠……진짜 문제점은. 키뉴스(KINEWS). 2017. 09. 20.

3. 교육사회학의 기초이론

사회를 바라보는 시각은 각 개인이 속해 있는 문화에 따라 그리고 개인에 따라서 달라질 수 있으며, 또한 사회현상을 바라보는 입장과 관점의 차이에 따라서도 다르다. 어떠한 시각으로 자신이 속한 사회를 바라보느냐에 따라 중요하게 여기는 교육의 입장도 달라지게 마련이다. 교육을 보는 입장을 크게 대별해 보면 기능이론과 갈등이론을 들 수 있다. 기능이론은 교육이 가진 여러 가지 순기능에 초점을 두고 교육을 설명하고 있는 것이라면, 갈등이론은 이러한 순기능적인 입장보다는 교육의 현장에서 일어나는 문제점, 즉 여러 가지 교육의 불평등에 초점을 두고 있는 것을 볼 수 있다.

1) 기능주의 이론

만약에 당신이 좋은 가정에서 태어나 좋은 교육적인 지원을 받고 좋은 학벌을 갖게 되고, 이러한 학벌에 걸맞는 좋은 직업을 갖게 되는 것이 당연하다고 생각한다면 당신은 기능이론에 동조하고 있는 입장인 것이다. 기능이론은 우리 몸에 눈, 코, 귀, 입, 다리, 팔, 다른 장기들이 서로 유기적으로 기능하면서 우리 몸을 유지하는 것처럼 사회도 다양한 부분들로 이루어져 있으며, 각 부분들이 각기 다른 다양한 기능을 함으로써 사회를 유지시켜 나간다는 것이다. 즉 우리 몸의 각 부분이 서로 다른 기능을 하면서도 서로 연결되어 우리 몸을 유지시키듯이 사회의 각 부분은 각기 다른 기능을 하면서도 서로 유기적으로 연결되어 상호의존적으로 기능을 한다는 것이다. 그러므로 우리 몸의 어떤 한 부분이 문제가 유발되면 다른 부분까지 영향을 미치듯이 사회체제도 그와 동일하며, 우리 몸이 항상성을 유지하는 것처럼 사회체제도 안정과 질서 유지를 중요하게 생각한다는 것이다. 예를 들어 우리 몸이 수분이 부족하면 갈동기(渴動機)를 유발시켜 물을 먹고 싶게 하는 것처럼 사회도 균형 상태가 깨어지면 다시 균형 상태로 회복하기 위한 노력을 다양하게 전개하여서 안정과 질서를 찾아 간다는 것이다. 그러므로 기능이론의 관점에서는 각 교육의 수준에 따라 차등적 보수와 명예 및 지위가 주어지는 것이 당연하며, 이러한 것들이 중요한 교육의 동기로 작용하게 됨으로써 중요한 지위들이 계속 유지될 수 있다는 것이다. 따라서 이와 같은 차등대우를 통한 동기부여가 없으면 사회의 존속, 유지가 어렵다고 보는 입장이다.

즉, 한 사회를 구성하는 다양한 조직과 기관들이 서로 협력하여 각자가 가진 교육의 기능을 담당하면서 한 사회가 안정되게 유지하도록 하는 것이 교육의 중요한 기능이며, 각 능력에 따라 전문적인 능력을 가진 사람이 전문인으로써 대우를 받는 것이 당연하며, 그러한 것에 중요한 기능을 하는 기관이 학교라고 보고 있다. 즉 기능주의 이론에서 중요하게 여기는 것은 사회 전반적인 질서와 통합이며, 동적인 것보다는 정적인 면을 중요하게 여긴다는 것이다. 변화란 개인적인 차원에서의 변화나 개성 존중보다는 사회전체의 긍정적인 측면에서의 변화를 중요하게 보고 있다.

기능주의 입장에서는 학교교육의 중요한 기능으로 사회화를 통한 문화전달의 기능과 사회적 선발 및 배치 기능을 강조하고 있다. 그러므로 학교교육을 통해 시민정신이 투철한 구성원을 양성하는 것이 중요한 교육의 목적이며, 학생들의 능력에 따라 재능에 따라 학생들을 선발하는 것도 당연하다고 여기고 있는 입장을 취하고 있다. 그러므로 학교에서 이루어지는 교육과정은 보편성과 객관성을 추구하며, 학업성취에 따라, 즉 능력에 따라 직업이 결정되어지는 것은 당연하다고 보고 있다. 그러므로 의무교육을 연장하고 교육의 기회를 확대하기 위해 노력해야 한다는 입장을 취하고 있다.

2) 갈등주의 이론

기능이론이 사회의 안정과 통합적인 측면을 중요시 여기며 중요한 교육기관으로 학교교육을 중요시 여기는 반면, 갈등주의 이론가들은 학교교육의 기능과 역할에 대해 다른 입장을 취하고 있다. 원래 학교라는 이름의 School의 어원 'scola'는 '한가하다'라는 의미를 가지고 있다. 이러한 면에서 알 수 있듯이 학교교육은 원래 대중을 위한 교육이 아니라 상위 지배계층의 그들의 지배를 합리화하고 유지하기 위한 수단으로 한가한 상위계급의 자제교육을 시작으로 형성되어진 것이다. 그러므로 갈등주의 입장에서는 학교교육이 가정의 경제적 배경에 다른 교육의 불평등의 문제와 이에 따른 불공정성 등을 통해 이루어지는 사회적인 소외감의 문제, 비인간화의 문제 등에 주목하게 되었다.

그러므로 갈등주의 입장에서는 학교교육을 통해서 교육의 불평등이 계속적으로 이루어지도록 심화시키는 기관으로 보고, 학교는 개인적이며 중립적인 기관이 아니라 지배집단의 이익을 위해 만들어진 기간이며, 이러한 학교교육이 개인의 직업적인 위치에까지도 영향을 미친다고 보고 있다.

즉 갈등주의의 입장에서는 학교교육을 통해서는 계층 간의 통합을 이루기보다는 계층 간의 갈등을 심화시키는 것으로 보았기 때문에 라이머(Reimer)는 1971년에 '학교는 죽었다(School is dead)'라는 극단적인 표현을 쓰고 있다. 즉 학교라는 기관을 통해 이루어지는 교육은 학생들을 차별적으로 선별하고, 이데올로기의 주입기능 등의 기능 외의 민주적이고 인격적인 교육을 하지 않는 곳으로 보기 때문에 '학교는 죽었다'는 극단적인 입장을 취하게 된 것이다. 이러한 급진적이지만 교육의 문제에 대한 접근은 새로운 교육이 가야할 방향에 대한 통찰력을 제공해 준다고 볼 수 있지만, 현재의 교육체제를 뒤흔드는 입장이기 때문에 긍정적인 측면도 있지만 나름 가지고 있는 취약점을 배제할 수는 없다. 교육에 대한 갈등주의 이론의 입장을 정리해 보면 교육의 목적은 평등한 사회를 만드는 것이며, 현재의 학생 선발은 부모의 계층이나 경제적인 지위에 의해 이루어진다고 보고 있다. 그러므로 학교에서 이루어지는 교육은 획일적이고 중앙집권적이고 권위적이라 학생들을 능동적으로 만드는 것이 아니라 수동적으로 만들고 있으며, 학교교육을 통해서 교육의 불평등은 계속 재생산되어지고 있다고 설명하고 있다.

교육을 보는 입장이 기능주의 이론이든 갈등주의 이론이든 지나치게 교육이 하는 외적인 기능에만 치중하여 설명한 점이 이 두 이론의 가장 큰 공통점이자 문제점이라고 볼 수 있다. 기능이론이 사회적인 통합성 측면을 강조하고, 갈등주의 이론은 기존의 학교교육을 비판하고 불평등을 유발한다는 측면을 강조한 나머지 기능이론은 집단 간에서 이루어지는 갈등을 너무 소홀히 다루었다는 점, 그리고 갈등이론은 한 사회나 국가의 결속력을 위한 공동체 의식의 중요성을 간과했다는 약점을 가질 수밖에 없다. 그러나 우리는 한 사회가 유지되어지기 위해서는 기본적으로 질서가 유지되어야 하고, 공통적인 가치관이 필요한 것은 부인할 수 없다. 그러나 어느 한쪽만을 지나치게 강조한다면 오히려 이러한 이론들이 가지고 있는 문제점 때문에 교육에 역기능을 유발할 수 있을 것이다. 그러나 이러한 이론들의 문제점을 개선하고자 하는 토론을 통한 합의점에 도달하려고 노력한다면 교육은 더욱 바람직한 방향으로 향해서 갈 수 있으며 사회적으로 문제점을 해결하는 방향으로 흘러 갈 수 있을 것이다.

4. 사회계층과 교육 불평등

1) 사회계층이란?

어느 사회이든지 사회가 이루어진 이후로 각 사회에서는 학력, 능력, 연령, 성별 등에 따라 다양한 계층이 형성되어 존재한다. 또한 이러한 사회계층간에는 사회 속에서 주어진 나름대로의 권력이 존재하게 되어진다. 사회계층은 사회계

급과도 혼용되어 사용되어지지만 사회계급하면 위화감을 조성하는 측면이 있기 때문에 사회계급보다는 사회계층 개념을 주로 사용한다.

요즈음 우리 사회에서 회자 되고 있는 부모로부터 물려받은 경제적인 부의 정도가 자녀의 미래를 결정한다는 수저계급론, 즉 '흙수저를 가지고 태어났다' 또는 '금수저를 가지고 태어났다', '은수저를 가지고 태어났다' 등의 말들은 우리 현대사회의 사회계층의 모습을 단적으로 보여주는 것이라고 볼 수 있다. 이렇게 형성된 사회계층간의 간격이 벌어지면 벌어질수록 사회는 교육의 기능 중 중요한 기능인 사회통합의 기능과는 멀어지게 되어지며 이러한 계층 간의 간격이 심화되질수록 그 사회는 위화감이 조성되어 사회적인 안정과는 거리가 멀어질 수밖에 없다.

2) 사회계층과 교육불평등

우리나라의 속담에서 '개천에서 용 난다'라는 말이 있다. 그러나 이는 이제 우리가 사는 현대사회에서는 더 이상 일어날 가능성이 적은 말이 되어지고 있는 것이 현실이다. 이때까지 빈곤의 대물림을 더 이상 하지 않기 위해 할 수 있는 일은 공부였다. 공부는 신분 수직상승의 아주 중요한 수단이였으며, 누구나 교육을 통해 빈곤을 대물림하지 않고 살 수 있다고 믿고 그렇게 노력하였다. 그리고 실제로 교육을 통해 많은 신분의 수직상승이 이루어지고 있는 것이 사실이었다. 가끔씩 시민지면을 통해 우리는 그러한 입지전적인 인물들을 많이 만날 수 있었다. 그러나 이제 더 이상 교육을 통한 신분상의 상승은 어려운 것이 현실이 되었으며, '빈익빈 부익부' 현상은 더욱 심해져 고착화되어지고 있다. 즉 부와 빈곤의 대물림은 이제 피할 수 없는 현실이 되어진 것이다.

〈서울시가 6월 8일 발표한 2017 서울 서베이 도시정책지표조사에 따르면 '내가 노력하면 사회 경제적 지위가 높아질 가능성이 어느 정도라고 생각하느냐'는 질문에 서울시민 68%가 보통(42.3%)이거나 낮다(25.7%)고 답했다. 노력으로 지위를 바꿀 수 있다고 생각하는 시민은 32%에 그쳤다. 특히 10~20대도 30~50대와 비슷한 수준으로 계층이동 가능성을 낮게 보고 있었다. 10대의 경우 33.6%가 노력으로 계층이동을 할 수 있다고 답해 20대(34.2%)보다 더 비관적인 인식을 보였다. 계층이동 가능성에 대한 인식은 소득 수준이 낮을수록 부정적인 것으로 나타났다. 월 소득 100만원 이하 가구에선 계층이동 가능성이 있다는 응답이 28.2%였지만 300만 원 이상 가구에선 32%였다.〉

출처: 모든 서울시민 68% "노력해도 금수저 못돼"…계층이동 사다리 끊어진 한국, 서울신문, 2017. 06. 08.

위의 기사 내용처럼 시민들의 대다수는 아무리 노력을 해도 상위권으로의 계층이동의 가능성은 어렵다고 보고 있다는 것이며, 이러한 연구결과들을 보면 이제 더 이상 부와 빈곤은 대물림은 끊기가 어려워진 현실이 되었다는 것을 알 수 있다. 즉 계층에 따른 교육의 불평등의 문제는 시간이 갈수록 더욱 심각해 진다는 것이다. 그럼 이처럼 어린 10대들까지도 미래에 대하여 부정적인 생각을 하게 되는 이유는 무엇일까? 그것은 학교교육이 마땅히 해야 할 바를 충분히 하지 못한다는 것을 말하는 것이다. 이는 교육의 주체가 학교가 아니라 가정이나 사회가 되어지므로 결론적으로는 사교육 시장에 교육을 맡긴다는 것이다. 아이들은 선행학습으로 이미 학교에서 배우는 진도는 미리 나갔고, 학교에서 학원숙제를 하는 것은 이미 일상화되어진 것이다. 이러한 사교육의 질은 부모의 경제적인 부와 직결되어지고, 이러한 부모의 부에 따라 일치감치 교육의 불평등은 시작되어지고, 이것은 'SKY 대학' 등의 소위 명문대의 입학으로 이어지며, 이것은 또한 좋은 직장 취업의 기회로 이어졌다. 학원에서의 선행학습은 이제 당연한 것으로 여겨졌으며, 이는 이제 학교교육만으로는 자신이 원하는 대학을 갈 수 있는 확률이 낮아진다는 것을 말하는 것이다. 교과서만으로만 공부해서는 좋은 대학에 갈 수 있는 시대는 이제 현실적으로 불가능한 일이 되어진 것이다. 대학입시에서 학생들의 입시지옥의 문제를 해결하기 위해 다양한 방법을 통해 학생을 선발하고자 실시한 학생부종합전형은 대입전형을 성적위주의 획일적 평가에서 학생의 잠재력과 대학의 설립이념 등 다양한 요소를 고려한 종합적

평가를 실시하고, 학교교육의 내실화를 도모하자는 것이 그 도입 목적이었다(임소현 외, 2016). 이는 학생생활기록부가 차지하는 비중이 더욱 높아졌다는 것을 의미하는 것이다. 그러나 학생부를 작성하는 교사에 대한 신뢰성 문제와 최근에는 ○○여자고등학교에서 대학의 수시전형과 관련하여 아버지가 쌍둥이 자녀들의 성적을 조작(경향신문, 2018. 12. 21)하는 일까지 생기고, 학생부의 다양한 점수를 올리기 위해 더욱 사교육 컨설팅에 의존하는 문제점이 생기게 된 것이다. 무너진 공교육을 바로잡기 위해 생긴 제도가 오히려 공교육을 더욱 무너트리고 사교육에 힘을 실어 주는 결과로 이어지게 된다는 것이다. 물론 그래서 입시사정관이라는 제도가 생기면서 입시의 공정성을 살리기 위해 학원에서 가르치는 일률적인 답이나 논술은 점수를 삭감하며, 학생모집을 수시전형보다는 정시모집 학생을 늘리는 등 여러 가지 국가차원의 정책을 내놓고는 있지만 여전히 사교육 시장은 점점 커지고만 있다. 아직도 여전히 중·고등학교 앞에는 학원버스들이 학생들의 하교시간에 맞추어 줄을 서고 있는 것이 현실이며, 부모의 경제적인 수준이 높을수록, 전문직일수록, 아이들은 더욱 질 좋은 사교육을 받을 수 있으므로 아예 처음부터 부모의 경제적인 수준이 낮은 경우에는 경쟁에서 불리한 위치에 있는 것이다.

다음은 한국노동연구원에서의 연구결과이다.

한국노동연구원에서는 1998년부터 한국인의 경제활동 및 가정경제에 대한 분석을 목적으로 '한국노동패널'을 분석하였으며, 2003년 노동패널 6차년도 자료를 보면 가정 배경에 따라 자녀의 대학 진학률이 달라지는 것을 볼 수 있다. 다음의 [그림 3-1]은 부모의 학력을, [그림 3-2]는 부모의 직업을 기준으로 자녀(만19~29살)의 대학 진학 유형을 미진학, 전문대학 진학, 지방 4년제 대학 진학, 서울 소배 4년제 대학 진학의 네 가지로 분류해 나타낸 것이다.

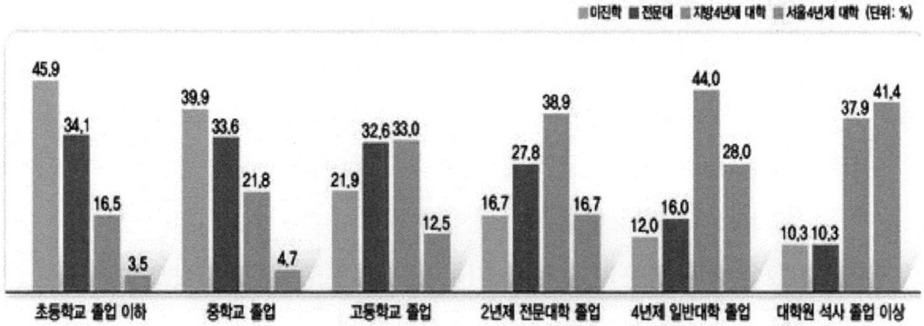

[그림 3-1] 부모의 학력에 따른 대학 진학 유형 차이

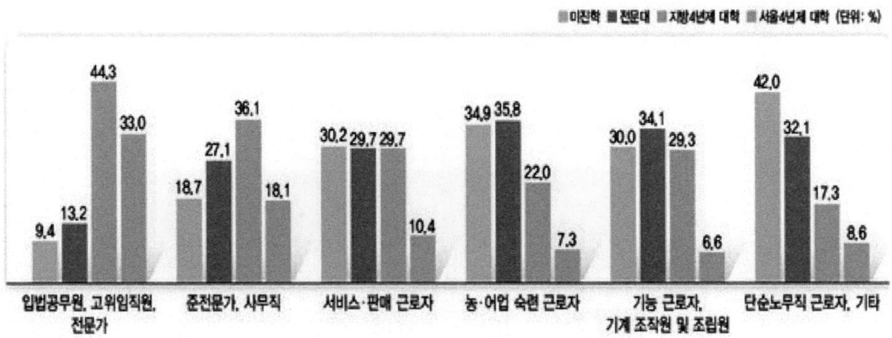

[그림 3-2] 부모의 직업에 따른 대학 진학 유형 차이

출처: http://www.hani.co.kr/arti/society/schooling/285641.html

위의 그림을 보면 부모의 학력이 중졸 이하인 경우 대학 미진학률이 39.9%인 반면 부모의 학력이 4년제 일반대학 졸업인 경우는 12%, 대학원 이상인 경우 10.3%로 나타났다. 또 서울 소재 4년제 대학 진학률은 부모의 학력이 중졸 이하인 경우 각각 3~4%선에 그치는 반면, 부모의 학력이 4년제 일반대학 졸업인 경우 28%, 대학원 이상인 경우는 41.4%로서 부모의 학력에 따라 4년제 대학의 진학률도 높아지는 것을 알 수 있다. 또한 부모의 직업에 따라서도 자녀의 대학 진학 양상에 차이가 있었다. 부모가 고위 임직원 · 전문직인 경우 서울 소재 4년제 대학 진학률이 33%인데 비해, 부모의 직업이 비전문직, 즉 농 · 어업 숙련 근로자, 기능 근로자, 단순노무직 근로자의 경우에는 각각 7.3%, 6.6%에 불과한 것으로 나타났다. 또한 부모가 고위 임직원 · 전문직인 경우 자녀의

대학 미진학률이 9.4%인데 비해, 서비스 · 판매 근로자, 농 · 어업 숙련 근로자, 기능 근로자, 단순노무직은 32.9%의 자녀가 대학에 진학하지 않은 것으로 나타났으므로 부모의 직업도 자녀의 대학진학에 큰 영향을 미치는 것으로 나타났다.

위의 연구 결과가 보여주고 있는 것은 부모의 부와 계급에 따른 교육의 불평등이 점점 심화되어지고 있다는 것이다.

이러한 교육의 불평등의 문제를 다룬 또 다른 조사결과를 보면 다음과 같다.

이 내용은 EBS에서 '대학입시의 진실'이라는 프로그램을 통해 방영된 내용 중에서 발췌한 것이며, 학교유형별로 학부모의 직업 차이를 비교한 내용이다.

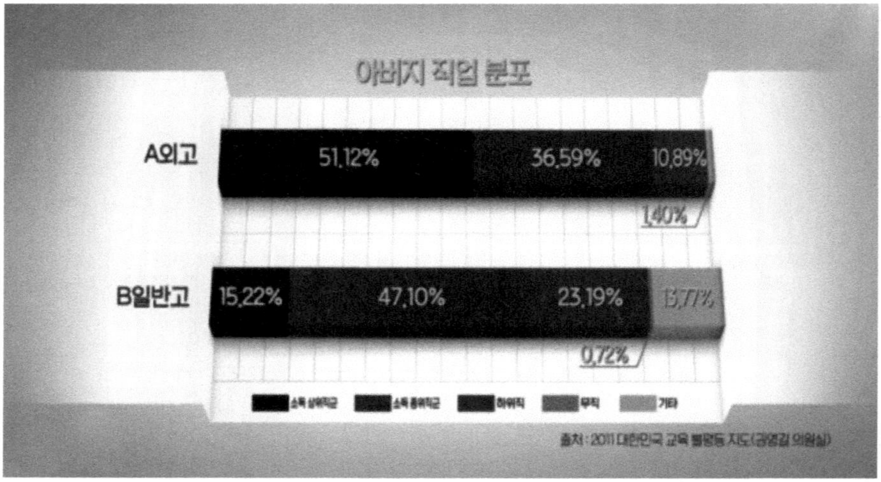

[그림 3-3] 학교 유형별 학부모 직업 차이(아버지)
출처: EBS 다큐프라임, 대학입시의 진실 5부 교육불평등 연대기.

위의 [그림 3-3]에서 보듯이 아버지의 직업이 학생들의 고등학교 진학유형에 영향을 미치는 것을 볼 수 있다. 아버지의 직업이 소득 상위권에 들수록 아이들은 외국어고등학교에 더욱 많은 진학을 하였으며, 이는 대학 진학에도 분명하게 영향을 미칠 것이다.

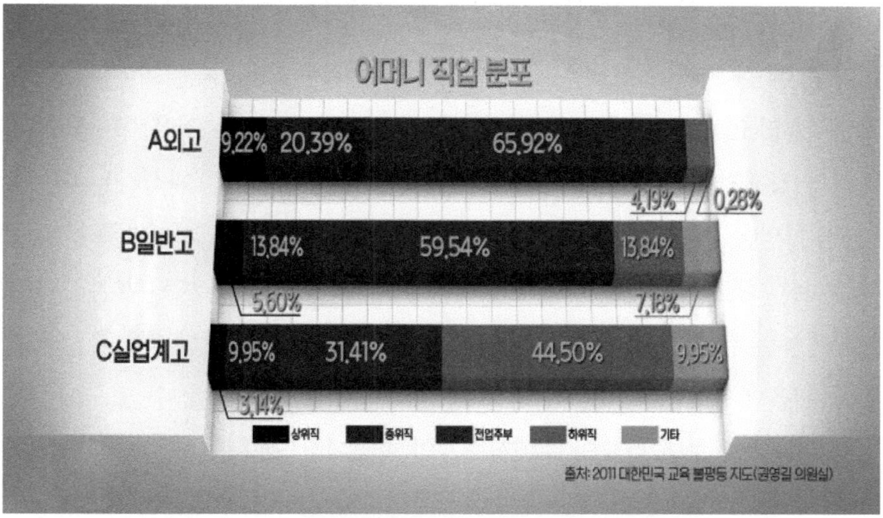

[그림 3-4] 학교유형별 학부모 직업 차이(어머니)
출처 : EBS 다큐프라임, 대학입시의 진실 5부 교육불평등 연대기.

[그림 3-4]는 어머니의 직업군에 따른 고등학교 진학률을 조사한 내용이다. 어머니의 직업이 가정주부일 경우 65.92%가 아이들은 외국어 고등학교에 더욱 많이 진학을 하였다. 이는 아버지의 직업군이 상위군이기 때문에 어머니가 맞벌이를 할 필요가 없다는 것을 보여주고 있으며, 이 결과는 아버지의 직업군과 달리 어머니의 전폭적인 지원과 정보력 등이 아이들의 학교진학에 많은 영향을 미친다는 것을 보여주고 있다. 반면 어머니의 직업이 하위권일 경우 아이들은 더 많이 실업계고에 진학을 하는 것을 볼 수 있다. 이는 아버지의 경제적인 지위가 낮을수록 어머니의 경제적인 도움이 필요하며, 이러한 어머니의 경제적인 지원도 하위직이기 때문에 아이들의 교육에 시간적인 지원과 경제적인 지원을 충분히 할 수 없다는 것을 보여주는 결과라고 해석할 수 있다. 최근 인기리에 상영되고 있는 모 TV 프로그램 중 상위 1% 아이들의 가정의 모습을 방영하는 프로그램이 있다. 물론 인기를 끌기 위해서 좀 더 자극적인 요소를 가미한 부분도 있지만 현 시대의 우리 사회의 아이들의 입시교육과 전혀 무관한 것이 아님을 그 프로그램을 보는 사람들은 때로는 놀라움으로 때로는 안타까움을 가지면서 그 프로그램을 시청했을 거라고 생각한다. 일단 아이들의 양육이나 교육은

우리나라에서는 어머니의 역할이라는 생각이 강하고 만약에 아이들이 잘못되어지면 더 큰 자책을 느끼는 것도 어머니인 경우가 많다. 물론 어머니가 집에서 가정주부라고 해서 아이들이 다 상위권의 학교에 진학하는 것은 아니지만 일단 가정의 경제적인 지위가 상위권이라면 어머니들의 가장 큰 관심사는 아이들의 학교진학임은 자명한 일이다. 물론 그렇다고 맞벌이를 하는 어머니를 둔 아이들이 우수한 학교를 진학을 못한다는 것은 아니지만 시간적인 지원 부분과 정보력 부분에서는 취약한 것이 사실이다. 이는 다음 [그림 3-5] 강남 8학군 전국 대비 입학 비율에서도 보여지는 결과는 당연스러운 결과라고 볼 수 있으며, [그림 3-6] 서울대에 보낸 학교의 수에서 8개의 학교에서 50명을 서울대에 보낸 학교가 어디 소재의 어떤 학교인지는 굳이 설명하지 않아도 우리들은 벌써 다 인지하고 있을 것이다.

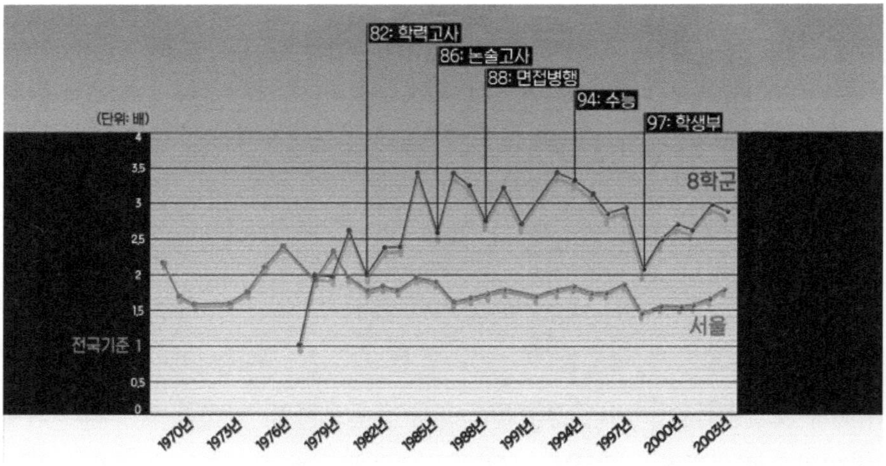

[그림 3-5] 강남 8학군 전국 대비 입학 비율

출처: EBS 다큐프라임, 대학입시의 진실 5부 교육불평등 연대기.

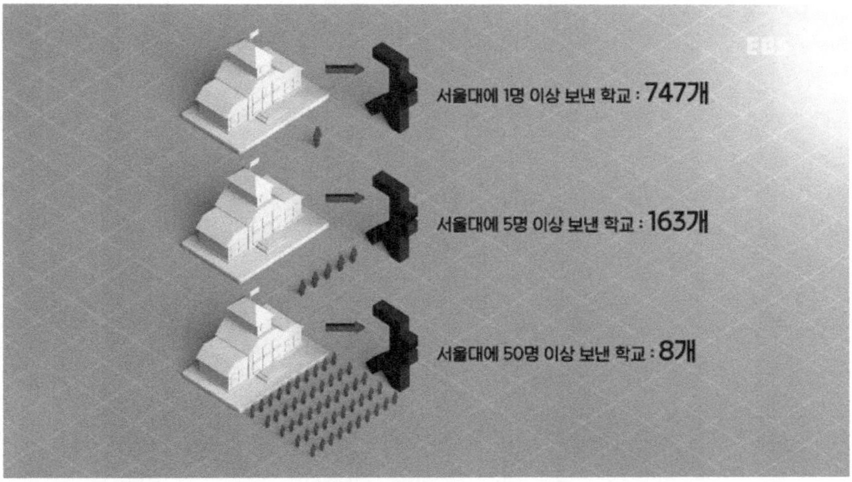

[그림 3-6] 서울대에 보낸 학교의 수
출처: EBS 다큐프라임, 대학입시의 진실 5부 교육불평등 연대기.

이러한 대학입시의 불편한 진실은 우리들에게 여전히 교육의 불평등은 지속될 수밖에 없음을 단적으로 보여주고 있는 것이다.

3) 사회적 불평등의 해결점

그러면 우리는 이러한 사회적 교육의 불평등의 문제를 어떻게 해결할 것인가의 문제는 국가적인 차원에서의 정책적인 접근과 교육에 대한 가치관의 변화가 동시에 같이 이루어져야 할 것이다.

우리나라는 헌법을 통해 모든 사람이 동등하게 교육을 받을 권리를 가지고 있다고 정하고 있다.

> 헌법) 제31조
> ① 모든 국민은 능력에 따라 균등하게 교육을 받을 권리를 가진다.

우리나라의 교육기본법 [전문개정 2007. 12. 21]

제3조(학습권) 모든 국민은 평생에 걸쳐 학습하고, 능력과 적성에 따라 교육받을 권리를 가진다.
제4조(교육의 기회균등) ① 모든 국민은 성별, 종교, 신념, 인종, 사회적 신분, 경제적 지위 또는 신체적 조건 등을 이유로 교육에서 차별을 받지 아니한다.
② 국가와 지방자치단체는 학습자가 평등하게 교육을 받을 수 있도록 지역 간의 교원 수급 등 교육 여건 격차를 최소화하는 시책을 마련하여 시행하여야 한다.

또한, 교육기본법에 제3조와 제4조에는 모든 국민의 교육받을 권리와 성별, 종교, 신념, 인종, 사회적 신분, 경제적 지위, 신체적 조건 등을 이유로 차별받지 않아야 하며, 국가와 지방단체는 학습자의 평등권을 보장하기 위하여 교육여건의 격차를 최소화하는 시책을 시행하여야 한다고 밝히고 있다. 그러므로 교육의 평등권은 법적으로 보장되어야 한다는 것이다.

즉, 위의 헌법과 교육기본법에서 규정하고 있는 것처럼 교육을 받을 권리를 가지고 가정의 경제적, 지리적 조건 등에 상관없이 평등하게 교육의 기회를 가져야 한다. 그러나 현실에서는 이러한 것이 제대로 이루어지지 못하고 있다. 그러므로 교육에서 소외되고 있는 계층에 대한 구조적인 접근이 이루어지지 못한다면 교육의 불평등과 교육의 양극화의 문제는 해결되지 못할 뿐만 아니라 점점 심화되어질 것이다. 그러므로 앞으로 교육의 문제점을 해결하기 위한 교육개혁은 매번 사교육 시장을 양산하는 결과를 만드는 우를 범하지 말아야 할 것이며, 좀 더 다양한 여론 조사를 근거로 하여 심사숙고하여 교육정책은 이루어져야 할 것이며 또한 반드시 명문대를 나와야 좋은 직업을 가질 수 있다는 사고방식은 변화가 되어야 한다. 이러한 교육의 불평등 문제를 해결하기 위하여 한국교육개발원 교육여론조사 (2017년 12월) 연구결과에 의하면 현 정부의 고등학교 관련 정책 중 · 고교 무상교육의 단계적 실현을 (매우찬성+찬성)이 56.5%로, 외고 · 자사고 · 국제고의 일반고 전환 등 고교체제의 개편에 대한 응답자는 49.0%로 나타나 정부가 다양하게 추진하고 있는 교육력 제고 정책이 긍정적인 평가를 받고 있으며, 이는 교육의 불평등의 문제를 해결할 수 있는 방법이기도 하다. 정부의 교육재정이 가장 우선적으로 확대되어야 할 학교 급은 고등학교급을 가장 우선적으로 재정 지원하여야 한다는 의견이 28.4%, 그 다음은 유치원 등 유아교육이 23.9%로 나타났으며, 또한 한정된 국가재정을 어느 분야에 가장 먼저 투자해야 하는 지에 대해서는 유아보육·교육 무상화가 24.8%, 초등학교 돌봄교실 운영강화 14.4%로, 대학교 등록금 감면 또는 장학금 확대 13.7%, 고등학교 교육 무상화 12.1%, 소외계층 교육지원 순으로 나타나고 있으며, 현재 한국사회에서는 졸업장 유무에 따라 차별은 심각할 정도로 존재한다가 62.0%로 아직도 여전히 학벌중심주의는 변화가 없을 것이라고 답변하고 있다.

이는 아래의 교육통계 결과와도 일치하는 것이다.

한국교육개발원의 교육통계 서비스에 따르면 2018년 고교 졸업생들의 대학진학률은 69.7%로 OECD 국가 중 1위를 기록했다. 즉 2018년 고교졸업생 10명 중 7명 대학진학을 했다는 것이다. 하지만 2016년 온라인 채용포털 서비스업체 인크루트가 MBC 다큐스페셜 팀과 함께 설문조사를 실시한 결과 대학생 36%가 '취업 등의 이유로 대학 졸업장이 필요해서' 대학에 진학했다고 답했다.

성공하기 위해서 좋은 대학을 가고 명목상으로는 선택인 대학교육은 현실적으로 필수가 됐다.

중략…….

현 한국교원교육학회 회장이자 광주 교육대 총장을 역임한 박남기 교수는 '안민정책포럼'이 주최한 세미나에서 학벌주의 타파를 역설했다.

중략…….

박 교수는 대입전쟁으로 불리는 학벌지상주의 아래에서는 4차산업 혁명시대에 적합한 인재를 길러 내기 어려우며 학벌주의, 더 나아가 실력주의라는 '허상'에서 벗어난 인간사회를 이뤄야 한다고 말했다. 그러기 위해 실력(학벌)과 직업 배분 사이의 연결고리를 유지하되 직업과 보상 사이의 연결 고리를 느슨하게 해야 하며 이를 위한 제도·사회문화적 보완 장치 마련이 시급하다고 강조했다.

출처: https://donamsado.blog.me/221318185208

한국교육개발원 교육여론조사 (2017년 12월) 연구결과에 의하면 교육을 많이 받을수록 개인의 경제적 부의 증대에 영향을 미치는 영향은 68.7%로 높게 나타났으며, 교육을 받으면 사회적 지위 향상에 영향을 미친다는 응답도 72.4%로 높게 나타났으며, 심리적 만족감도 59.1%로 영향을 미친다고 나와 있다. 그러므로 교육을 많이 받는 이유가 반드시 경제적 부에만 영향을 미치는 것은 아니라는 것이다. 그만큼 심리적인 만족감도 중요하게 여기는 것으로 나타난 것은 바람직한 일이다. 왜냐하면 교육은 행복을 추구하는 일이기 때문이다. 그리고 '자녀교육 성공에 대한 관점'은 무엇인지에 대한 질문에 '자녀가 좋은 직장에 취직했다'를 응답한 비율(28.3%)과 '자녀가 하고 싶은 일 좋아하는 일을 하게 되었다'가 (18.6%)'자녀가 명문대학에 들어갔다'(14.3%)로 1,2,3순위로 나타났다. 자녀가 좋은 직장에 취업했다보다는 낮은 비율이지만 자녀가 하고 싶은 일, 좋아하는 일에 의미를 두는 부모들이 늘어나고 있다는 것은 바람직한 일이다.

그러므로 교육을 통해 학생들에게 우선적으로 길러주어야 할 역량으로 창의적 사고능력, 자기관리역량, 공동체역량, 의사소통역량 순으로 조사결과 나온 것은 상당히 바람직한 것이다. 또한 사교육을 시키는 이유를 '남들이 하니까 불안해서'가 27.2%로 1순위로 나타났으며, 여전히 이는 부담이라는 의견이 80%를 상회하고 있다. 그러므로 사교육비 경감 효과가 크다고 나온 EBS 수능연계를 23.1%로 방과 후 학교운영을 선택하였으나 사교육 실태는 별로 큰 변화가 없다고 느끼는 것으로 나타났다. 그러므로 사교육비를 줄일 수 있는 정책을 앞으로도 지속적으로 실시하고, 사교육을 하지 않았을 때 발생되어지는 학부모들의 불안감을 줄일 수 있는 정책 개발도 필요하다.

그리고 가장 중요한 인성교육의 중요성을 학교와 학부모가 같이 공감하고 실시할 수 있도록 국가 차원에서의 연수나 교육 등의 노력도 이루어져야 한다고 생각한다. 또한 장애를 가진 학생, 외국에서 공부하다 귀국한 학생, 다문화 가정자녀 등에 대한 국가적인 차원에서 좀 더 체계적인 차원에서의 배려가 이루어져 이들이 학교에서 차별감을 느끼지 않고 다양한 학습의 기회를 가져야 진정한 교육의 평등이 이루어질 수 있다고 생각한다. 현 정부가 들어서면서 출발선 평등을 실현하기 위하여 '유아교육 혁신방안'을 발표하여 유아교육 사각지대 해소를 통한 희망 사다리 복원을 위해 모든 유아에 대한 안정적인 지원체계 강화(어린이집 누리과정 전액 국고 지원), 저소득층 유아 교육기회 확대(국·공립 유치원 우선 입학, 교육비 지원), 다문화 유아, 가정교육 지원 강화(다문화유치원 확대, 학부모 교육 등), 특수유아를 위한 통합교육 확대(통합유치원 및 국·공립 특수학급 확대) 등을 포함한 혁신방안(교육부 보도자료, 2017. 12. 27)을 발표하는 등 교육불평등을 해소하기 위한 체계적인 노력이 이루어지고 있는 것은 참으로 바람직한 일이다.

우리는 하나의 공동체를 이루고 살아간다. 우리의 인체의 부분 부분이 다 소중하고 필요하듯이 다양한 능력을 가진 아이들이 그들의 가진 능력을 충분히 발휘할 수 있도록 기회가 주어져야 하며, 이러한 능력이 없이 부족하다면 부족한대로 그들 각자에게 적합한 최대한의 기회가 주어져야 한다. 그런데 요즈음 초등학생들 사이에서 아파트 종류나 평수에 따라 차별이 이루어진다는 말이 들리고 있다. 이러한 말을 들을 때마다 이 아이들이 성장하였을 때 어떠한 가치관을 가질지 참으로 걱정이 앞선다. 이 아이들이 누구의 가치관을 보고 배운 것인지는 너무나 자명하다. 이제는 우리 모두가 변화해야 한다. 누구나 인간은 하나님으로부터 동일하게 소중한 생명을 부여받아 태어났으며, 다양한 장점과 자질을 가지고 태어나며, 이러한 자질 계발을 위한 교육에 있어서는 차별은 없어야 한다는 사실을 우리가 먼저 가슴깊이 숙지하고 아이들에게 가르쳐야 할 의무가 있으며, 이를 몸으로 실천할 필요가 있다. 서머힐 학교의 창시자 니힐도 그러지 않았는가? '문제 부모는 있어도 문제 아이는 없다고'.

우리는 혼자 살 수 없다. 공동체 안에서 서로 더불어 나누며 살아갈 때 참다운 삶의 의미를 느낄 수 있다. 이것이 인간이 사회 속에서 살아가는 진정한 이유라고 생각한다.

제4장

교육의 심리적 기초

1. 발달
2. 지능
3. 창의성

심리학은 사람의 마음의 원리를 연구하는 학문으로, 사람의 행동에 공통적이고 보편적으로 적용하는 원리를 찾는 것을 목적으로 한다. 교육은 심리학과 마찬가지로 사람을 대상으로 하고 있다. 따라서 교육심리학을 연구하는 사람들은 심리학의 연구결과로 나타난 법칙과 원리들을 교육 상황에 적용하는데 관심을 갖는다. 그러나 심리학은 교육장면에 특유의 심리적 현상을 체계적으로 탐구하지 않을 뿐만 아니라, 가치 지향적이고 처방적인 교육과는 달리 가치 중립적이고 기술적인 특성을 갖고 있으며, 보편적 법칙을 확립하고자 하는 심리학의 경우 방법론적으로 정밀성과 경제성을 지향하고 있으나 교육은 주로 의미가 있는 행동의 변화를 일으키는 요인과 방법에 관심을 갖고 있기 때문에 심리학적 지식을 교육에 적용하는데는 상당한 무리가 따른다는 지적을 받고 있다(이병승 외, 2015). 이러한 한계점을 극복하기 위해 교육심리학이라는 학문이 독자적으로 발전되기 시작하였다.

교육심리학이란 학습자와 학습과정 그리고 다양한 학습 상황에 대한 이해의 틀을 제공하는 학문이다. 이를 위해 교육심리학에서는 우선 학생의 특성을 정확하게 이해하는 것을 목적으로 한다. 교사가 좋은 수업하는 것과 더불어 학생을 정확하게 이해하려고 노력할 때 학생의 행동을 변화시킬 수 있기 때문이다.

이 장에서는 교육심리학의 가장 기초가 되는 학습자의 특성을 이해하기 위해 학습의 개인차를 일으키는 요인인 발달과 지능, 창의성에 대해 알아보고자 한다.

1. 발달

1) 발달의 개념

사람은 태어나는 순간부터 죽는 순간까지 키가 커지기도 하고, 작아지기도

하고, 몸무게가 변하기도 하며 기억력이 활발하게 작동하다가 어느 순간 기억력이 감퇴하기도 한다. 이처럼 사람은 평생 동안 다양한 영역에서 다양한 변화를 경험하게 되는데, 이를 발달(development)이라고 한다. 발달에 대한 정의를 살펴보면 발달은 출생 후 청년기에 이르기까지 나타나는 신체적 · 심리적 변화를 말한다. 넓은 의미에서의 발달은 모태 안에서 수태되는 순간부터 출생 후 사망에 이르기까지 전 생애에 걸쳐 나타나는 모든 변화의 과정을 의미한다. 이는 발달은 인생 전반에 걸쳐 일어나는 양적 증대나 질적 정교화와 같은 긍정적, 상승적인 변화뿐만 아니라 양적 감소와 질적 저하와 같은 부정적, 하강적인 변화까지 포괄하는 개념으로 볼 수 있다(이지헌 외, 2018). 그리고 발달은 이러한 다양한 변화 중에서 비교적 지속적인 결과를 낳는 변화를 의미한다.

발달과 유사한 개념으로 성장, 성숙 및 학습이 있다. 성장은 주로 신장이나 체중 등 신체적 측면에서의 양적 변화를 말한다. 그리고 성숙은 외부 환경의 영향과는 비교적 무관하게 유전인자에 의해 나타나는 생물학적 변화를 의미한다. 예를 들어 사춘기에 나타나는 2차 성징은 성숙이라고 할 수 있다. 마지막으로 학습은 외부 환경이나 후천적 경험에 의해 나타나는 변화를 의미한다.

2) 발달의 원리

인간 발달은 무분별하게 일어나는 것이 아니라, 일정한 규칙에 의해 일어난다. 이를 발달의 원리하고 한다. 발달의 원리를 좀 더 자세하게 살펴보면 다음과 같다.

(1) 발달의 연속성

발달은 출생 후부터 사망하는 순간까지 끊임없이 지속적으로 일어나는데, 이를 발달의 연속성이라고 한다.

(2) 발달의 순서성

발달의 순서성은 발달이 무작위로 일어나는 것이 아니라 일정한 순서로 일어난다는 것을 의미한다. 그리고 이러한 인간발달의 순서성 때문에 우리는 한 개인의 발달을 예측할 수 있다. 유아의 신체발달을 살펴보면 아동은 태어나서 반사작용 외에 자유롭게 움직일 수 없지만 일정 시간이 지나면 목을 가누고 그 다음에 뒤집기를 한다. 뒤집기에 성공한 유아에게 우리는 이 유아가 다음 단계에 앉을 수 있을 것이라고 예측할 수 있는 것이다. 이와 마찬가지로 유아의 언어발달은 울음-옹알이-한 단어 말, 두 단어 문장, 세 단어 이상의 복잡한 문장 순으로 일어난다.

(3) 발달의 개인차

발달에는 개인차가 존재한다. 모든 인간발달은 발달의 순서성에 의해 일정한 순서에 의해 일어나지만, 해당 발달이 일어나는 속도와 시기는 개인마다 다를 수 있다. 이를 발달의 개인차라고 한다.

발달의 개인차에는 두 가지 측면이 있다. 첫 번째 측면은 한 사람과 다른 사람의 발달이 동일하지 않다는 개인 간 차이(inter-individual difference)이다. 아동은 주로 돌(12개월)을 전후로 걷게 된다. 그러나 이보다 빠르게 10개월에 걷기 시작하는 아동이 있는 반면, 16개월이 되어서야 걷을 수 있는 아동도 있다. 이를 발달의 개인 간 차이라고 한다. 두 번째 측면은 한 개인의 발달 내에서도 각 영역의 발달이 동일하지 않다는 개인 내 차이(intra-individual difference)이다. 한 아동이 10개월에 걷기를 시작하고, 엄마라는 말을 16개월에 시작했다고 한다면 이 아동의 경우 신체발달은 언어발달에 비해 빠르게 이루어졌다고 말할 수 있다.

(4) 발달의 상호관련성

발달은 상호관련적으로 일어난다. 이는 발달의 각 영역이 서로 영향을 주고받는다는 것을 의미한다. 예를 들어 아동이 걷기 시작하면서(신체발달이 이루어지면서) 다양한 사물을 스스로 접하게 되는 것은 아동의 인지발달에 영향을 미친다. 마찬가지로 아동이 걷기 시작하면서 이전에 만나던 사람이 엄마와 가족 등이 중심을 이루다가 어린이집과 유치원에 진학하여 다양한 또래와 교사를 만나는 것은 아동의 사회성 발달에 영향을 미친다. 이는 또래 친구들과 지내며 서로 잘 지내기 위해서는 일종의 규칙이 있음을 학습하게 되는데 이는 다시 아동의 인지발달 및 사회성 발달에 영향을 미치게 된다. 이처럼 한 개인의 발달은 서로 상호관련적으로 일어난다고 할 수 있다.

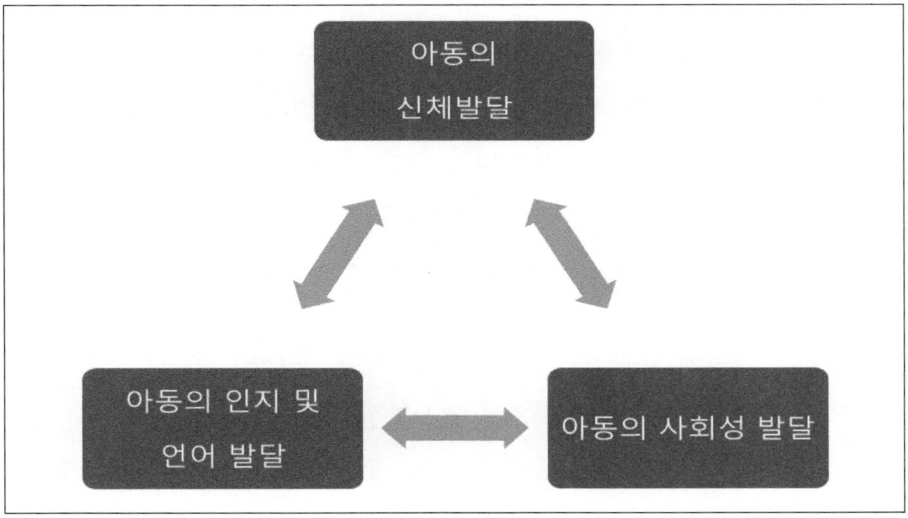

[그림 4-1] 발달의 상호관련성

(5) 유전과 환경의 상호작용의 결과

발달은 유전과 환경의 상호작용에 의해 일어난다. 유전은 선천적으로 타고난 요인을 말하며 환경은 후천적으로 경험한 요인을 말한다. 발달에 영향을 미치는 요인인 유전과 환경 중 어느 것의 상대적 영향력이 큰 지에 관한 논쟁이 지속적으로 이루어져 왔다. 그러나 최근에는 발달이 이루어지는 데에는 유전과 환경

두 요인이 모두 영향을 미치며, 발달은 유전과 환경 두 요인간의 상호작용의 결과라는 것에 학자들이 의견을 모으고 있다.

2. 지능

1) 지능의 개념

지능(intelligence)은 학습자의 중요한 인지적 특성 중 하나이다. 1905년에 비네가 지능검사를 제작한 뒤 많은 학자들은 눈에 보이지 않는 지능의 본질, 내용 및 구조에 대해 많은 연구를 하고 있다. 그에 따라 지능의 정의는 다양하지만 그동안 논의되어온 지능에 대한 정의들에서 나타나는 공통점을 살펴보면 다음과 같다(Sternberg, 1994, 이용남 · 신현숙, 2017에서 재인용).

- 환경의 요구에 효과적으로 대응할 수 있는 적응력
- 지각 및 주의집중과 같은 기본 정신과정
- 논리적 추론, 지적 표상(representation), 문제해결, 의사결정 같은 고차적 정신과정
- 경험으로부터 배울 수 있는 능력
- 문제 상황에 대처하는 효과적이고 목적지향적인 행동 능력

2) 지능이론

(1) 비네(Binet)의 지능이론

1905년 비네와 시몽(Simon)은 학교 정규교육에 적응하지 못하는 아동들을

판별하기 위한 목적으로 지능검사를 최초로 개발하였다. 비네는 지능을 건전한 판단을 하는 능력(ability to make sound judgement)으로 보고 지능은 잘 판단하고, 잘 이해하며, 잘 추리하는 것이 지능의 본질이라고 정의하였다(Binet, 1905; 황정규, 2010에서 재인용).

여러 해 동안 아동의 판단능력을 연구하던 비네는 아동이 연령에 따라 풀 수 있는 문제의 종류가 다르다는 사실을 발견하고, 지능검사의 문항을 난이도 순서로 배열하지 않고 아동이 대부분 풀 수 있는 연령 단계에 따라 배열하였다. 그리고 이에 따라 정신연령(mental age)의 개념을 도입하였다.

표 4-1 비네와 시몽의 지능검사

4세용	열쇠, 칼, 동전이 몇 페니인지를 말하라. 세 개의 그림을 따라 하라. 두 선분의 길이를 비교하라.
6세용	아침과 저녁을 구분하라. 마름모꼴을 따라 그려라. 13개의 동전을 세어라.
8세용	두 개의 사물을 기억해라, 비교하라. 20에서 0까지 세어라. 5진수를 따라 하라.

출처: 가드너 · 콘하버 저, 김정휘 역(2007). 지능심리학.

비네와 시몽이 처음 지능검사를 개발한 후 지능검사의 개발이 가속화되었으며, 이후 비네-스탠포드 지능검사, 웩슬러 지능검사 등이 개발되었다.

(2) 스피어만(Spearman)의 일반요인(g)

비네의 지능검사를 필두로 하여 교육계에는 다양한 지능검사가 개발되고 빠르게 확산되었다. 스피어만은 지능의 성질을 규명하고 측정하기 위해 요인분석이라는 방법을 적용하여 연구하면서, 여러 가지 정신능력 검사, 즉 지능검사 간에는 유의한 정적 상관이 존재한다는 사실을 발견하였다. 이는 하나의 지능검사에서 높은 점수를 받은 학생이 다른 지능검사에서도 높은 점수를 받는다는 특징이 있다는 것을 말한다. 그는 이처럼 여러 가지 정신능력 검사 간에 서로 정적 상관이 존재하는 것은 그 사이에 어떤 공통요인(common factor)이 존재하기 때문이라고 보았으며, 이를 일반요인(general factor)이라고 명명하였다.

스피어만은 정신능력 검사 문제를 해결하는 데에는 일반요인과 해당 검사를 푸는데 필요한 능력인 특수요인(specific factor)이 필요하다고 주장하였다. 그에 의하면 지능은 일반요인과 특수요인의 합으로 구성되어 있다.

지능(intelligence) = 일반요인(g) + 특수요인(s)

스피어만은 지능이 두 가지 요인인 일반요인과 특수요인으로 구성되어 있지만, 이 중 지능의 본질이자 핵심은 일반요인에 있다고 보았다. 즉, 스피어만은 지능이 단일한 하나의 요인이라고 주장하였으며, 이를 g요인이라고 명명하였다. 스피어만(1923)은 자신이 제안한 일반요인의 본질에 대하여 다음과 같은 두 가지 설명을 하였다(임규혁 · 임웅, 2017).

첫째, 일반요인의 개인차는 개인이 지적 과제 수행에 사용할 수 있는 정신에너지의 개인차와 관련해서 이해해야 한다.

둘째 일반요인의 개인차는 경험을 포착, 관계의 유출, 상관인의 유출의 세 가지 '질적인 인지 원리'를 사용하는 능력의 차와 관련해서 이해해야 한다.

(3) 써스톤(Thurstone)의 다요인 이론

써스톤은 스피어만이 지능은 단 하나의 요인으로 이루어져 있다는 주장에 반박하였다. 그는 지능은 단일한 것이 아니라 다양한 요인으로 구성되어 있다고 주장하였는데, 이를 지능의 다요인 이론이라고 한다. 그는 한 개인의 지능은 7개의 기본정신능력(primary mental ability)으로 구성되어 있으며, 7개의 기본정신능력에 해당하는 요인은 다음과 같다(임규혁 · 임웅, 2017).

① 언어 이해 요인(verbal comprehension factor, V)

단어의 이해력을 측정하는 요인으로 문장완성, 동의어와 반의어를 포함하는 어휘력검사와 독해력검사로 측정된다.

② 단어 유창성 요인(word fluency factor, W)

이 요인은 언어를 제한된 시간 안에 얼마나 많이 다양하고 유창하게 인출할 수 있는가 하는 능력을 말한다. 예를 들면 'S'로 시작되는 단어를 제한된 시간에 가능한 많이 나열하라 등을 통해 측정된다.

③ 수 요인(numerical factor, N)

더하기, 곱하기, 세 개의 숫자 중 가장 큰 수 찾기 등과 같이 기초적인 산수능력을 말한다.

④ 공간 시각 요인(spatial visualization factor, S)

이 능력은 공간 속에서 어떤 물체를 회전시켰을 때 상상능력, 시각화할 수 있는 능력을 말한다. 따라서 각종 상징이나 기하학적 도형의 정신적인 조작을 필요로 하는 검사(예, 도형검사)에 의해 측정된다.

⑤ 기억 요인(memory factor, M)

기억 요인은 기본적으로 단순한 기억력으로, 단어나 문장의 회상-기억 검사 등이 주로 사용된다.

⑥ 추론 요인(reasoning factor, R)

추론 요인은 주어진 자료에서 일반법칙이나 원칙을 파악하여 그것을 결론을 내리는데 적용하는 능력을 말한다. 예를 들어 '태양 : 낮 = 달 : ?'과 같은 유추문제와 '3, 5, 9, 15, ?' 등과 같은 수열 완성형 검사에 의해 측정된다.

⑦ 지각속도 요인(perceptual speed factor, P)

지각속도 요인은 혼란스러운 지각 환경 속에서 특정 지각 형태를 빨리 확인하는 능력을 말한다. 예를 들어 a a a a A a a a a 중에서 대문자 A를 지각하는데 걸리는 시간을 측정하는 것이다.

써스톤의 기본정신능력 이론은 이전에 지능이란 한 개, 단일한 것, 일반 요인으로 지배되던 사고를 지능은 여러 가지 능력을 가진 실체로 사람들의 사고를 획기적으로 전환시키는 계기가 되었다(황정규, 2010).

(4) 가드너(Gardner)의 다중지능 이론

가드너는 한 개인의 지능이 IQ점수로 정의되는 것을 넘어 지능을 개인이 가진 잠재력으로 그 범위를 넓히고자 하였다. 가드너는 지능의 핵심을 다음 두 가지 능력으로 보았다. 첫 번째 능력은 실제로 문제를 해결하는 능력이며, 둘째는 맥락 중심의 자연스러운 상황에서 결과물을 만들어 내는 능력이다(Thomas Armstrong 저, 김동일 역, 2014).

다중지능 이론은 한 개인의 지능은 8개의 독립적인 능력으로 구성되어 있으며, 8개의 지능은 각기 독립적인 정보처리 체계를 갖고 있다. 이 8가지 지능은 언어, 논리-수학, 공간, 음악, 신체운동, 대인관계, 자기이해, 자연친화지능이며, 각 지능에 대한 설명은 〈표 4-2〉에 제시되었다. 최근에는 이에 더하여 9번째 지능인 실존지능을 추가하였다.

가드너는 모든 사람은 8개의 지능을 모두 갖고 있으며, 이 8가지의 지능 중 뛰어난 능력을 보이는 지능인 강점 지능도 있으며, 다소 저조한 능력을 보이는 지능인 약점지능도 존재한다. 따라서 자신의 강점지능과 약점지능이 무엇인지에 대한 지능프로파일을 아는 것이 중요하며, 강점지능을 이용하여 약점지능을 근육처럼 훈련 및 단련시킬 수 있다고 본다. 또한 직업을 선택할 때에는 자신의 강점지능 3가지를 발휘할 수 있는 실제적 맥락을 찾아가는 것이 중요하다고 본다.

표 4-2 다중지능 이론의 8가지 지능

지능의 유형	내용	진로
언어지능	언어의 소리, 구조, 의미와 기능에 대해 민감하며 언어를 실제로 잘 다룰 수 있는 능력	스토리텔러, 정치인, 시인, 기자, 연설가
논리-수학지능	숫자를 효율적으로 사용하고 논리적 규칙이나 관계를 잘 추론하는 능력	수학자, 컴퓨터 프로그래머, 통계학자, 회계사, 과학자
공간지능	시·공간적 세계를 정확하게 인지하고, 최초의 지각에 근거하여 변화를 가미할 수 있는 능력	사냥꾼, 화가, 건축가, 항해사, 발명가
음악지능	리듬, 색조, 음색을 인지하고 평가하거나 새롭게 만나는 능력	작곡가, 연주자, 음악평론가
신체-운동지능	자신의 신체를 이용하여 자신의 생각이나 느낌을 표현하는 능력 또는 신체를 이용하여 새로운 것을 만들거나 변형시킬 수 있는 능력	무용가, 운동선수, 연기자, 정비사
대인관계지능	타인의 기분, 의도, 동기, 욕망을 지각하고 구분하여 적절하게 대응하는 능력	심리치료 전문가, 판매원
자기이해지능 (자기성찰지능)	자신의 강점과 약점에 대한 인지와 이에 따라 적응적으로 행동하는 능력	배우, 소설가
자연친화지능 (자연탐구지능)	자연계의 수많은 동식물을 알고 분류할 수 있는 능력, 다른 자연 현상에 대한 민감성	식물학자, 지질학자, 탐험가

출처: 정황순 외(2013). 교육심리학.

3. 창의성

1) 창의성의 개념

최근 세계는 4차 산업혁명을 맞이하고 있다. 식당에는 식권 발권기가 있고, 핸드폰의 앱(application)으로 배달음식을 주문하고, 로봇이 배달을 하는 세상이 다가오고 있다. 스마트 워치의 등장으로 시계를 통해 시간도 확인하고 나의 건강상태를 확인하기도 한다. 이처럼 세계는 4차 산업혁명으로 인해 기존의 역할을 벗어나 다양한 역할을 하는 물건이 만들어 지기도 하고, 당연히 사람이 해야 할 일이라고 여겼던 일들을 로봇이 대체하기도 한다. 이는 모두 창의성과 혁신이 만들어 낸 결과라고 해도 과언이 아니다.

창의성(creativity)은 새롭고, 독창적이고, 유용한 것을 만들어 내는 능력이다(이지헌 외, 2018). 좀 더 구체적으로 이야기하면 창의성은 새로운 어떤 것을 생산해 내는 행동 또는 정신과정을 말한다. 그러나 새롭고 독창적이라고 해서 모든 새로운 산출물이나 행동 · 사고가 창의적이라고 인정받는 것은 아니다. 우리는 이 중 새롭고 독창적이며 유용하고 적절한 가치가 있는 것을 창의적이라고 인정한다(신명희 외, 2018).

2) 창의성의 구성요소

창의성은 크게 인지적 요인과 인성적 요인으로 구성되어 있다. 창의성의 인지적 요인은 창의성은 근본은 사고력과 지식에 있다고 보고 이에 영향을 주는 지적능력, 사고방식 등을 구성요인으로 보는 것이다. 창의성의 인지적 요인에는 유창성, 융통성, 독창성 및 정교성이 있다.

유창성은 길포드(Guilford)가 제안한 확산적 사고와 유사한 개념으로 제한된 시간 등 특정한 문제 상황에서 다양하고 많은 양의 아이디어를 생각해 낼 수 있는 능력이다. 융통성은 한 가지 문제 상황을 고정적인 사고방식이나 관점에서 벗어나 얼마나 다각적으로 지각할 수 있는지와 관련된 능력이다. 독창성은 다른 사람이 생각해 내지 못한 자신만의 독특한 아이디어로 문제를 해결하는 능력으로 이는 양보다는 산출물의 질적인 측면을 의미한다. 마지막으로 정교성은 처음에 제안된 아이디어의 미숙하고 부족한 점을 찾아내어 지속적으로 개선 및 보완하는 능력을 말한다.

창의성의 인성적 요인은 창의성의 근원을 개인이 지니고 있는 성격 특성과 동기적 측면에서 바라보고, 창의성과 관련된 한 개인의 성향적 요인을 말한다. 창의성의 인성적 요인에는 민감성, 개방성, 자발성, 독자성, 집착성 및 호기심 등이 있다.

민감성은 문제해결에 있어 자신을 둘러싼 환경을 민감하게 살펴보고 작은 변화를 빠르게 알아차리며 이에 반응하는 특성을 말한다. 개방성은 다양한 문화, 환경, 인종 등에 대해 열린 자세를 갖는 것을 말한다. 자발성 문제 상황에서 문제를 해결하기 위한 개인의 의지가 반영된 정도로, 문제 상황에서 아이디어를 자발적으로 산출하려는 자세를 말한다. 독자성은 다른 사람들의 평가에 연연해 하기보다는 자신의 아이디어의 가치를 스스로 인정하는 자세이다. 집착성은 과제집착력과 유사한 개념으로 문제를 해결할 때까지 포기하지 않는 태도를 말하며, 마지막으로 호기심은 다양한 것에 의문을 가지고 끊임없이 질문하고 해답을 구하려는 태도를 말한다.

표 4-3 창의성의 구성요소

인지적 요인	유창성	특정한 문제 상황에서 가능한 한 많은 양의 아이디어를 산출하는 능력
	융통성	고정적인 사고방식, 관점, 시각에서 벗어나 다양하고 광범위한 아이디어나 해결책을 산출해 내는 능력
	독창성	기존의 사고방식이나 다른 사람들의 문제해결방식으로부터 벗어나서 자기만의 독특한 아이디어를 산출하고 문제해결방안을 고안하는 것

	정교성	처음 제안된 미숙한 아이디어나 문제를 세부적으로 검토하면서 그 의미를 명확하게 파악하고 결여된 부분을 찾아서 보완하고 정교하게 다듬어 발전시키는 사고능력
인성적 요인	민감성	오감을 통해 들어오는 주변 환경에 대해 예민한 관심을 보이고 이를 통해 새로운 영역을 탐색해 나가는 것
	개방성	새로운 것을 잘 받아드리는 성향
	자발성	문제 상황에서 아이디어를 자발적으로 산출하려는 자세
	독자성	자신이 생각해 낸 아이디어에 대한 가치를 인정하고 다른 사람들의 평가에 구애받지 않으려는 태도
	집착성	문제를 해결하기 위해 가능한 한 다양한 정보를 수집하고 문제가 해결될 때까지 끈질기게 물고 늘어지는 성향
	호기심	무엇에나 의문을 가지고 끊임없이 질문을 제기하며 그 해답을 얻고자 노력하는 성향

출처: 숙명여자대학교 역량개발센터(2012). 환영받는 인재. 시그마프레스.

3) 창의성 연구의 접근 방법

그동안 창의성에 관한 연구는 크게 4가지 주제를 중심으로 수행되었다. 이는 창의적 사람(person)에 대한 연구의 접근, 창의적 환경(place)에 대한 연구의 접근, 창의적 과정(process)에 관한 연구의 접근, 마지막으로 창의적 산출물(product)에 관한 연구의 접근이다. 이를 창의성 연구의 4P 접근방법으로 부른다.

(1) 창의적 사람에 대한 연구의 접근

창의성 연구의 첫 번째 접근법은 창의적인 사람에 대한 접근법으로, 이 접근법에서는 창의적인 사람들은 공통적으로 어떤 특성을 가지고 있는지 밝히고자 한다. 아마빌(Amabile, 1983)은 연구를 통해 창의적인 사람들은 다음의 3가지 특성을 가지고 있다고 하였다. 첫 번째 특징은 영역-일반적인 특징으로 창의적인 사람들은 자신에게 주어진 문제가 복잡하고 모호하더라도 쉽게 포기하지 않고 끝까지 풀어 나가는 끈기를 가지고 있으며, 이 과정에서 자기조절을 한다.

그리고 위험에 처했을 때 위험을 피하려고 하기보다는 기꺼이 감수하는 특징이 있다.

두 번째 특징은 영역-특수적인 특징으로 이는 자신이 창의성을 발휘하는 특정 분야에 대한 지식과 기술을 가지고 있다는 것이다. 피카소(Picasso)는 회화에 관한 지식과 기술을, 빌게이츠(Bill Gates)나 저커버그(Zuckerberg)는 IT 산업 및 컴퓨터에 관한 지식과 기술을, 모차르트(Mozart)는 음악에 관한 지식과 기술을 가지고 있는 등 자신이 창의성을 발휘하는 분야에 관한 전문적인 지식과 기술을 가지고 있다는 것을 말한다.

세 번째 특징은 창의적인 사람들은 부, 명예를 위해 일하는 외재동기보다는 자신이 하는 일 자체를 즐거워하며 그에 따른 자신의 성장과 발전에서 에너지를 얻는 내재동기를 가지고 있다는 것이다. 우리에게 페이스북의 창시자로 알려진 저커버그는 연봉으로 1달러를 받는 것으로 잘 알려져 있는데, 이는 저커버그가 '돈'이 아닌 자신의 즐거움을 위해 일한다는 것을 보여주는 예라고 할 수 있다.

(2) 창의적 환경에 대한 연구의 접근

창의성 연구의 두 번째 접근법은 창의성이 발현되고 향상시키는 환경적 특성, 또는 창의성이 발현되지 못하도록 억압하는 환경적 특성에 대해 연구하는 것이다. 창의성은 정도의 차이는 있으나 누구나 가지고 있는 능력이며, 훈련을 통해 개발이 가능하다(Torrance, 1995). 따라서 창의성을 개발하기 위해서는 창의성을 발현시킬 수 있는 환경을 제공하는 것이 필요하다. 최근 한국교육의 화두는 창의성으로, 이를 개발하기 위해 2009년부터 창의적 체험활동이 학교교육에 도입되었으며 2016학년부터는 자유학기제가 도입되었다. 이는 창의적인 인재를 키우기 위해 국가적 차원에서 환경을 제공하려는 노력으로 볼 수 있다.

창의성 개발을 위해 국가적 차원에서 개입하여 환경을 조성하는 것도 중요하지만, 학습자가 일상적으로 만나는 가정과 학교에서 창의적 환경을 만드는 것 또한 중요하다. 아마빌(Amabile, 1989)은 연구를 통해 창의적인 아동의 부모와 창의적이지 않은 부모의 양육태도가 다르다는 것을 발견하였다. 연구결과에 따르면 창의적인 아동의 부모는 아동을 격려하며, 아동에 대해 따뜻하고 지지적인 태도를 보였으며, 아동들과 좋은 관계를 유지하고, 최종적으로는 아동이 독립적으로 활동할 수 있도록 지지하는 특징이 있었다.

표 4-4 창의적인 아동의 부모와 창의적이지 않은 아동의 부모의 태도 비교

창의적인 아동의 부모가 보이는 태도	창의적이지 않은 아동의 부모가 보이는 태도
• 아동을 격려함 • 따뜻하고 지지적임 • 높은 자아를 갖도록 도와줌 • 상황을 즐겁게 표현함 • 아동과 함께 기쁨을 나눔 • 아동들이 한 좋은 행동에 대해 칭찬함 • 아동과 좋은 관계를 유지함 • 아동이 독립적으로 행동하도록 격려함	• 일정한 틀에 맞추어 하도록 요구함 • 아동에게 과제를 하도록 압력을 행사함 • 상황에 대해 적대적임 • 아동을 비난하고 아동의 생각이나 제안에 대해 거부적임 • 아동을 부끄러워하고 자랑스러워하지 않음 • 아동을 힘으로 대하고 아동과 경쟁함 • 어려운 일에 대해서는 포기함 • 아동에게 과제를 하도록 압력을 줌

출처 : 신명희 외(2018). 교육심리학. 학지사.

학교상황에서 교사가 학생들의 창의성을 향상시키기 위해서 취할 수 있는 교사의 태도는 다음과 같다(정황순 외, 2013).

① 교사가 창의적으로 생각하려고 하는 모습을 보임으로써 학생에게 롤모델이 되어라.

② 교사는 학교에서 배우는 모든 지식에 대해 학생들이 당연하게 생각하고 받아들이기보다는 잘못된 점은 없는지 학생들 스스로 의문을 가지도록 격려하는 것이 필요하다.

③ 교사는 학생들이 두려움을 이기고 모험을 감수할 수 있도록 격려할 수 있어야 한다.

④ 학생들이 새로운 문제해결을 할 때 끝까지 풀어 나갈 수 있도록 격려하고, 교사가 그러한 모습을 보여주는 것이 필요하다.

⑤ 학생들이 실수를 하더라도 야단을 치기보다는 실수는 문제를 풀어 가는 과정에 있을 수 있는 일임을 이야기해 주어라.
⑥ 교사가 다양한 관점을 제시하고, 더 좋은 방법, 혹은 다른 방법은 없는지 질문을 함으로써 학습자들이 확산적으로 사고할 수 있도록 장려하여라.
⑦ 창의적 사고를 할 수 있는 기회와 시간을 허용하라.
⑧ 학생의 창의적 사고에 대해 칭찬을 하는 등 보상을 주어라.

(3) 창의적 과정에 대한 연구의 접근

창의서 연구의 세 번째 접근법은 창의적인 문제해결의 과정은 어떻게 이루어지는지 밝히려고 하는 창의적 과정에 대한 접근이다. 창의성은 한순간에 전광석화처럼 빠르게 나타나는 것처럼 보이지만 창의성을 연구한 학자들에 의하면 창의성은 일련의 과정을 거쳐 나타난다(Wallas, G., 1926; 장휘숙, 2002). 학자들은 창의적 사고과정이 일반적으로 준비-배양-영감-검증의 4단계를 거쳐 나타난다고 이야기한다. 첫 번째는 준비(preparation)단계로, 이 단계에서는 문제와 관련된 기본적인 정보를 모으고 연구할 만한 가치가 있는지, 적절한 주제인지 등을 검토하고 이전의 문제해결 방식의 실패 원인 등을 알아본다.

두 번째 단계는 배양(incubation) 단계, 혹은 부화단계라고도 한다. 이 단계에서는 일정 기간 동안 어떤 주제나 문제에 대해 곰곰이 생각하거나 아이디어를 탐색하고 가설을 설정한다. 이 과정은 의식적으로 이루어지기도 하고 무의식적으로 이루어지기도 한다. 배양단계에서 문제에 대한 탐색이 깊어지면 어떤 문제에 대한 가능한 해결책이나 좋은 아이디어가 갑자기 떠오르게 되는데(이것을 아하!(A-ha!) 경험이라고 함), 이것이 세 번째 단계인 영감(inspiration)단계이다. 마지막으로는 검증(verification)단계로 이 단계에서는 영감으로 떠오른 아이디어 혹은 해결책이 적절한지 실험 등을 통해 검증하거나 자신이 생각한 아이디어를 실제적인 작품으로 만드는 등의 실행이 이루어진다.

창의적 사고과정에서 알 수 있듯이 창의성에는 확산적 사고와 수렴적 사고 모두가 필요하다(Brophy, 1998). 배양단계에서 다양한 해결책과 아이디어를 탐색하는 것에는 확산적 사고가 요구되지만, 마지막으로 검증하는 단계에서 제안된 아이디어 중 한 가지를 선정하고 정교화시키는 데에는 수렴적 사고가 필요하다.

(4) 창의적 산물에 대한 연구의 접근

창의성 연구에 대한 마지막 접근법은 창의적 산물에 대한 접근으로 이는 창의성의 본질은 창의적인 산물이 만들어지는 것에 있다는 것을 전제로 한다(김이영 외, 2016). 따라서 만들어진 산물이 얼마나 창의적인지를 어떤 기준으로 평가할 것인지에 초점을 둔다. 창의적 산물의 평가방식에는 주로 합의적 평가기법과 추진모형(propulsion model)이 사용된다.

합의적 평가기법은 전문가들이 해당 산출물 자체의 창의적인 정도를 평가하는 것을 목적으로 전문가들이 합의를 도출하는 방식이다(Kaufman, Plucker, & Baer, 2011). 추진모형에서는 특정 산물이 해당분야의 지속적 발전에 기여하거나, 현행 패러다임을 거부하거나, 새로운 패러다임으로 대체한다면 창의적 산물로 인정받는다(Sternberg, Kaufman, & Pretz, 2001; 이용남 · 신현숙, 2017에서 재인용).

제5장

교육과정

1. 교육과정의 개념
2. 교육과정 결정의 세 요소
3. 교육과정의 유형

1. 교육과정의 개념

1) 교육과정의 어원적 개념

교육과정이라는 용어는 1918년 프랭클린 보빗(Franklin Bobbitt)이 그의 저서 『The Curriculum』에서 교육과정을 교육학의 한 전문분야로 내세우며 등장하게 되었다. 프랭클린 보빗의 책 제목에서 알 수 있듯이 교육과정이란 용어는 영어의 커리큘럼(curriculum)을 우리말로 해석한 것이다.

커리큘럼은 라틴어 '쿠레레(currere)'에서 유래되었다. 이는 동사로는 '뛰다'의 의미를, 명사로는 경마장에서 말이 달리는 활동, 또는 말이 달리는 길(장소)을 의미한다. 여기에서 말을 교육이라는 개념으로 비추어 보면, 교육은 뛰는 활동을 의미하며, 이러한 활동은 일정한 트랙 혹은 방향을 따라서 이루어진다. 이처럼 교육은 일정한 계획을 가지고 이루어진다. 이런 의미에서 교육과정은 일정한 목표를 향해서 학습하는 진로 또는 진로에서 경험하는 내용을 의미한다고 할 수 있다(윤길근 · 정수천, 2018).

방향성 및 일정한 계획을 따라 교육한다는 의미의 교육과정은 교육과정이 다음의 3가지 요인과 관련되어 있음을 제시한다(정황순 외, 2014).

첫째는 교육내용으로, 이것은 우리가 학교에서 무엇을 가르쳐야 하는가와 관련된 것이다. 우리가 교육을 한다는 것은 무엇을 가르치는가의 문제와 관련이 있는데, 이때 어떤 것을 가르칠 것인가에 대한 답이라고 할 수 있다. 세상에는 수많은 지식이 존재하며, 모든 지식을 학교에서 가르치는 것은 불가능하다. 따라서 학교교육이 이루어지기 위해서는 세상에 존재하는 수많은 지식 가운데 어떤 것을 가르치는 것이 효과적이며, 가치가 있는 일인지 판단하는 것을 필요로 한다.

둘째는 교육방법으로, 이것은 앞서 선정된 교육내용을 어떠한 방법을 이용하여 가르칠 것인가와 관련된 것이다. 교사가 주도하여 학생들에게 선정된 수업내용을 전달할 것인지, 학생들의 모둠 활동을 통해 협력 학습을 할 것인지 등을 고려하여 전달하고자 하는 교육내용이 학생들에게 가장 체계적이고 효율적으로 전달될 수 있는 방식을 결정하는 것이 필요하다.

세 번째는 왜 가르치는가와 관련된다. 이것은 선정된 지식을 선정된 방식으로 가르치는 것이 옳은지에 대해 질문하고 답하는 것을 말한다. 시대가 변하면서 기존에 중요하던 내용이 더 이상 중요하지 않게 되는 경우도 있고, 학습자에게 요구되는 덕목도 달라질 수 있다. 이때 선정된 내용을 가르치는 것이 과연 옳은지, 학생들이 배워야 할 이유가 있는지를 논의하는 것이 교육과정의 핵심이라고 할 수 있다.

이상의 논의를 살펴보면 교육과정이라는 개념은 학교교육과정에서 무엇을, 어떻게, 왜 가르치는가를 다룬다고 할 수 있다. 좀 더 엄밀히 말하면 교육과정은 학교교육을 통해서 도달해야 할 교육목표들의 체계와 배워야 할 교육내용들의 범위와 위계로 구성되며, 학생들이 이와 관련된 학습경험을 가질 수 있도록 기회를 제공하는 교육방법, 교육평가, 기관운영의 일반적인 지침들로 구성된다고 말할 수 있다(김대현 · 김석우, 2018).

2) 교육과정의 수준별 개념

교육과정의 어원적 개념을 살펴보았을 때, 교육과정은 학교교육을 통해 도달해야 할 목표를 위해 내용, 방법 및 이유와 관련된 것을 논의하고 결정하는 활동을 포함한다. 그렇다면 이러한 논의와 결정이 어느 수준에서 이루어지는 것인지 알아보는 것 또한 필요하다.

박성혜와 강봉규(2018)는 교육과정 개념의 세 가지 수준을 제시한다.

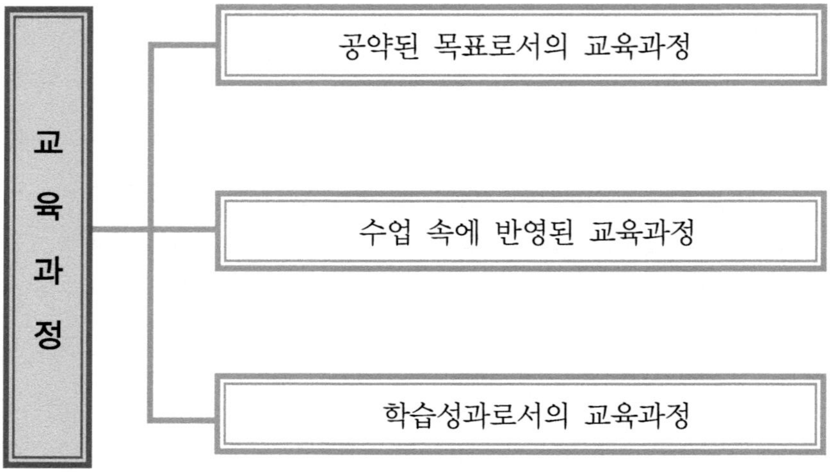

[그림 5-1] 교육과정 개념의 세 가지 수준

출처: 박성혜 · 강봉규(2018). 새로운 교육과정.

교육과정의 첫 번째 수준은 공약된 목표로서의 교육과정으로 이는 의도된 교육과정을 말한다. 이는 국가 수준에서 정하는 교육과정으로 교육부령으로 제시된다.

교육과정의 두 번째 수준은 수업 속에 반영된 교육과정으로, 이는 전개된 교육과정을 말한다. 이는 첫 번째 수준에서 의도된 교육과정이 실제 수업에서 교사에 의해 전달된 교육과정을 말한다.

세 번째 수준은 학습성과로서의 교육과정으로 이는 실현된 교육과정을 의미한다. 이 수준은 국가 수준에서 정하는 교육과정을 교사가 실제로 수업을 통해 구현하고, 해당 수업을 통해 학생들이 얼마만큼 받아들였는지를 의미하는 것이다. 국가 수준에서 의도한 교육과정을 동일한 교사가 구현했다고 하더라도 학습자의 적성, 흥미, 지적 능력, 선수학습 정도 및 배경지식 정도에 따라 그 결과는 크게 달라질 수 있다.

2. 교육과정 결정의 세 요소

앞서 살펴보았듯이 교육과정은 학교교육을 통해 도달해야 할 목표를 위해 내용, 방법 및 이유와 관련된 것을 논의하고 결정하는 활동을 포함한다. 그렇다면 이러한 교육과정을 결정하는데 영향을 미치는 요인은 무엇일까? 이 질문에 학자들은 사회, 학습자 및 교과라고 이야기한다(Dewey, 1902; Tyler, 1949). 사회, 학습자 및 교과가 교육과정을 결정하는데 어떠한 영향을 미치는지 살펴보자.

1) 사회

교육과정을 결정하는 데 영향을 미치는 첫 번째 요소는 사회이다. 교육과정은 학교교육을 통해 구현되는데, 이러한 학교는 기본적으로 국가라는 사회에 속하며, 좁게는 지역사회 넓게는 국제사회에 속한다. 그리고 이러한 사회가 유지되기 위해서는 사회 유지에 필요한 지식이나 기술을 학습자가 학습하는 것이 필요하고, 학습자는 학교교육을 통해 배운 지식과 기술을 그가 속한 사회에 나가서 또 펼치게 되는 것이다. 이처럼 사회는 사회유지 및 성장에 필요한 교육을 요구하는 것을 통해 교육과정의 결정에 큰 영향을 미친다. 특히 사회의 입장에서 교육과정에 요구하는 중요한 요인은 유용성이다(성태제 외, 2018). 사회는 교육과정을 구성하고 있는 지식, 전략 및 태도 등이 그 사회에서 쓰임이 있을 때, 즉 유용할 때 가르치고 배우는 것이 필요하다고 본다.

2) 학습자

교육과정의 결정에 영향을 미치는 두 번째 요소는 학습자이다. 모든 교육의 목표는 해당 사회에서 바람직하다고 생각하는 인간상 혹은 해당 사회에 적합한 인재를 양성하는 것을 목표로 한다. 따라서 이러한 목표를 이루기 위해서는 학습자의 발달 특성이나 학습자의 요구를 반영하는 것이 필수적이다. 또한 교육과정의 결정에 있어 학습자가 중요한 이유는 교육과정에서 정하는 교과와 활동들을 경험하는 주체가 학습자이기 때문이다. 따라서 교육과정을 결정할 때에는 학습자의 인지적 · 신체적 발달상태 등을 고려하여 교과의 수준과 범위를 결정해야 한다. 예를 들어 초등학교 학생들에게 구체적인 예시가 주어지지 않은 채 추상적이고 논리적인 사고를 요구하는 교과의 수준을 제시할 수는 없다.

3) 교과(학문)

교육과정 결정에 영향을 미치는 세 번째 요소는 교과이다. 교육과정의 중요한 논의 중의 하나는 학습자에게 무엇을, 즉 어떤 내용을 가르칠까 하는 것에 관한 것이다. 이 질문의 어떤 내용에 해당하는 것이 바로 교과이다.

교과는 사회와 학습자의 요구를 반영하여 전달하는 주요 수단으로, 교육과정의 핵심이 되는 내용을 제공한다(성태제 외, 2018). 따라서 사회가 변함에 따라 학교교육과정에서 가르치는 교과의 내용도 변한다. 우리나라의 경우 1950년대 6 · 25에 휴전 협정 후에 학생들에게 군사훈련을 가르치던 과목이었던 교련(敎鍊)이 교육과정에서 제외되었다가 국내 · 외 정세 변화에 따라 1969년부터 고등학교와 대학에서 교련 수업이 실시되었다. 2000년대 이후 교련과목은 사회와 학습자의 요구에 부합하지 못하는 이유로 폐지되었다.

지금 현대사회에서 가장 큰 이슈가 되고 있는 사회변화는 제4차 산업혁명이다. 제4차 산업혁명은 인공지능과 사물인터넷(IoT), 빅테이터 등을 중심으로 한 정보통신기술이 경제와 사회, 산업전반에 큰 변화를 일으키는 것을 말한다. 이러한 4차 산업혁명시대로의 이행에서 학습자에게 요구되는 능력은 창의력과 논리적 사고 등이다. 이러한 사회변화에 따른 요구에 맞추어 우리나라는 2018학년도부터는 중학교와 고등학교에서 코딩교육이 의무화되었으며, 초등학교의 경우 2019학년도부터 초등학교 5, 6학년 학생을 대상으로 총 17시간의 코딩교육을 실시한다.

코딩교육은 선택과목인가 아니면 필수과목인가

4차 산업혁명이라는 키워드가 세계적 트렌드가 된 지 오래다.

영국은 2014년부터 G 20 국가 중 처음으로 '컴퓨팅(computing)' 과목을 만 5~16세의 모든 학년에 필수과목으로 지정했고 미국은 다수의 주에서 고등학교를 중심으로 정규 교육과정에 컴퓨터 과학(Computer Science, CS)을 채택하고 있다.

우리나라도 2019년부터 중학교에 이어 초등학교도 코딩교육이 의무화된다. 워드프로세스 자격증이 전부인 부모세대는 낯설고 어떻게 접근해야 할지 막막하지만 코딩교육 의무화는 거스를 수 없는 대세가 됐다.

글로벌 트렌드에 발 빠르게 동참하는 교육부의 결정은 매우 환영할 만하다. 코딩은 알고리즘에 대한 이해를 바탕으로 스스로 문제를 해결하는 도구다. 기존 교육처럼 암기위주의 평가는 지양하고 배운 코딩 지식으로 실제 결과물을 만드는 방식의 교육이 필요하다.

제주국제자유도시개발센터(JDC)는 지난 11월 '4차 산업혁명의 미래 제주를 코딩하자!'라는 주제로 도내 중 · 고등학생 코딩캠프를 주최했다. 1박 2일 동안 블록체인, 인공지능, 사물인터넷 관련 코딩 교육과 배운 코딩 지식을 활용한 제주 현안 문제를 해결하는 아이디어 발표가 있었다. 배운 지식을 생활에 바로 적용할 수 있다는 점에서 많은 학생들이 흥미를 느꼈고 코딩 관련 진로를 선택하고 싶다는 의견도 다수 있었다.

미래 세대인 중 · 고등학생들에게 코딩은 단순 시험 과목을 넘어선다. 이에 JDC는 IT 진로 로드맵 및 웹메이커 교육을 추진해 참여형 코딩 교육을 지속적으로 이어 나가고자 한다.

출처: 코딩교육은 선택과목인가 아니면 필수과목인가(2019. 01. 30). 제주신보.

3. 교육과정의 유형

1) 교과중심 교육과정

교과중심 교육과정은 가장 전통적이고 일반적인 형태의 교육과정으로 그 뿌리를 형식도야 이론(formal discipline)에서 찾을 수 있다. 형식도야 이론은 인간의 정신은 서로 뚜렷이 구분되는 몇 개의 능력들이 존재한다고 가정한다. 이 능력에는 지각, 기억, 상상, 추리, 감정 및 의지 등이 있다. 이러한 능력은 신체의 근육처럼 단련하는 것이 가능하기 때문에 마음의 근육을 단련하는 것, 즉 정신을 도야하는 것이 필요하다고 본 것이다.

위의 능력들을 잘 기를 수 있는 것을 교과라고 하는데, 교과는 인류의 문화유산을 논리적으로 조직한 것(윤길근 · 정수천, 2018)을 말한다. 그리고 이러한 교과를 가장 잘 전달하는 방법은 그 교과의 전문가가 학문의 관점에서 학생을 이끌어 가는 것이라고 생각한다.

이러한 교과중심 교육과정은 교과 간의 독립성을 강조하기 때문에 교과와 교과 사이에 연결이 거의 이루어지지 않았고, 근래에는 학문의 발달과 더불어 학파, 혹은 교과의 수와 종류가 많아지게 되었다.

교과중심 교육과정은 문화의 유산을 잘 전달할 수 있는 교과가 정해지고, 이를 잘 조직한 일률적인 교재가 학생들에게 주어지고, 학생들은 교사가 중요하다고 생각하는 해당 교과의 내용들을 학습하게 된다. 또한 교사가 주도적으로 수업을 진행하며 학생들이 더 많은 지식을 습득하고, 상위의 기능을 습득하는 것에 중점을 둔다.

교과중심 교육과정은 교사가 주도하여 해당 교과의 학생들에게 전달하기 쉽다는 장점이 있으나 학생들의 흥미, 노력 및 필요를 무시하기 쉽다. 또한 해당 교과만을 가르치기 때문에 교과의 전체를 통합하는 전체구조가 부족한 단점이 있다.

2) 경험중심 교육과정

경험중심 교육과정은 미국의 교육학자 존 듀이(John Dewey)를 중심으로 한 진보주의 교육사조를 주장하는 사람들이 교과중심 교육과정을 비판하며 등장하였다. 그들은 기존의 학교교육에서 중점적으로 다루어 왔던 교과의 체계보다는 경험의 체계를 중요하게 다루는 것이 필요하다고 주장하였다. 즉 학교는 민주주의 사회에서 요구되는 경험을 학습자들이 할 수 있도록 경험의 과정을 설계하는 것이 필요하다는 것이다. 이는 교육과정의 초점을 가르치는 활동에서 학습하는 활동으로, 교수자에서 학습자로, 학문에서 생활로 옮기는 것을 뜻한다.

경험중심 교육과정에서 학습은 학습자의 구체적인 필요에 의해서 출발하고 사회생활에서 의미 있는 활동을 학습자가 경험함으로써 학습자들이 지금보다 더 나은 성장과 전인적인 발달이 이루어질 수 있는 환경을 조성한다는 경험주의 교육이론에 기반을 둔 교육과정이다.

경험중심 교육과정이 교과중심 교육과정과 다른 점은 다음과 같다.

첫째, 교과중심 교육과정은 교과목 중심이지만 경험중심 교육과정은 학습자 중심이다. 기존의 교과중심 교육과정에서는 학습자들이 교과를 학습하는데 치중하였으나, 경험중심 교육과정에서는 학생들이 교과를 습득하는 것뿐만 아니라 자신이 관심을 가지고 있는 활동을 하거나 실생활 문제를 해결해 가는 과정에서 "학습자"가 지각하는 경험의 해석을 중요하게 생각한다.

둘째, 지식인이 아닌 생활인의 육성을 목표로 한다. 교과중심 교육과정에서는 자신 또는 장래를 위하여 지식 기능의 전달을 강조하지만 경험중심 교육과정에서는 개인 생활의 개선을 목표로 하여 생활이 개선되는데 도움이 되는 경험을 강조한다.

셋째, 기존의 교사중심 교육이 아닌 아동중심 교육을 강조한다. 교과중심 교육과정은 교과의 전문가인 교사가 중심이 되어 수업이 이루어졌으나, 경험중심 교육과정에서는 학습자가 중심이 되어 자신에게 유의미한 경험을 획득하는 것을 중시한다.

넷째, 급격한 사회변화에 적응할 수 있는 인간을 기르는 것을 목표로 한다. 경험중심 교육과정에서는 급격한 사회변화에 잘 적응할 수 있는 인간을 육성하는 것을 목표로 하여 실제 생활에서 발생하는 여러 가지 문제를 해결할 수 있는 문제해결 능력의 함양을 강조한다.

이처럼 경험주의 교육과정은 교육의 중심을 교사와 교재에서 학습자와 경험으로 돌려놓음으로써 학습에 있어 학습자의 흥미나 필요를 고려한다는 장점이 있다. 또한 자신에게 주어진 실생활 문제를 해결해 가는 과정을 통해서 협동심, 책임감, 유대감, 사회성 등의 민주사회에서 요구하는 태도와 생활방식을 습득하는데 유리하다. 그러나 이는 행정적으로 통제하기가 어렵고 통일성을 유지하기가 어렵다. 그리고 실생활에서의 경험이 아닌 보편적인 원리나 법칙을 탐구하고자 하는 학습자에게는 적합하지 않다는 단점이 있다.

경험중심 교육과정은 1950년대까지 시행되었으나, 교과를 중요하게 여기지 않은 교육은 생활에 지나지 않는다는 비판이 제기되며, 경험의 대안으로 학문을 주장하는 학문중심 교육과정이 나타나게 되었다.

3) 학문중심 교육과정

1950년대 후반 과학과 기술이 발달함에 따라 지식이 급격하게 증가하게 되었다. 이에 반해 학교교육은 폭발적으로 증가한 지식의 양을 가르치기에는 시간적으로도, 교사나 교재 등의 자원에 있어서도 제약이 있었다. 따라서 한정된 학교교육 기간 동안에 어떤 지식을 가르쳐야 하는지가 논의되기 시작하였다. 또한 그 당시에는 전 세계에 큰 영향을 미치던 미국과 소련의 이념이 대립되고 있었다. 그러던 중 1975년에 소련이 인공위성 스푸트닉(Sputunik) 1호를 쏘아 올리게 되었다. 이에 과학분야에서 앞서 있다고 생각했던 미국은 충격을 받게 되었다. 이러한 과정에서 학문중심 교육과정이 태동되었다. 이는 미국과 소련의 이념에 기초한 국가적인 경쟁 하에서 미국에서 학문중심 교육과정 학자들이 주축이 된 개혁운동에서 시작되었다고 볼 수 있다(정황순 외, 2014).

학문중심 교육과정에 가장 큰 영향을 미친 학자는 브루너(Bruner)다. 그는 교육과정에서 무엇을 가르쳐야 하는가?에 대한 질문의 답으로 지식의 구조를 가르쳐야 한다고 주장하였다. 지식의 구조란 각 학문 내지 교과의 기저를 이루는 일반적인 핵심 아이디어, 개념, 원리, 법칙 등을 말한다. 브루너는 지식의 구조는 학습의 전이가 용이하다고 하였다. 또한 브루너는 이러한 지식의 구조가 교사에 의해 학생에게 일방적으로 전달되는 것이 아니라 학습자가 학습하는 가운데 스스로 원리를 발견하고 응용할 수 있도록 도와주는 것이 필요하다고 하였다. 이를 발견학습 또는 탐구학습이라고 한다. 따라서 학문중심 교육과정은 교육의 내용은 지식의 구조를, 교육의 방법은 발견학습 및 탐구학습을 주장한다고 할 수 있다.

학문중심 교육과정은 경험보다는 개념과 법칙을 중심으로 구조화되며, 각 학문에서 요구하는 사고의 체계를 중요하게 여긴다. 따라서 내용을 무조건적으로 암기하기보다는 탐구하는 방법과 개념을 현실에 응용하거나 적용할 수 있는 방안을 강구하는 사고력을 중요하게 생각한다.

학문중심 교육과정의 특징은 다음과 같다(박성혜 · 강봉규, 2018).

첫째, 교과내용은 '지식의 구조'를 핵심으로 조직한다. 지식의 구조는 학습의 전이가 용이하기 때문에 그 교과의 기본구조를 이해하면 그 교과를 쉽게 습득할 수 있다. 또한 한 개인의 기억력은 체계적으로 구조화되어 있을수록 더 쉽게 기억할 수 있기 때문에 지식의 구조를 기본으로 하여 체계적으로 구체적인 지식이 제시되고 학습될 수 있어야 한다.

둘째, 나선형 교육과정(spiral curriculum)을 표방한다. 브루너는 학생의 발달단계에 따라 지식의 구조를 이해하는데 적절한 표현방식이 있다고 주장하였다. 만일 학생이 수학에서 집합이라고 하는 개념을 학습할 때, 이는 학생이 일정 발달단계에 도달해야지만 이해할 수 있는 것이 아니라, 학생의 발달단계에 맞추어 다르게 표현하고 제시함으로써 학생의 이해를 도모할 수 있다. 그리고 발달단계가 높아짐에 따라 낮은 발달단계에서 배웠던 내용을 깊이 있고 폭넓게 이해할 수 있도록 도와주는 것, 즉 나선형으로 지식의 깊이와 폭을 확대해 나갈 수 있도록 교육과정을 구성하고 제시하는 것을 말한다.

셋째, 탐구과정을 중시한다. 앞서 이야기했듯이 학문중심 교육과정은 지식의 구조를 교사가 가르치기보다는 학습자가 해당 분야의 학자가 되어 탐구하고,

탐구하여 발견한 내용을 현실에 적용하는 것을 중시한다. 만일 화학을 공부할 때는 화학자가 된 것처럼 원소의 성질에 대해 탐구하고 원소의 결합에 대해 탐구할 수 있는 활동을 하도록 한다.

이처럼 학문중심 교육과정은 수업에서 체계화된 지식을 선정하기 때문에 능률적인 교수-학습이 가능하다는 장점이 있다. 또한 기본적이고 핵심적인 개념과 원리를 습득함으로써 학습의 전이가 쉽다. 그러나 기본적인 지적 능력이 되지 않은 학생에게는 지식의 구조를 브루너가 주장한 것처럼 쉽게 학습할 수 없으며, 탐구할 수 있는 환경을 조성하기 위한 인적 · 물적 자원과 시간을 확보하기가 어려울 수 있다는 단점이 있다.

학문중심 교육과정은 듀이의 경험중심 교육과정의 잘못을 시정하기 위해 나타났지만, 결국 과학교육을 강조하는데 그쳤으며, 지식의 구조를 지나치게 강조한 나머지 학문 사이의 단절 현상을 초래하고 전인적인 인간교육을 소홀히 했다는 비판을 받게 되었다(윤길근 · 정수천, 2018).

4) 인간중심 교육과정

20세기에 들어오면서 과학기술이 급격하게 발전하였고, 산업이 고도화됨에 따라 인간성의 상실이 심각한 사회문제로 대두되었다. 이와 더불어 교육을 받는 목적이 좋은 상급학교로의 진학 및 사회적 권력과 부, 명예를 가질 수 있는 지위를 획득하는 것이라고 하는 교육의 수단적 가치가 사회전반에 팽배하게 나타났다. 이러한 현상에 회의를 느낀 학자들은 교육의 중심은 학문만이 아니라 사회문제, 인간교육 등 잃어버린 인간성의 회복이 되어야 한다고 주장하였으며, 이러한 가치를 교육과정에 반영한 것이 인간중심 교육과정이다.

인간중심 교육과정의 기본 철학은 다음과 같다(박성혜 · 강봉규, 2018).

첫째, 인간중심 교육과정에서는 비공식적 교육과정인 잠재적 교육과정을 공식적인 표면적 교육과정과 동일하게 중요하게 여긴다. 잠재적 교육과정은 계획하거나 의도하지는 않았지만 교육과정에서 은연중에 교육이 되는 현상을 말한다. 인간중심 교육과정에서는 계획 및 의도한 교육과정인 표면적 교육과정뿐만 아니라 은연중에 학생들에게 학습되는 것 또한 중요하게 여긴다.

둘째, 인간적인 학교 환경을 만들기 위해 노력한다. 학생은 학교에서 많은 경험을 하며, 학생에게는 학교에서 경험하는 하나하나의 경험이 모두 중요하다. 따라서 학생들이 학교에서 인간적인 경험을 하기 위해서는 학교 환경을 인간적으로 조성하는 것이 필요한데, 이는 체벌, 강요보다는 대화를 중시하는 환경을 조성함으로써 가능하다.

인간중심 교육과정은 가르친다는 것은 교과목의 내용을 전달하는 것이 아니라 학생과 교사, 학생과 학생 간의 인간적 관계 그 자체로 보기 때문에 교사의 인간적인 영향이 매우 중요하다. 그리고 지 · 덕 · 체가 조화된 학생의 전인적 발달을 목표로 한다는 특징이 있다. 그러나 교수-학습 과정에서 교사의 인간적인 영향이 매우 중요한 만큼 교사에게 투철한 정신이 요구되며, 교사와의 긍정적인 인간관계가 유지되지 않으면 학습성과가 보장되지 않는다는 단점이 있다.

5) 창의적 체험활동 교육과정

현재 우리나라의 교육과정에서 주목할 것은 창의적 체험활동 교육과정이다. 이는 2009년 개정 교육과정에서 도입된 것으로, 창의적 체험활동은 초 · 중등학교 교육과정에서 교과활동 이외의 모든 활동을 의미한다. 창의적 체험활동 교육과정은 창의적 체험활동을 통해 인성과 창의성을 겸비한 미래지향적 인재 양성을 목표로 한다. 현재 우리나라의 초 · 중등학교 교육과정은 크게 2개의 영역, 즉 교과영역과 창의적 체험활동 영역으로 이루어지고 있다. 이때 창의적 체험활동은 교과와 동떨어진 것으로 존재하는 것이 아니라 교과에서 배운 내용을 체험을 통해 이해를 도모하는 등 상호보완적인 관계에 있다고 할 수 있다.

2015년 개정 창의적 체험활동 교육과정에 제시된 목표를 살펴보면 다음과 같다(이미숙, 2015).

건전하고 다양한 집단 활동에 자발적으로 참여하여 나눔과 배려를 실천함으로써 공동체 의식을 함양하고 개인의 소질과 잠재력을 계발·신장하여 창의적인 삶의 태도를 기른다.

① 특색 있는 활동에 자율적으로 참여하여 일상의 문제를 합리적이고 창의적으로 해결할 수 있는 능력을 기른다.
② 동아리에 자발적으로 참여하여 소질과 적성을 계발하고 일상의 문제를 합리적이고 창의적으로 해결할 수 있는 능력을 기른다.
③ 나눔과 배려를 실천하고, 환경을 보존하는 생활습관을 형성하여 더불어 사는 삶의 가치를 체득한다.
④ 흥미와 소질, 적성을 파악하여 자아 정체성을 확립하고, 자신의 진로를 개발하여 지속적으로 발전시킨다.

출처: http://www.ncic.go.kr.

위의 목표를 달성하기 위한 창의적 체험활동의 활동영역은 자율활동, 동아리활동, 봉사활동, 진로활동의 4가지 영역으로 구성되어 있으며, 구체적인 활동은 〈표 5-1〉과 같다.

표 5-1 창의적 체험활동의 영역별 활동 체계표

영역	활동
자율활동	– 자치·적응활동 – 창의주제활동 등
동아리활동	– 예술·체육활동 – 학술문화활동 – 실습노작활동 – 청소년단체활동 등
봉사활동	– 이웃돕기활동 – 환경보호활동 – 캠페인활동 등
진로활동	– 자기이해활동 – 진로탐색활동 – 진로설계활동 등

학생 스스로 수확 및 기부까지, 관인중 · 고등학교 '효사랑 봉사대' 학생들 참교육 실천

포천시 관인중 · 고교 '효사랑 봉사대' 학생들과 학부모, 교사들이 직접 재배한 농작물로 반찬을 만들고 있다.

사진=경기도교육청

포천시 소재 관인중 · 고등학교는 어려운 독거노인들에게 직접 키운 농작물로 반찬을 만들어 나눠 주는 행사를 7년째 이어 가고 있다. 선행을 이어 가고 있는 관인중 · 고등학교 '효사랑 봉사대'는 2011년 학생들의 창의적 체험활동을 위해 만들어진 동아리다.

효사랑 봉사대에서는 체험활동의 일환으로 학생들을 비롯해 학부모, 교사 등이 함께 참여해 독거노인을 위한 반찬을 직접 만든다.

농작물 재배를 위한 텃밭갈이와 비닐 씌워 주기, 잡초 뽑기 등은 학교 동문이 참여하며 농작물이 다 자라면 학생들이 수확한다. 이후 학부모와 학생, 교사가 모여 재배, 수확한 농작물로 반찬을 만들어 지역 내 노인복지센터와 마을 노인회관에 기증하고 있다.

올해로 7년째 반찬 만들기를 이어 가고 있는 효사랑 봉사대는 향후 지속적으로 학생과 학부모, 교사가 모여 어려운 독거노인을 위한 반찬만들기 활동을 이어갈 계획이다.

한병헌 교장은 "효사랑 봉사대 활동은 학생들에게 협동심과 배려심 함양을 돕고, 진정한 봉사의 의미를 깨닫게 한다"며 "학생의 인성교육 차원에서도 의미가 있는 활동이라, 학교에서 적극 지원할 것"이라고 말했다.

출처: 학생 스스로 만들어 기부까지, 관인중 · 고등학교 '효사랑 봉사대'학생들 참교육 실천. 2019. 01. 23. 중부일보.

제6장

교육평가

1. 교육평가의 성격
2. 교육평가의 역할과 용도
3. 교육평가의 유형
4. 평가도구가 갖추어야 할 요건

대다수의 사람들이 교육장면에서 '평가'라고 하면 중간고사, 기말고사 등의 시험을 떠올릴 것이다. 그리고 대부분의 학습자에게 시험은 가급적 피하고 싶은 것, 혹은 힘든 것 등 부정적으로 인식되고 있다. 많은 사람들이 평가에 대해 부정적인 인식을 가지고 있음에도 교육평가는 이루어지고 있다. 그 이유는 무엇일까?

학교를 비롯한 모든 학습이 이루어지는 장소와 상황에서 교사는 학생들을 잘 가르치기 위해 수업을 준비하고 실제로 학생들을 가르친다. 그리고 교수가 이루어진 가운데 학생들이 수업 내용을 이해했는지, 이해했다면 어느 수준으로 이해했는지를 교수자가 판단하는 일은 쉽지 않다. 그렇다면 학생들이 수업을 이해했다는 것을 교수자는 어떻게 알 수 있을까? 학생들의 이해한 정도와 교수가 실제로 일어난 정도를 판단하기 위해서는 평가가 필요하다.

이 장에서는 교육평가의 성격을 살펴본 후, 교육평가의 유형에 대해 살펴보기로 한다. 그리고 교육평가에서 중요한 시험지와 같은 검사 도구 혹은 학습자의 특성을 측정하기 위한 체계적 절차로서의 검사도구가 갖추어야 할 조건에 대해 살펴보기로 한다.

1. 교육평가의 성격

교육평가의 개념을 이해하기 위해서는 먼저 평가란 무엇인지에 대한 이해가 필요하다. 평가란 특정 대상의 가치를 판단하여 의사결정에 도움을 주기 위한 활동이다(권대훈, 2015). 여기에서 가치 판단은 평가를 측정이나 연구, 혹은 사정과 구분해 주며, 교육평가의 개념을 이해하는데 있어 본질적인 속성이다.

측정(measurement)은 "잰다"는 의미로 우리는 눈에 보이지 않지만 존재한다고 믿는 학습자의 지능, 성격, 동기 등을 재서 그 결과에 수를 부여하는 방식을 말한다. 이는 단순히 수를 부여하는 것이기 때문에 측정이라는 용어에는 가치판단이 최소화되어 있다. 연구(research)란 학습에 영향을 미치는 여러 변인 간의 관련성을 체계적 절차와 방식을 통해 현상을 기술하는 것이다. 따라서 연구는 측정과 마찬가지로 가치판단이 배제되거나 최소화되어 있다고 말할 수 있다. 마지막으로 사정(assessment)은 대상의 특성을 추론하기 위해 다양한 정보를 수집하는 체계적 절차를 말한다.

특정 대상의 가치를 판단하는 활동이라는 평가의 개념을 교육 상황에 적용해 보면 교육 상황에서 가치 판단의 대상이 되는 것은 우선 협소의 의미로 학습자, 더 나아가 학습자의 학업성취, 성격 등의 가치를 판단하는 활동이 있다. 이는 교육평가의 좁은 의미로 이때 교육평가는 학생들의 학업성취 또는 상태에 관해 질적인 판단을 내리는 것을 의미한다(권대훈, 2015).

교육상황에서 평가대상의 범위를 확대하면 학생뿐만 아니라 교원, 프로그램, 수업 등 다양한 평가대상이 존재한다. 이때는 교육평가의 광의의 의미로 교육평가는 평가대상(프로그램, 조직, 수업, 프로젝트, 교육과정 등)의 가치, 효과 및 유용성을 판단하는 과정을 말한다(Worthen, Borg, & White, 1993).

2. 교육평가의 역할과 용도

1) 교육평가의 역할

교육평가의 역할은 크게 형성적 역할과 총괄적 역할로 구분된다. 이에 대해 자세히 살펴보면 다음과 같다.

(1) 형성적 역할

교육평가의 형성적 역할은 말 그대로 수업을 만들어 간다. 즉 형성해 간다는 의미를 함축하고 있다. 아무리 뛰어난 교사라고 하더라도 학습자의 반응이나 평가 결과를 파악하지 않은 채 수업을 지속하고 진행하는 일은 쉽지 않다. 따라서 교수자는 수업이 진행되고 있는 과정 중에 평가를 통해 자신의 수업방식, 진행 속도 등에 관해 피드백을 받고 더 나은 수업을 만들어 갈 수 있다.

이는 단순히 수업뿐만 아니라 신입생을 위한 프로그램이나 교육과정을 진행할 때에도 적용된다. 다각적인 평가를 통해 해당 프로그램이나 정책이 원래 의도한 기능을 잘 수행하고 있는지 판단하고 잘 진행이 되지 않는다고 판단되는 경우 수정 및 보완을 함으로써 질의 향상을 도모한다.

(2) 총괄적 역할

교육평가의 두 번째 역할은 총괄적 역할이다. 이는 수업이나 일련의 프로그램이 종료된 후에 수업이나 프로그램의 효과와 질을 최종적으로 판단하는 역할을 말한다(권대훈, 2015). 그리고 총괄평가의 결과는 학습자의 성적 판정, 성적 혹은 평가결과에 근거한 선발, 자격 부여, 더 넓게는 관리자의 책무성을 판단하는데 사용된다.

2) 교육평가의 용도

교육현장에서 다양한 방식으로 실시되는 교육평가는 교수자와 학습자에게 다양한 용도로 활용된다.

(1) 수업관련 의사결정

교육평가의 결과는 수업과정 전반에 걸쳐 다양한 방면에서 의사결정을 하는

데 도움을 준다. 먼저 수업이 시작하기 전에는 정치평가 혹은 진단평가 등을 통해 수업의 적절한 출발점을 확인할 수 있다. 또한 수업이 진행되는 중에는 교재의 적절성, 수업 방식의 적절성 등을 평가를 통해 확인할 수 있다. 마지막으로는 일련의 수업이나 프로그램이 종료된 후 최종적으로 수업과 프로그램의 효과성을 판단한 후 해당 수업의 지속여부를 결정할 수도 있다.

(2) 성적 판정 및 보고

평가를 하는 가장 궁극적인 목적은 학습자가 수업 과정을 통해 의도했던 교육목표를 학습자가 얼마나 달성했는지에 관해 정보를 제공하기 위한 것이다. 교수자는 평가 결과를 근거로 하여 최종적으로 성적을 판정한다. 그리고 최종적 성적 판정은 한 번의 시험결과를 통해 이루어지기도 하고 다양한 평가를 총합한 방식으로 이루어지기도 한다. 예를 들어 대학교 교육학개론 수업에서 성적을 판정하기 위한 기준으로 출석, 중간고사, 기말고사 성적 등을 고려하여 성적을 판정하는 것을 들 수 있다. 그리고 그 결과를 A, B, C, D 등의 학점으로 보고할 수도 있으며, 합격 또는 불합격 등으로 보고할 수 있다.

(3) 학습 동기 유발

학생들은 수업 도중에 교사가 '이 부분은 시험문제에 나올 예정입니다.'라는 이야기를 하면 학생들은 그 부분에 중요 표시를 하고 시험 공부를 할 때에는 그 부분을 중점적으로 공부한다. 이처럼 평가는 학생들의 학습 동기를 유발 및 지속시키는 기능이 있다. 그리고 평가를 마치고 난 후 평가결과를 확인함으로써 다음 평가 상황에서는 동일한 실수를 반복하지 않고, 더 나은 성취를 이루기 위해 노력하는 등 학습자의 학습동기를 유발시키는 역할을 한다.

3. 교육평가의 유형

교수-학습의 효과성을 판단하기 위해 사용되는 교육평가는 검사 점수의 해석 방식에 따라 규준지향평가(상대평가)와 준거지향평가(절대평가)로 구분된다. 또한 교육평가가 수행하는 기능에 따라 정치평가, 진단평가, 형성평가 및 총괄평가로 구분된다.

1) 규준지향평가와 준거지향평가

한 학습자가 국어시험에서 55점을 받았다. 이 점수는 어떤 의미가 있을까? 이렇게 교육평가의 결과로 얻은 점수를 원점수(raw score)라고 한다. 이러한 원점수는 아무런 의미를 가지고 있지 않다. 그러나 만일 이번 국어시험의 반평균이 50점이었다면 이 학습자는 평균보다 높은 점수를 받은 것으로 해석할 수 있고, 60점을 넘어야 통과할 수 있는 시험이었다면 이 학습자는 이번 시험에 불합격한 것으로 해석할 수 있다. 이처럼 측정의 결과로 얻은 점수를 어떠한 기준으로 해석하느냐에 따라 그 점수가 갖는 의미가 달라진다.

(1) 규준지향평가(상대평가)

규준지향평가(상대평가, norm-referenced evaluation)는 한 개인의 점수를 다른 사람들의 점수와 비교하여 상대적으로 해석하는 방식이다. 이때 한 개인의 점수를 비교할 수 있는 집단을 규준집단이라고 하며, 규준집단의 측정결과를 통계적 수치(예, 평균)로 나타낸 것을 규준이라고 한다. 예를 들어 교육학개론 수업을 듣는 학생이 20명이고, 이 수업의 성적을 상대평가로 하는 경우를 생각해 보자. 이때 나의 점수는 교육학개론을 들은 20명의 점수와 비교하게 된다. 따라서 교육학 개론을 함께 수강하는 20명의 학생들이 규준집단이 되며, 그들이 얻은 점수들을 평균한 수치가 규준이 된다.

상대평가의 목적은 최저점수부터 최고점수까지 줄을 세우고 그 안에서 나의 상대적 위치를 확인하는 개인차 변별에 있다. 이러한 상대평가는 주로 조직에서 사람을 선발하거나 분류하는데 사용된다. 따라서 집단 내에서 나의 위치를 확인할 수 있다는 장점이 있다. 그러나 상대평가의 경우 내가 아무리 잘하더라도 나의 점수가 다른 사람의 점수에 영향을 받기 때문에 학습자 간에 과도한 경쟁이 유발될 수 있으며, 최근 사회에서 중시하는 팀워크나 협동학습이 이루어지기 어렵다는 단점이 있다.

(2) 준거지향평가(절대평가)

준거지향평가(criterion-referenced evaluation)는 한 개인의 점수를 학습의 과정에서 학습자가 이루어야 할 성취수준에 비추어 해석하는 방식을 말한다. 준거지향평가에서는 내가 다른 사람보다 잘하고 못하는 것보다 내가 해당영역의 지식을 얼마만큼 알고 있는지가 더 중요한 기준이 되는데, 이때 학습자가 실제로 알며 수행할 수 있는 지식이나 기술을 준거(criterion)라고 한다. 예를 들어 한 학습자가 100점 만점인 준거지향평가에서 60점을 받았다는 것은 이 학습자가 학습해야 할 내용의 60%만큼의 지식을 학습했다는 것을 말한다. 준거지향평가의 대표적인 예로는 운전면허 시험이 있다. 운전면허 시험 중 필기시험의 경우 내가 다른 사람보다 더 많은 문제를 맞힌 것이 중요한 것이 아니라 분할점(cutting score)인 80점에 도달했는지 혹은 도달하지 못했는지가 더 중요한 판단요소라고 할 수 있다. 따라서 80점 이상이면 합격, 80점 미만이면 불합격에 해당하는 것이다.

이처럼 준거지향평가의 목적은 학습자가 실제로 무엇을 어느 정도 할 수 있는가를 확인하는데 있다. 따라서 운전면허 시험, 의사면허 시험처럼 자격을 부여하는 용도로 사용된다. 또한 최저성취수준에 도달하지 못했을 경우 적절한 교육적 개입을 통해 한 개인의 학습을 확인하고 교정하는 용도로도 사용된다.

준거지향평가는 한 학습자가 다른 학습자보다 잘하는 것이 중요하기보다는 개인이 갖추어야 할 절대적인 지식이 중요하기 때문에 규준지향평가보다 협동 학습이 쉽게 아루어질 수 있으며, 개인 간 경쟁이 약화된다는 장점이 있다. 그러나 한 개인이 학습을 통해 반드시 이루어야 할 성취수준을 규정하기 어렵다는 단점이 있다.

표 6-1 규준지향평가와 준거지향평가 비교

	규준지향평가	준거지향평가
목적	개인차 변별	개인의 성취수준 확인
용도	선발, 분류, 배치	자격부여, 확인 후 교정
장점	상대적 위치(서열) 확인	경쟁 완화
단점	규준집단에 따라 결과가 달라짐 경쟁 심화	수행표준 설정의 어려움

위에서 살펴본 바와 같이 규준지향평가와 준거지향평가는 그 목적과 용도가 다르다. 따라서 어느 하나의 평가방식이 옳고 그른 것이 아니라 목적과 용도에 따라 적절하게 사용하는 것이 바람직하다. 교사는 자신의 교수가 적절한지 판단하고, 학습자의 학습이 제대로 이루어졌는지 확인하기 위하여 어떤 방식의 평가가 바람직한지 끊임없이 고민하는 자세가 필요하다.

2) 정치(배치)평가, 진단평가, 형성평가 및 총괄평가

교육평가는 교육평가가 수행하는 기능에 따라 정치(배치)평가, 진단평가, 형성평가, 총괄평가로 구분할 수 있다.

(1) 정치(배치)평가

정치(배치)평가는 수업이 진행되기 전에 수업의 적절한 출발점을 확인하거나 학생들을 배치하기 위해 사용되는 평가이다. 우리는 초등학교에서 중학교, 중학교에서 고등학교로 진학할 때 본격적인 수업이 시작되기 전인 2월이나 1월 중 학교 소집일에 가서 배치고사를 치뤘던 경험이 있을 것이다. 또한 교사와 학습자가 1:1 개별학습을 하기 전에 교수자가 학습자의 선수학습정도를 파악하기 위해 간단하게 시험을 치뤘던 경험도 있을 것이다. 이러한 검사가 정치(배치) 평가에 해당한다.

(2) 진단평가

진단평가(diagnostic evaluation)는 학습자가 지속적으로 학습에 실패할 경우 그 원인이 무엇인지 파악하고 진단하기 위해 실시되는 평가이다. 예를 들어 어떤 학습자가 최저학력 수준에 도달하지 못한다면 그 학생의 학습 실패의 원인이 무엇인지 확인하기 위해 국어, 수학 등의 과목에서 가장 기초가 되는 학습이 이루어지는지, 혹은 문제를 해결하는 과정에서 학습자가 범하는 오류가 무엇인지를 확인하기 위해 평가를 실시하는 것이다.

(3) 형성평가

형성평가(formative assessment)는 수업이 진행되고 있는 상황에서 평가를 통하여 수업을 더 나은 방향으로 형성(form)하고 발전시킨다는 의미를 담고 있다(Scriven, 1967). 교수자는 자신의 수업이 효과적으로 진행되고 있는지 확인하는 것이 필요하다. 이는 수업시간 학생들의 얼굴표정이나 반응 정도 등을 통해 확인할 수도 있고 지난 시간에 배운 내용을 퀴즈나 쪽지시험 등을 치룸으로써 확인할 수도 있다. 이렇게 평가를 통해 학습자의 이해정도를 확인한 결과가 교수자가 기대했던 만큼 이루어지고 있지 않다고 판단되면 교수자는 수업방식이나 진도 등을 조정하게 된다. 이처럼 평가결과는 교수자에게 피드백의 역할을 한다. 또한 퀴즈 등을 통해 학습자는 자신이 무엇을 모르고 또 어떠한 것은 알고 있는지 확인할 수 있으므로 형성평가의 결과는 학습자에게도 피드백의 역할을 한다.

성태제 외(2018)는 형성평가가 교수-학습 과정에서 수행해야 할 역할로 다음의 4가지를 제시하였다.

① 개인별 능력에 맞추어 학습을 진행할 수 있도록 학습을 개별화할 수 있어야 한다.
② 평가결과를 학습자에게 적절한 방법으로 알려줌으로써 피드백의 역할을 해야 한다.
③ 학습자의 학습 곤란을 진단해야 한다.
④ 학습동기를 유발해야 한다.

형성평가의 대표적인 예로는 중간고사가 있으며, 현재 대학교에서는 원활한 강의가 이루어질 수 있도록 수업 중간에도 중간 강의 평가 등을 들 수 있다.

(4) 총괄평가

총괄평가는 총합평가(summative evaluation)라고도 한다. 총괄평가는 수업이나 프로그램이 종료된 후 해당 수업 및 프로그램의 효과성을 판단하기 위해 실시하는 평가를 말한다. 대표적인 예로 모든 학교의 교육과정에서 학기말에 실시하는 기말고사가 있다. 총괄평가의 결과는 학습에서 이루어야 할 성취수준의 도달여부를 판정하거나, 성적 부여, 자격 부여, 후속 프로그램 시행여부를 결정하는 등 다양한 용도로 사용된다.

표 6-2 진단평가, 형성평가, 총괄평가의 비교

	정치(배치)평가	진단평가	형성평가	총합평가
평가 시기	교수-학습 시작 전	교수-학습 진행 중	교수-학습 진행 중	교수-학습 완료 후
목적	수업의 적절한 출발점 확인	지속적인 학습 실패의 원인 확인	교수-학습 진행의 적절성 확인, 교수법 개선	· 교육목표 달성 여부 확인 · 교육프로그램 선택 결정 · 성적 판정

4. 평가도구가 갖추어야 할 요건

우리는 평가결과에 근거하여 사람을 선발하고 분류하며, 때로는 한 개인에게 자격을 부여하는 등 평가결과를 다양하게 사용한다. 평가결과가 제대로 사용되기 위해서는 평가도구가 일정한 요건을 갖추어야 한다. 평가도구가 갖추어야 할 요건으로는 타당도, 신뢰도, 객관도, 실용도가 있다.

1) 타당도(validity)

타당도(validity)란 단순하게 검사가 측정하려고 의도한 특성, 즉 구인을 충실하게 측정하고 있는 정도를 말한다. 구인(construct)이란 검사가 측정하려고 하는 특성을 말한다. 국어시험의 구인은 국어능력이며, 수학시험의 구인은 수학능력이라고 할 수 있다. 구인의 유형 중 키와 몸무게처럼 신체적이고 물리적 특성은 타당하게 측정하는 것이 비교적 쉽지만 교육 상황에서 많은 학자들이 관심을 갖는 지능, 성격, 학업성취 등의 구인은 눈에 보이지 않기 때문에 재려고 하는 특성을 제대로 측정하기가 비교적 어렵다. 예를 들어 한 교사가 수학시험 문제를 출제하는데, 문제의 제시문을 영어로 출제했다면 그 시험의 결과는 학습자가 수학을 풀 수 있는 능력 외에도 영어를 해석할 수 있는 능력의 영향을 받는다. 이러한 경우는 측정결과인 수학시험점수가 해당 학습자의 수학을 풀 수 있는 능력을 제대로 측정했다고 보기가 어렵다.

[그림 6-1]은 2019학년도 대입수학능력시험 국어영역의 31번 문제이다. 이 문제는 수학능력시험이 끝나고 난 후 국어능력을 측정하는 것인지, 물리적 지식을 측정하는 것인지에 대해 논란이 있었다. 이런 경우 이 문항의 타당도에 대한 이의를 제기하는 것이라고 할 수 있다.

2) 신뢰도(reliability)

신뢰도(reliability)란 한 개인의 심리적 구인을 측정하여 얻게 되는 검사점수가 일관적이고 안정적으로 나타나는 정도를 말한다. 만일 여러분이 아침마다 몸무게를 재는데 첫 번째 측정을 했을 때는 52kg, 두 번째 측정에는 55kg, 세 번째 측정에서는 48kg이 나왔다고 한다면 자신의 몸무게가 정확하게 몇 kg인지 알기가 어려울 것이다. 이처럼 측정의 결과로 나타나는 점수 혹은 수치가 일관되게 나타나지 않는다면 우리는 그 저울을 더 이상 사용하기 힘들고, 해당 저울로 측정한 몸무게를 나의 몸무게라고 신뢰하기가 어렵게 된다. 이러한 예처럼 동일한 국어시험을 반복적으로 측정했을 때 측정결과로 얻은 점수가 유사하게 나와야 그 국어점수가 나의 국어능력을 비교적 정확하게 재고 있다고 말할 수 있고, 그 결과를 신뢰할 수 있게 되는 것이다.

이상적으로는 동일한 검사를 동일한 피험자에게 반복적으로 실시했을 때 동일한 점수가 나와야 하지만 모든 측정에는 오차가 존재하기 때문에 동일한 점수가 나오기가 힘들다. 시험 당일 피험자의 신체·심리적 상태가 다를 수 있고, 시험 환경이 영향을 미칠 수도 있다. 이처럼 우리가 예상하지 못한 방식으로 영향을 미치는 것을 무작위 오차라고 하며, 모든 측정에는 오차가 작용한다. 따라서 검사도구가 신뢰롭기 위해서는 오차의 작용을 최소화하는 것이 필요한데, 이를 객관도라고 한다.

3) 객관도(objectivity)

객관도(objectivity)란 평가자가 채점을 함에 있어 채점자의 주관이 작용하지 않는 정도를 말한다. 서술형시험이나 가창시험 등은 평가자가 피평가자의 수행에 대해 평가하는데, 이에는 평가자의 주관, 편견, 인상 등의 주관적 요인이 작용할 가능성이 있다. 이를 방지하기 위해 2명 이상의 평가자가 피평가자의 수행을 측정한 후 평가자 간의 일치성을 확인하는 것이 필요하다.

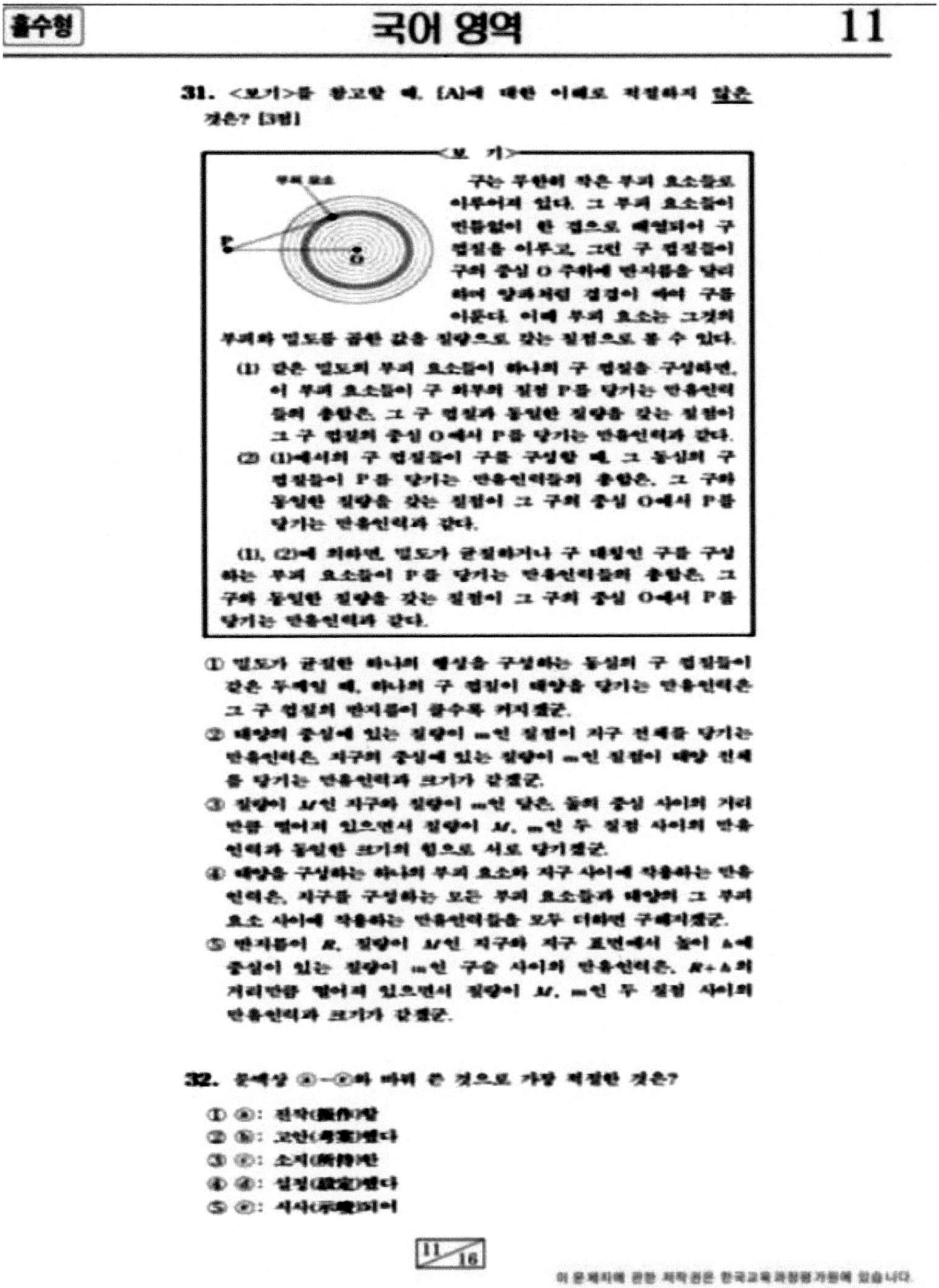

홀수형 **국어 영역** 11

31. <보기>를 참고할 때, [A]에 대한 이해로 적절하지 않은 것은? [3점]

<보 기>

구는 무한히 작은 부피 요소들로 이루어져 있다. 그 부피 요소들이 빈틈없이 한 겹으로 배열되어 구 껍질을 이루고, 그런 구 껍질들이 구의 중심 O 주위에 반지름을 달리하며 양파처럼 겹겹이 싸여 구를 이룬다. 이때 부피 요소는 그것의 부피와 밀도를 곱한 값을 질량으로 갖는 질점으로 볼 수 있다.

(1) 같은 밀도의 부피 요소들이 하나의 구 껍질을 구성하면, 이 부피 요소들이 구 외부의 질점 P를 당기는 만유인력들의 총합은, 그 구 껍질과 동일한 질량을 갖는 질점이 그 구 껍질의 중심 O에서 P를 당기는 만유인력과 같다.

(2) (1)에서의 구 껍질들이 구를 구성할 때, 그 동심의 구 껍질들이 P를 당기는 만유인력들의 총합은, 그 구와 동일한 질량을 갖는 질점이 그 구의 중심 O에서 P를 당기는 만유인력과 같다.

(1), (2)에 의하면, 밀도가 균질하거나 구 대칭인 구를 구성하는 부피 요소들이 P를 당기는 만유인력들의 총합은, 그 구와 동일한 질량을 갖는 질점이 그 구의 중심 O에서 P를 당기는 만유인력과 같다.

① 밀도가 균질한 하나의 행성을 구성하는 동심의 구 껍질들이 같은 두께일 때, 하나의 구 껍질이 태양을 당기는 만유인력은 그 구 껍질의 반지름이 클수록 커지겠군.
② 태양의 중심에 있는 질량이 m인 질점이 지구 전체를 당기는 만유인력은, 지구의 중심에 있는 질량이 m인 질점이 태양 전체를 당기는 만유인력과 크기가 같겠군.
③ 질량이 M인 지구와 질량이 m인 달은, 둘의 중심 사이의 거리만큼 떨어져 있으면서 질량이 M, m인 두 질점 사이의 만유인력과 동일한 크기의 힘으로 서로 당기겠군.
④ 태양을 구성하는 하나의 부피 요소와 지구 사이에 작용하는 만유인력은, 지구를 구성하는 모든 부피 요소들과 태양의 그 부피 요소 사이에 작용하는 만유인력들을 모두 더하면 구해지겠군.
⑤ 반지름이 R, 질량이 M인 지구와 지구 표면에서 높이 h에 중심이 있는 질량이 m인 구슬 사이의 만유인력은, $R+h$의 거리만큼 떨어져 있으면서 질량이 M, m인 두 질점 사이의 만유인력과 크기가 같겠군.

32. 문맥상 ⓐ~ⓔ와 바꿔 쓴 것으로 가장 적절한 것은?

① ⓐ: 전작(前作)할
② ⓑ: 고안(考案)했다
③ ⓒ: 소지(所持)한
④ ⓓ: 설정(設定)했다
⑤ ⓔ: 시사(示唆)되어

11/16

[그림 6-1] 2019학년 대입수학능력시험 국어영역 31번 문제

4) 실용도(usability)

실용도(usability)란 검사를 실시하고 채점, 해석 및 활용하는데 소요되는 시간 및 비용에 관한 효율성을 말한다. 어떤 검사도구가 타당하고 신뢰로우며 객관적이라고 할지라도 검사를 실시하는데 1주일이 소요된다거나, 검사를 1회 실시하는데 100만원 이상의 비용이 든다고 하면 그 검사를 사용하기가 어렵다. 따라서 실용도가 높은 평가는 검사를 실시 · 채점 · 결과 해석 및 활용하는데 시간과 비용, 노력이 적게 소요된다고 할 수 있다.

제7장

교수-학습이론

1. 학습
2. 교수
3. 교수방법

교육의 사전적 의미를 살펴보면 교육은 '지식과 기술 따위를 가르치며 인격을 가르치다(표준국어대사전)'로 정의된다. 그리고 교육하다는 강의하다, 지도하다 등과 유사한 언어로 사용된다. 이러한 교육의 의미를 살펴볼 때 교육에서 가장 중요하고 핵심적인 일은 가르치고 배우는 일, 즉 교수와 학습의 과정이라고 할 수 있다.

좋은 교사가 되기 위해서는 먼저 자신이 가르쳐야 할 내용에 대해 숙지하고 이를 잘 전달할 수 있어야 한다. 그러기 위해서는 교육을 통해 이루고자 하는 목표가 무엇인지 확인하고, 그 목표를 이루기 위해 어떤 내용을 어떠한 방법으로 가르칠지에 대해 계획을 세우는 것이 필요하다. 그리고 배운다는 의미의 학습은 어떤 의미를 갖고 있으며 학습이 일어나는 과정에 대해 이해하는 것이 필요하다. 따라서 이번 장에서는 교수-학습의 의미를 살펴보고, 효과적인 교수-학습과정을 위해 필요한 이론들을 살펴보고자 한다.

1. 학습

1) 학습의 개념

우리는 무엇인가 새로운 것을 배우거나, 기존에 알고 있던 지식을 확장시킬 때 학습한다는 말을 사용한다. 그렇다면 배운다, 학습한다는 것의 의미는 무엇일까? 이 의미는 학습을 바라보는 관점, 즉 이론에 따라 다르게 나타난다. 행동주의 이론에서는 학습은 조건과 자극의 연합에 의한 행동의 변화로 본다. 이에 반해 인지주의 이론에서는 학습은 외부의 새로운 정보가 두뇌 속에 새롭게 자리 잡는 것, 혹은 새로운 정보가 기존에 있던 지식과 연합하여 확장된 새로운 지식을 획득하는 것을 학습이라고 본다. 인간주의 이론에서는 한 개인이 경험하는 다양한 사건 속에서 자신에게 의미를 갖는, 지·정·체가 조화된 실존적 체험을 학습으로 본다. 그리고 힐가드(Hillgard)는 학습을 경험에 의해 야기되는 지속적인 행동의 변화로 정의하였다(Hillgard & Bower, 1975). 이러한 학습의 관점 및 정의를 살펴볼 때 학습에 대한 포괄적인 정의는 학습이란 경험이나 훈련의 결과로 발생하는 비교적 영속적인 행동의 변화를 의미한다고 할 수 있다.

이러한 학습의 정의를 통해 학습의 본질을 구체적으로 살펴보면 다음과 같다.

첫째, 학습의 결과로 행동의 변화가 수반되어야 한다. 여기에서 의미하는 행동의 변화는 한 개인이 운전을 할 수 있게 되거나 수영에서 자유형 등을 할 수 있게 되는 등의 행위의 변화(심동적 변화)와 어떤 강의를 듣고 자신의 가치관(정의적 변화)이 변화된 경우, 자신이 모르고 있던 만유인력의 법칙에 대해 알게 되는 것(인지적 변화) 모두를 의미한다.

둘째, 우리가 학습이 일어났다고 이야기할 때에는 행동의 변화가 일시적으로 일어나는 것이 아니라 일정기간 지속적으로 나타나야 한다. 예를 들어 학습자가 시험을 앞두고 밤샘 등 벼락치기 공부를 통해 방정식을 시험 당일까지 풀고 그 다음부터 방정식을 풀지 못한다면 이는 학습이 일어났다고 보기 어렵다.

셋째, 행동의 변화는 성숙에 의한 것이 아닌 연습·훈련·경험에 의한 것이어야 한다. 성숙은 자연적이고 유전적·생득적인 변화로 아동이 12개월 정도가 되면 걷게 되었을 때 이는 행동의 변화는 일어났으나 그 원인이 성숙에 의한 것이므로 학습으로 보기 어렵다. 또한 육상세계선수권 대회나 올림픽 등에서 경기를 치루기 전에 약물검사인 도핑테스트를 한다. 이는 선수가 내는 기록(행동의 변화)이 수많은 훈련과 연습의 결과로 인한 것인지 약물에 의한 것인지를 확인하기 위한 것이며, 만일 약물에 의한 것이라면 이는 학습으로 보기 어렵기 때문에 도핑테스트에서 양성 판정을 받은 선수의 기록을 누락시키고 있다. 이처럼 학습의 결과인 행동의 변화는 연습·훈련·경험에 의한 것이어야 한다.

학습을 도식화하면 다음과 같다.

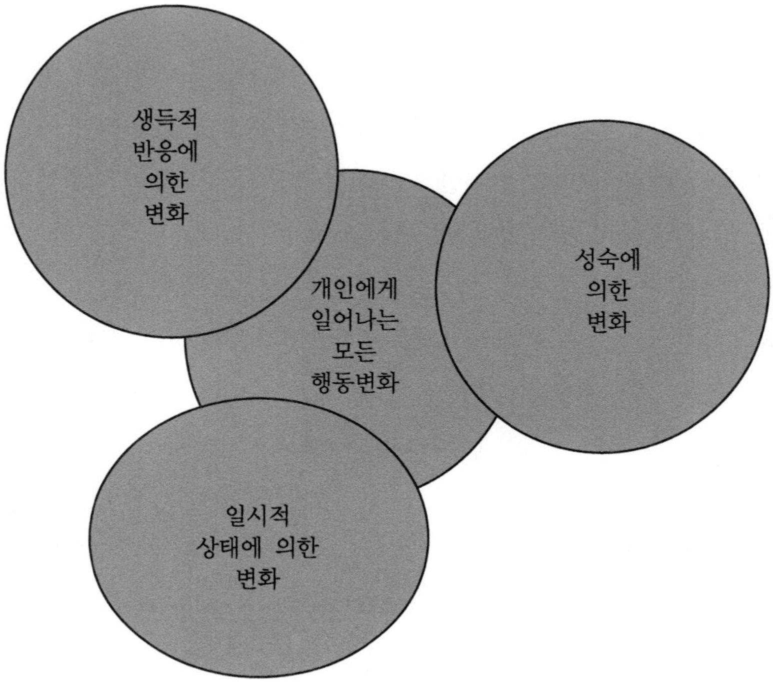

[그림 7-1] 학습의 의미 L=A-(B+C+D)

L : Learning
A : 개인에게 일어나는 모든 행동변화
B : 생득적 반응에 의한 변화
C : 성숙에 의한 변화
D : 일시적인 상태에 의한 변화

임승권(1999)은 학습이 일어나기 위해서는 다음의 두 가지가 전제되어야 한다고 하였다. 첫째는 동기로, 학습이 일어나기 위해서는 한 개인이 학습에 대한 동기가 있어야 한다. 동기가 있어야 해당하는 반응이 촉진되며, 반응의 방향이 설정될 수 있으며 그 결과로 학습이 일어나게 된다.

학습의 두 번째 전제조건은 강화이다. 강화는 반드시 있어야만 하는 것은 아니지만, 우리의 학습 경험을 볼 때 어떤 행동변화를 한 후 만족스러운 보상이 뒤따르는 경우 학습이 촉진되는 것을 알 수 있다.

2) 학습의 과정

우리는 쉽게 어떤 내용에 대해 '알고 있다', 혹은 '학습했다'라는 말을 사용한다. 그렇다면 어떤 내용에 대해 학습이 이루어지는 과정은 어떨까? 학습의 과정은 뇌에서 일어나기 때문에 눈에 보이지 않아 파악하기가 어렵다. 많은 학자들이 학습의 과정에 대해 연구하고 있는데, 최근 정보와 관련된 인간의 내적 처리 과정을 컴퓨터의 정보처리 과정에 비유한 정보처리 이론은 학습의 과정을 잘 보여주고 있다.

정보처리 이론에 의하면 우리는 일상 생활에서 수많은 정보를 먼저 감각의 형태로 받아들인다. 교수자의 설명과 관련된 청각, 동영상이나 PPT자료, 교재 속의 글씨 등을 인식하는 시각, 교실 내의 냄새 등 감각의 형태로 새로운 무수한 정보가 들어온다. 이렇게 입력되는 무수한 감각 정보 중에서 우리는 우리에게 중요하고 유의미한 정보에 주의를 기울이게 되는데, 이를 선택적 주의라고 한다. 이렇게 선택적 주의를 기울인 정보는 우리의 작업기억(단기기억)으로 보내지고, 작업기억에 안착된 정보는 반복해서 외우는 시연, 자신에게 유의미한 정보로 부호화 등의 인지활동을 통해 장기기억으로 간다. 장기기억에 들어간 정보는 그 정보가 필요한 경우에 꺼내어 쓸 수 있는데 이를 인출이라고 한다.

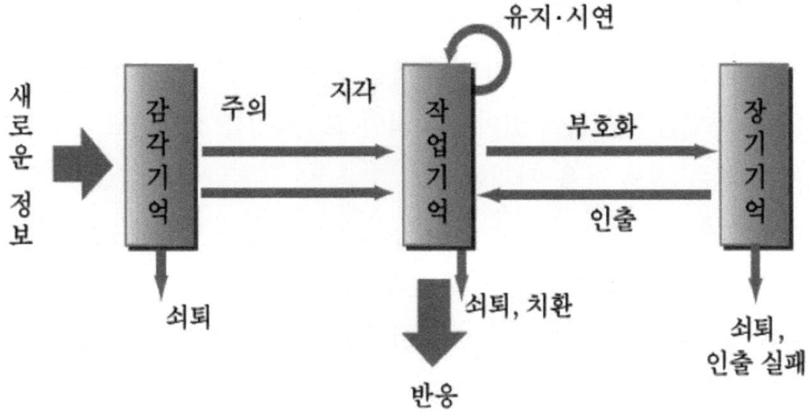

[그림 7-2] 정보처리모델

2. 교수

1) 교수의 개념

가네(Gagné, 1985)는 교수를 학습자의 내적 과정을 지원하기 위해 의도적으로 설계되고 정렬된 외적 사상의 집합이라고 정의하였다. 이병승 외(2015: 231)는 교수란 지식을 전달하고 학습자의 특정 태도와 행동을 형성하기 위해 의도적이고 조직적으로 피교육자의 학습을 유도하는 활동으로서 이 활동에 필요한 지식, 정보, 적절한 상황이나 조건을 준비하는 일과 학습을 촉진하도록 계획된 모든 활동으로 정의하였다. 위의 정의에 비추어 볼 때 교수 활동은 다음의 특징을 가지고 있다.

첫째, 교수는 행동의 변화, 그 중에서도 바람직한 행동의 변화를 목적으로 한다.

둘째, 교수는 학습자의 내적 학습과정에 초점을 맞추어 진행되어야 한다. 이는 교수를 설계하고 진행함에 있어서 학습자의 적성, 동기, 학습 양식 등의 특성을 적극 고려하여야 한다는 것을 의미한다.

셋째, 교수는 학습자의 외적 조건과 상황을 설계 · 개발 · 관리하는 적극적인 과정이라고 할 수 있다. 교수자가 짧게는 50분 수업을 진행하는 경우나 한 학기 동안 수업을 진행함에 있어 전체적인 교수과정을 설계하고 개발하며 이 과정에서 얻은 정보 등을 관리한다.

좋은 수업을 하기 위해 교사는 자신이 수업할 내용과 방식에 대해 체계적인 계획을 세우는 것이 필요하다. 이를 교수계획이라고 하는데, 이는 수업시간에 다루어야 할 내용은 어디부터 어디까지인지, 해당 내용을 설명하는데 어느 정도의 시간을 할애할 것인지를 결정하는 일부터 한 학기 동안 진행되어야 하는 사항(중간고사, 기말고사 등) 등까지 다양하다. 이러한 교수계획을 정확하게 지켜서 수업을 하는 일은 어려우며, 계획을 수립하는데 지나치게 시간과 노력을 들이는 등의 단점도 있지만 좋은 수업을 하기 위해서는 수업 목표, 내용 및 방법, 학습자에 대한 특성을 바탕으로 계획을 세우는 것이 필요하다.

교수계획은 다음과 같은 세 가지 측면에서 교사에게 유용하다(임규혁 · 임웅, 2017).

첫째, 교수계획은 교사의 정서적 · 심리적 안정에 도움을 준다(Clark, 1988). 만일 교사가 아무런 계획 없이 수업에 들어가게 된다면, 어떤 내용을 가르칠지, 어떤 말을 해야 할지 몰라 당황할 것이다. 그러나 효과적으로 수업을 계획하면 수업을 어느 정도 예측할 수 있기 때문에 이는 교사의 정서적 안정에 도움을 준다.

둘째, 체계적으로 디자인된 교수계획은 구체적이고 실제적으로 수업을 체계화하는데 도움을 준다(Eggen & Kauchak, 1992). 교사는 교수계획을 세움으로써 학습 주제를 확인하고 학습의 과정에 필요한 사항들을 결정하며, 필요한 자료를 모으는 등 수업 전반을 조직할 수 있다.

셋째, 교수계획은 전반적인 교수활동에 대해 지속적으로 피드백을 제공한다. 교사는 수업을 진행하면서 자신이 수업을 통해 의도한 목적이 제대로 달성되고 있는지, 왜 그러한 목표를 세웠는지 등을 끊임없이 고민하게 되는데, 이 과정을 숙고(reflection)라고 한다. 교수계획은 교사의 이러한 숙고하는 질문을 확인하는데 도움을 줄 수 있게 되고, 이렇게 확인하는 과정은 피드백의 역할을 하게 된다.

2) 교수의 3대 변인

라이겔루스와 메릴(Reugeluth & Merrill, 1979)은 교수의 변인을 조건, 방법, 결과의 세 가지 범주로 분류하여 다양한 변인을 포괄하였다.

(1) 조건변인

조건변인은 교과 내용의 특성, 목적, 학습자 특성 및 제약 조건 등과 같이 교사에 의해 통제될 수 없는 제약조건을 뜻한다. 먼저 교과 내용의 특성은 교과 내용이 다루는 지식과, 그 해당 지식의 구조는 어떠한지를 포함한다. 여기에는 개념, 원리, 절차 등의 내용적 측면과 ~을 하는 방법 등 절차적 지식이 포함된다.

목적이란 가르치고자 하는 지식 또는 기술의 수준이나 정도를 규정하는 것을 의미한다. 교사는 해당 교과 내용을 학생이 학습을 통해 어떻게 변화시킬 것인지에 대한 큰 그림을 가지고 있어야 하며, 해당 지식이나 기능을 어느 수준으로 가르칠지를 결정하는 것도 필요하다.

학습자의 특성은 각 학습자의 적성, 태도, 지속력, 학습동기, 선행학습 등을 포함하는 개념으로 교사는 수업이 시작되기 전과 수업을 진행하는 과정 중에 끊임없이 학습자의 특성에 대해 관찰하고, 이에 적합한 교수법을 제공하는 것이 필요하다. 또한 교사는 학습자 특성이나 수준을 있는 그대로 수용하는 것이 필요하다.

마지막으로 시간, 기자재, 교수 자료, 인원, 재정, 자원 등의 제약 조건도 고려해야 할 변인이다. 만일 교사가 학생들에게 해당 수업과 관련하여 학습자의 이해를 도모하기 위해 시청각 자료를 사용할 경우, 이러한 시청각 기자재가 교실 또는 학교에 구비되어 있는지를 사전에 확인하고, 만일 구비되어 있지 않을 경우 다른 방법을 강구해 보는 것을 말한다.

이처럼 교과 내용의 특성, 목적, 학습자 특성 등은 교사가 조절하거나 변경·수정할 수 있는 변인이 아니다. 이러한 조건을 조건변인이라고 한다.

(2) 방법변인

교수의 방법변인은 교사마다 개인차가 크게 나타나는 영역으로, 이는 서로 다른 조건에서 다른 결과를 성취하기 위한 다양한 길을 뜻한다. 앞서 설명한 교수의 조건변인은 교사가 통제하기 어려워 수용해야 하는 제약사항들이라면, 방법변인은 교사 개인이 노력과 창의성을 발휘하여 얼마든지 발전시킬 수 있는 변인이라고 할 수 있다. 교사의 방법변인에는 크게 조직전략, 전달전략 및 관리

전략이 있다.

조직전략은 수업의 내용을 구조화하는 것을 말한다. 구조화를 위해서는 교과 내용 분석, 학습자 수준 및 시간을 고려하는 것이 필요하다. 수업시간은 초등학교의 경우 45분, 중학교 이후부터는 50분으로 한정되어 있다. 이 한정된 시간 안에 학생들이 개념을 이해하기 위해서는 얼마만큼의 시간을 할애할 것인지, 활동을 할 경우 학생들에게 얼마만큼의 시간을 허용할 것인지를 결정하는 것을 말한다.

전달전략은 교사가 교과 내용을 학습자에게 잘 전달하는 효과성에 관한 전략이다. 교과내용을 전달하는 방식은 강의식 전달도 있고, 토론식 전달, 또는 매체를 통한 전달방식이 있을 수 있다. 교사는 해당 교과내용을 최대한으로 잘 전달할 수 있다고 판단되는 방식을 선택하고, 선택한 방법의 효과성을 확인하는 것이 필요하다.

마지막으로 관리전략은 앞서 교사가 구조화한 내용을 어떤 방식을 통해 전달할지를 결정하는데 필요한 정보를 제공하는 전략이다. 이는 어떤 내용의 과제를 어떤 전달방식을 통해 설명할 것이며, 어떤 조직방식이 어떤 학습자에게 효과적인지, 어떤 전달전략이 어느 정도 수준의 학습자에게 효과적이었는지에 대한 정보를 교수자가 체계적으로 관리하는 전략이다.

(3) 결과변인

결과변인(outcomes)은 서로 다른 교수 조건에서 사용된 여러 가지 교수방법이 어떤 면에서 어느 정도의 효과가 있는가를 나타내는 교수활동의 최종 산물이라고 할 수 있다. 결과변인은 주로 3가지 측면을 고려한다. 첫 번째는 효과성(effectiveness)으로 이는 수업을 통해 처음에 의도한 교육목표를 어느 정도 달성했는지와 관련된 것으로 학습자가 수업을 통해 목표한 지식이나 기능을 습득한 정도를 말한다.

두 번째는 효율성(efficiency)은 교수 효과가 어느 정도의 노력이나 시간 또는 비용을 들여 나타났느냐에 관심이 있다. 만일 의도한 학습목표를 달성하는데 A교수방법은 4시간이 소요되고, B교수방법은 8시간이 소요되었다면 A교수방식이 더 효율적이라고 말할 수 있다. 따라서 교사는 수업 등의 교수활동을 통해 학생들이 설정된 목표를 달성하도록 하고, 목표를 달성하는 과정에서 학습자가 교육을 받기 전보다 짧은 시간에, 보다 적은 비용과 노력으로 목표를 달성할 수 있도록 하는 것이 필요하다.

마지막은 매력성(appeal)으로, 이는 학습자가 학습을 지속하기를 원하는 정도에 따라 결정된다. 여기에는 학습자가 교과 내용에 대해 흥미를 느끼는 정도와 교수 전략을 이해하고 있는 정도도 포함된다. 교사는 학생이 교과내용에 흥미를 느끼고 매력적으로 느껴 지속적으로 참여할 수 있도록 교수 자료 및 매체, 교수방법 등을 설계하고 개발하는 것이 필요하다.

3. 교수방법

교수방법은 교수를 시작하기에 앞서 설정했던 목표를 학습자들이 가장 효과적으로 달성하기 위한 방식을 말한다. 동일한 교수방법이라도 학습자의 적성, 선수 학습 등의 학습자 특성에 따라 효과가 다르게 나타날 수 있다. 따라서 교사는 다양한 교수방법 및 각 교수방법의 장·단점에 대해 숙지하고 필요한 경우에 적절하게 사용할 수 있어야 한다.

1) 강의법(lecture)

강의법은 예전부터 지금까지 가장 널리 일반적으로 사용되고 있는 교수방법이다. 이는 해당 교과목의 전문지식을 가진 교사가 수업의 주체가 되어 자신이 알고 있는 지식을 학습자에게 주로 언어적 설명을 통해 전달하는 방식이다. 이 방식은 짧은 시간 내에 학생들이 학습해야 할 내용을 교과목의 전문지식을 가진 교사가 체계적으로 전달함으로써 빠르게 습득할 수 있다는 장점이 있다. 따라서 학습에 필요한 기초지식을 학습자가 가지고 있지 않은 새로운 단원을 학습하거나, 개념을 전달할 때에 사용하면 효과적이다.

그러나 교사가 학생들의 주의집중을 이끌어 내지 못하거나 흥미를 유발하지 못할 경우 수업에서 교사와 더불어 중요한 주체인 학습자가 소외될 수 있다는 단점이 있다. 또한 수업이 교사에 의해 일방적으로 주도되는 경우 학습자는 능동적인 학습의 기회를 잃게 될 수 있다. 그리고 교사주도의 수업이기 때문에 교사의 지식과 수업능력, 언어적 능력 등과 같이 교사 자질이 수업의 성패에 결정적인 영향을 미치게 된다는 단점이 있다.

2) 토의법(discussion)

토의법은 특정 문제나 주제에 대해 자신의 의견을 말하고, 다른 사람의 의견을 들으면서 상호 비판적인 의견을 교환함으로써 가장 적합하다고 판단하는 결론에 이르는 학습방법이다. 토의법은 인지적 · 정서적 · 사회적 가치가 있다(정황순 외, 2013). 인지적 측면으로는 학습자들이 토론을 통해 다른 학습자들의 의견을 들음으로써 자신이 알지 못했던 지식과 정보를 획득할 수 있게 되는 기회가 된다. 그리고 토의법은 주로 찬반이 팀을 이루어 진행됨으로 자신이 속한 팀원들과의 협동학습을 통해 소속감과 유대의식을 느낄 수 있다. 마지막으로 상호 의견 교환을 통해 합의에 도달하는 과정을 경험함으로써, 민주주의 사회 구성원으로서 습득해야 할 기능과 타인의 의견을 존중하는 태도 등을 습득함으로써 사회 구성원으로서의 의식 및 집단에 대한 긍정적인 태도를 형성할 수 있다.

그러나 서로 의견을 주고받는 과정 중에 상대편 의견에 대한 인식공격적인 언행이 이루어지거나 토의의 핵심 주제를 벗어나서 토의가 진행될 경우 원했던 목표를 이루지 못할 수 있다는 단점이 있다. 이러한 단점을 극복하기 위해서는 교사가 토의의 사회자로서 중재 역할을 잘 해야 하며, 토의의 목적, 핵심 주제 등을 사전에 학생들이 잘 숙지할 수 있도록 도와주는 것이 필요하다.

토의법의 형식으로는 집단토의, 패널디스커션(panel discussion), 토론회, 심포지움 등이 있다. 집단토의는 자유로운 분위기 속에서 토론이 이루어지는 형태를 말하며, 패널디스커션은 집단 전체가 토론에 참여하는 것이 아니라 소수의 구성원(panel)이 토론에 참여하는 형태를 말한다. 심포지움은 토론이 일반적으로 찬반 양론으로 이루어지는 것에 반해, 3개 이상의 의견이 있으며 각 의견을 대표할 수 있는 대표자가 나와 토론을 하는 방식이다.

3) 질문법(questioning)

질문법은 교사와 학습자, 혹은 학습자와 학습자 사이의 언어적 상호작용을 매개로 하여 교사가 질문하고 학습자가 답을 하거나, 학습자가 질문하고 교사가 답을 하거나, 혹은 학습자가 질문하고 학습자가 답하는 방식으로 수업을 진행하는 것을 말한다.

교사는 질문법을 통해 학생들의 주의를 환기시키고 집중을 이끌어 낼 수 있으며, 질문에 적절한 답을 하는 학생에게 학용품을 주거나 칭찬을 해 주는 등의 보상을 통해 학습 동기를 유발할 수 있다. 또한 학습자는 자신이 어렴풋이 이해했던 내용을 교사에게 질문함으로써 명확하게 개념을 이해할 수도 있으며, 다른 학습자의 질문에 답해 줌으로써 자신의 지식을 확장시켜 나갈 수 있다는 장점이 있다.

그러나 학생 수가 많은 경우에는 모든 학생들이 질문법으로 이루어지는 수업에 참여하기가 어렵다는 단점이 있으며, 학 학생이 질문을 독점할 경우 다른 학생들은 수업에서 소외될 수 있다. 교사는 이러한 점들을 고려하여 가급적 수업에 참여한 학생들 모두가 질문하고 답할 수 있는 기회를 주기 위해 노력해야 한다.

4) 시범(demonstration)

시범은 학습자가 학습해야 할 바람직한 행동양식을 교사가 먼저 보여주고 학습자는 교사의 행동양식을 관찰하여 기억하는 등의 모방학습을 통해 그 행동양식을 그대로 재현하는 학습방식이다. 체육시간에 줄넘기하는 모습이나 뜀틀 뛰는 모습을 교사가 보여주는 것, 과학시간에 현미경을 조립하는 법 등을 교사가 보여주는 것 등이 시범의 예라고 할 수 있다. 이처럼 시범은 실제적인 동작으로 표현되기 때문에 개념이나 원리보다는 기능을 가르치는데 효과적이며, 추상적이고 사실적인 지식보다는 절차적 지식을 가르치는데 효과적이라고 할 수 있다. 최근에는 유튜브 등의 영상매체의 발달로 인해, 교사가 시범의 주체가 되지 않더라도 동영상 등을 보며줌으로써 학습하는 것이 가능해졌다.

교사가 시범을 보일 때에는 가급적 실수하지 않고 정확하고 바람직한 동작을 보여주도록 노력하는 것이 필요하다. 그리고 학생들이 교사의 시범을 본 후 재현할 때에는 학생들의 반응이나 문제점 등을 관찰하여 피드백을 줄 수 있어야 한다.

5) 거꾸로 교실(flipped-learning)

거꾸로 교실은 최근 학교현장에 '배움의 공동체 수업', '하부르타식 수업' 등과 함께 교육현장에서 주목할 만한 큰 반향을 일으킨 교수방법으로, 2014년 KBS 다큐멘터리 파노라마팀의 〈21세기 교육혁명-미래교실을 찾아서〉 시리즈를 통해 널리 알려지게 되었다.

거꾸로 교실은 무크(MOOC; Massive Open Online Course) 등을 이용하여 학생이 수업에 들어오기 전에 학습할 내용을 미리 온라인 강의(디딤돌 영상) 등을 통해 학습하고, 실제 수업시간에는 온라인 강의에서 학습한 내용을 바탕으로 토론을 하거나, 실제적인 문제풀이를 하는 등의 방식으로 수업이 이루어지는 것을 말한다. 기존의 전통적인 수업에서는 교실이라는 공간에서 교수자의 강의가 주를 이루고, 교실 밖에서 문제풀이 활동 등이 주를 이루는데, 이와 반대로 교실에서는 학습자의 토론이나 실제적인 문제풀이 과정이, 교실 밖에서는 디딤 영상을 통한 개념 및 주요 원리를 학습하도록 되어 있는 것이다. 이는 기존의 전통적 수업방식이 교사가 지식 전달자가 되어 수업을 진행하던 것과는 다르게 학생이 수업의 주체가 되며 교사는 지식 전달자가 아닌 학습 촉진자로서의 역할을 한다는 점에서 전통적 수업과 다르다고 할 수 있다. 이 수업방식은 학생이 학습 과정에 적극적으로 참여함으로써 학업에 대한 의욕이나 동기가 없어 수업 및 학업에 몰두하지 못하는 학생들에게 효과적이라고 할 수 있다. 그동안 거꾸로 교실은 중·고등학교를 중심으로 운영되어 왔으나 최근에는 대학에서도 거꾸로 교실 등을 활용하려는 시도가 있으며, 김은지(2018)의 연구에 따르면 거꾸로 교실은 대학교 수업에서도 효과적인 것으로 나타났다.

[부일 청소년 리포트] 교육 변화 이끄는 방과후 토론교실

〈의사소통능력을 기르고, 우리 사회의 바람직한 모습에 대해 의견을 나누는 방과후 토론교실〉

학교가 달라지고 있다. 주입식 교육, 교사 중심의 강의식 교육이 학생들의 잠재력을 해친다는 평가에 따라 교육의 방식이 조금씩 변하는 것이다. '거꾸로 교실', '소통의 창을 여는 교실' 등 학생이 주도적으로 참여하는 수업을 통해 사고력과 창의력을 이끌어 내고자 하는 것이 교육의 최근 흐름이다.

이런 교육 현장의 변화에 대응하고 학생들의 잠재력을 길러 주기 위해 부산 남구 해연중학교(교장 강성애)에서도 방과 후 토론교실을 운영한다. 여기에서는 민주시민으로서의 역량 함양이라는 목표 아래 매시간 다양한 분야의 주제 토론을 통해 의사소통능력을 기르고, 우리 사회의 바람직한 모습에 대해 의견을 나눈다.

해연중, 토론교실 운영 이후 사고력 · 의사소통능력 함양

올 9월 1일 배정고에서 열린 고등학생 독서 토론 대회와 9월 8일 부산 해운대기계공고에서 열린 고등학생의 '다같이 독서토론리그'를 관전하는 등 더욱 능숙하고 깊이 있는 토론을 하기 위한 다양한 기회를 갖는다.

방과후 토론교실을 지도하는 윤원위 도덕 교사는 "유연하고 창의적인 학생을 가르치는 것이 인생의 행복"이라며 "앞으로도 토론교실을 계속 진행하고 싶다"고 말했다.

토론교실에 참여하는 손예원(2학년) 학생은 "방과후 토론교실을 통해 성장해 가는 나를 볼 수 있어 기쁘다"며 "앞으로 견해가 다른 사람들과 의사소통을 하고 그들에게 나의 의견을 자신 있고 논리적으로 말하기 위해 더 노력할 것"이라고 말했다.

학생들은 방과후 토론교실을 통해 타인을 배려하고 설득하면서 소통하는 법을 깨우치고 있다. 앞으로 학생 주도적인 교육활동이 활성화되어 미래사회의 밑거름이 되었으면 한다.

출처: 교육변화 이끄는 방과후 토론교실(2018. 11. 05). 부산일보.

제8장

다문화 교육의 이해

1. 다문화 가정의 현황
2. 다문화 교육의 개념 및 필요성
3. 다문화 교육의 변천과정
4. 다문화 교육의 목표와 교육과정
5. 유아 다문화 교육의 이론과 실제
6. 우리나라 다문화 교육 지원계획

1. 다문화 가정의 현황

1) 국내 체류외국인 현황

국내 체류외국인의 숫자가 매년 늘어 2017년 현재 체류외국인(단기방문 외국인 포함)은 218만 명으로 우리나라 주민등록 인구 5,178명의 4.2%에 해당하는 수치를 보이고 있다. 100명 중 4.2명이 외국인이라는 통계는 전체 인구가 211만 명인 충청남도보다 많은 인구이다.

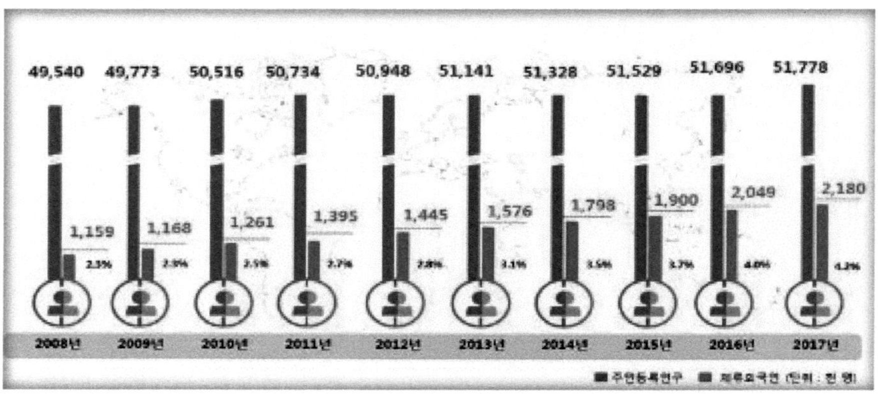

[그림 8-1] 인구대비 체류외국인 비율
출처: 법무매거진(2018. 01. 29)

국가별로는 중국인이 1,018074명(46.7%)으로 가장 높은 수치를 나타내고 있으며, 베트남 169,738명(7.7%), 태국 153,259명(7.0%), 미국 143,568명(6.6%), 우즈베키스탄 62,870(2.9%), 필리핀 58,480(2.7%) 등의 순이다. 특히 베트남 출신 체류외국인들이 가장 큰 폭으로 인구가 증가하고 있다. 통계에 의하면 국내에 91일 이상 거주하는 장기체류인은 1,538,098명이며, 이 중에서 1년 이하로 체류하는 외국인이 507,602명(32.0%), 1년 초과 3년 이하 453,648명(28.7%),

3년 이상 621,848명(39.3%)으로 3년 이하로 체류하는 외국인이 전체의 60.7%를 차지하고 있다.

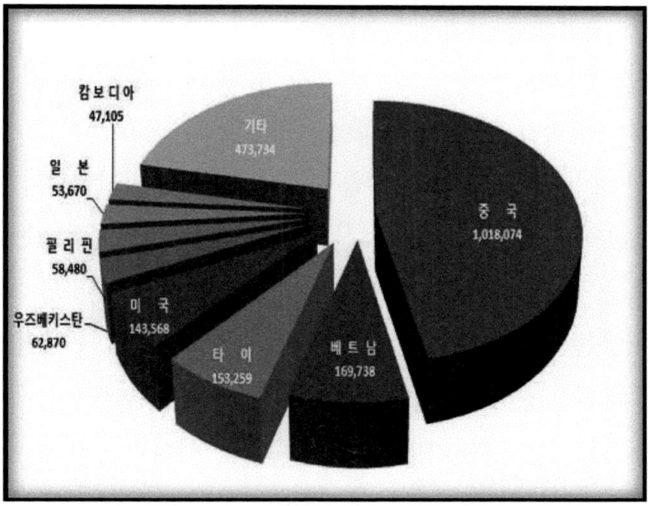

[그림 8-2] 체류외국인 국적별 현황
출처: 법무매거진(2018. 01. 29)

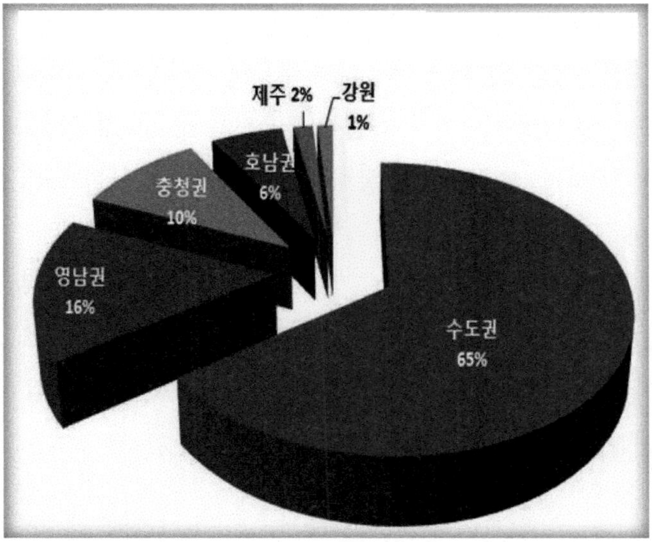

[그림 8-3] 장기체류 외국인 거주 분포도
출처: 법무매거진(2018. 01. 29)

장기체류 외국인의 권역별 거주 현황은 수도권 1,032,755명(65.2%), 영남권 256,703명(16.2%), 충청권 157,551명(10.0%), 호남권 91,475명(5.8%), 제주 24,729명(1.6%), 강원 19,885명(1.3%) 순이었다.

전년 대비 증가율을 보면 수도권이 37,967명(3.8%), 충청권 11,353명(7.8%), 호남권 2,785명(2.8%), 제주 2,379명(1.6%), 강원 1,380명(7.5%)로 증가하였으며, 영남권만이 유일하게 3,305명으로 1.3%로 감소하였다.

특히 난민법이 시행된 2014년 7월부터 난민 신청자 수는 증가하기 시작하여 2016년 7,541명에서 2017년 난민 신청자수는 27,153명으로 1994년 4월 최초로 난민신청을 접수한 이래 전체 난민 수 32,733명의 82.9%를 차지하고 있다. 난민 신청사유는 종교(8,193명), 정치적 사유(7,088명), 특정 구성원(3,620명), 인종(2,170명), 국적(88명) 등의 순을 보이고 있다. 이에 점점 늘어나는 난민 신청자들에 대한 관리나 지원대책의 마련도 현재로서는 체계적인 대책 마련이 필요한 시점이다.

2) 다문화 가정 자녀

국제결혼 등을 통한 외국인 주민 자녀 현황을 행정안전부 자료(2017)에 의하면 201,333명으로 귀화하였거나 아직 외국국적을 보유하고 있는 귀화 및 외국국적 자녀가 9,784명(4.9%), 출생과 동시에 한국국적을 취득한 국내 출생 자녀가 191,459명(95.1%)이다.

표 8-1 외국인 주민 자녀 현황

(단위 : 명)

합 계			귀화 및 외국국적 자녀			국내출생 자녀		
소계	남	여	소계	남	여	소계	남	여
201,333	102,961	98,372	9,874	4,683	5,191	191,459	98,278	93,181

출처: 행정안전부(2017. 11. 16)

부 또는 모의 국적별로 자녀 현황을 보면 베트남 56,468명(28%), 중국 37,963명(18.9%), 한국계 중국인 36,610명(18.2%) 순으로 중국계 자녀가 많은 것으로 나타난다.

표 8-2 부 또는 모의 국적별 외국인 주민 자녀 현황

(단위 : 명, %)

계	베트남	중국	중국(한국계)	필리핀	일본	캄보디아	미국	몽골
201,333	56,468	37,963	36,610	20,146	9,485	6,909	5,874	2,719
구성비	28.0	18.9	18.2	10.0	4.7	3.4	2.9	1.4

출처: 행정안전부(2017. 11. 16)

또한 외국인 주민 자녀는 경기 26.0%(52,446명), 서울 15.3%(30,761명), 인천 6.2%(12,440명) 등 주로 수도권에 47.6%(95,647명)이 거주하고 있는 것으로 나타났다. 외국인 주민 자녀가 많이 거주하는 시·군·구는 안산시가 5,390명, 수원시 4,256명, 부천시가 3,746명, 창원시가 3,365명으로 나타났다.

외국인 주민 자녀의 연령별 현황을 보면 미취학아동(만 6세 이하) 56.4% (113,506명), 초등학생(만 7~12세) 28.2%(5,768명), 중·고생(만 13~18세) 15.4%(31,059명) 이다.

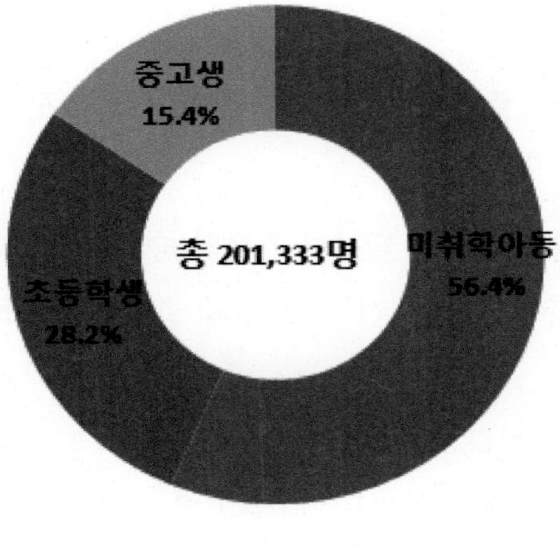

[그림 8-4] 외국인 주민 자녀의 연령별 현황
출처: 행정안전부(2017. 11. 16)

다문화 가구원은 963,174명으로 한국인 배우자 298,858명(31.0%), 결혼이민자 158,620명(16.5%), 귀화자 151,002명(15.7%), 자녀 199,161명(20.7%), 기타 동거인 155,533명(16.1%)으로 구성되어 있다. 다문화 가구는 귀화의 방법으로 국적을 취득한 자, 또는 외국인이 한국인(귀화자 포함) 배우자와의 혼인으로 이루어진 가구 또는 그 자녀가 포함된 가구이며, 다문화 가구원은 다문화 가구의 구성원으로써, 집단 시설에 거주하고 있는 다문화대상자나 자녀는 포함되지 않는다. 또한 기타 동거인은 한국인 배우자의 직계존속 또는 외국인 배우자의 직계존속 등 다문화 가구 구성원이나 한국인 배우자, 결혼이민자, 귀화자, 자녀가 아닌 동거인 등을 포함하는 말이다.

표 8-3 다문화 가구 가구원 현황

(단위 : 명)

합계	한국인배우자	결혼이민자	귀화자	자녀	기타 동거인
963,174	298,858	158,620	151,002	199,161	155,533
구성비	31.0	16.5	15.7	20.7	16.1

출처: 행정안전부(2017. 11. 16)

3) 다문화 가정 증가의 긍정적인 측면과 부정적인 측면

이러한 이주민 증가로 인한 다문화 가정의 증가로 인하여 나타나는 긍정적인 측면과 부정적인 측면을 김이선 외(2010)의 생각에 근거하여 정리하면 다음과 같다.

첫째, 노동력 공급이나 세계화 시대에 요구되는 문화 간 역량을 지닌 인력 공급을 들고 있다. 즉 우리나라의 청년들이 기피하는 이른바, 3D직종에 필요한 노동인력을 공급받을 수 있다.

둘째, 경제 사회발전에 따라 점차 중요성이 커지고 있는 문화적 다양성 증진으로 다문화 역량 강화 증가, 즉 문화적 배경을 달리하는 이들이 함께 어울리면서 문화적 다양성을 긍정적 방향으로 구현할 수 있는 가능성을 말하고 있다. 이제는 글로벌 시대이며 다양한 민족과 문화 간의 교류를 통해 이른바 퓨전 문화를 이루어 나갈 수 있다는 것을 말하는 것이다. 서로 어울리면서 새로운 문화를 창출해 낼 수 있다는 것이다.

셋째, 세계화 시대를 살아가는 시민으로서의 자질을 높이고 대내외적으로 한국문화의 특수성 역시 발전할 수 있다는 점을 부각시켰다는 점을 들고 있다. 세계 곳곳의 사람들과의 교류를 통해 각 사람들 간의 긍정적인 소통을 함으로써 글로벌 시대에 적합한 여러 가지 자질을 학습할 수 있으며, 우리나라의 고유한 문화를 알리는 측면에서는 긍정적이라고 볼 수 있다.

반면에 부정정인 영향으로는 다음과 같다.

첫째, 서로 다른 문화의 사람들이 만나면서 겪는 문화적 충돌로 인한 사회적인 관계형성의 문제, 또한 이러한 것들이 사회적인 이슈가 되거나 정치영역에서도 문제점을 제기하는 것을 볼 수 있다.

둘째, 경제적 수준이 낮은 계층을 중심으로 국제결혼이 급증하고 있으므로 오히려 이러한 가정에 대한 체계적인 지원이 이루어지지 않는다면 이러한 다문화 가정은 저소득층으로 고착될 가능성이 있다는 면이다.

셋째, 다문화 가정의 대부분이 의사소통의 문제를 겪고 있으므로 이러한 문제가 해결되어지지 않는다면 한국인들과 원활한 관계형성 역시 쉽지 않아 사회적으로 고립되어질 뿐만 아니라 그 자녀들 역시 소외계층으로 고착되면서 교육의 현장에서도 부적응의 문제가 유발되어 사회 전반에 부정적인 영향을 미칠 가능성이 있다.

넷째, 이러한 문제가 정치적인 쟁점으로 비화되어 사회적 갈등을 불러일으킬 소지도 배제할 수 없다는 것을 지적하고 있다.

따라서 본 장에서는 다문화 가정이 증가하면서 더불어 증가하는 다문화 가정

유아들의 다문화 교육 측면(다문화 유치원 포함)에 중점을 두고 알아보고자 한다.

2. 다문화 교육의 개념 및 필요성

1) 다문화 교육의 개념

우리나라의 사회가 다문화 사회로 이행되면서 다문화 교육의 필요성은 꾸준히 제기되어지고 있다. 다양한 가치관과 다양한 문화적 배경을 가진 사람들이 함께 살아나간다는 것은 결코 쉬운 일이 아니다. 또한 지난 10여 년간 현장에서 이루어진 다양한 다문화 교육의 문제점을 극복하려는 노력에도 불구하고 아직도 여러 가지 문제점들은 사회 곳곳에서 제기되어지고 있다. 그럼 먼저 다문화 교육이란 것은 무엇인가에 대해 정의를 내려 보고자 한다.

다문화 교육의 대표적인 학자 Banks(2004)는 다문화 교육을 "다양한 문화적, 인종적, 경제적 배경을 가진 학생들의 교육적 형평성을 제고하기 위한 개혁"으로 정의하고 있다. 또한, 뱅크스(Banks, 2006)는 다문화 교육의 성격을 다음과 같이 설명하고 있다. 다문화 교육은 인종, 민족, 성, 언어, 사회, 계층, 종교 등과 관계없이 학교교육의 평등한 기회를 제공하는 것을 목표로 교육과정이나 수업 등을 통한 학교의 변화를 모색함으로써 모든 학생들이 학교에서 동등한 성공경험을 가질 수 있도록 하는 개혁이며, 완벽하게 달성될 수 없는 계속적인 노력과정이라고 설명하고 있다.

다문화 교육을 교육의 개혁이라고 정의하고 있으므로 현재의 교육체계로는 다문화 사회에 살고 있는 아이들에게는 좀 더 보완되어진 교육이 필요하다. 즉, 다문화 가정의 자녀가 증가하면서 오늘날 학생들은 다양한 인종, 다양한 문화적 배경의 아이들과 같이 더불어 지내면서 필요한 가치와 태도, 지식은 무엇인지에 대한 성찰이 중요하며, 다문화 교육은 인간 개개인의 최대한의 성장이라는 목표를 전제로 교육의 기회가 모두에게 평등하게 부여될 수 있도록 다양한 학교의 변화 방안을 모색하는 것이다. 그러므로 넓은 의미에서의 다문화 교육은 다양한 문화적 차이를 지닌 학생들이 학교에서 평등한 교육의 기회를 갖도록 교육의 구조를 바꾸려는 생각과 개혁운동 및 그 과정을 말하는 것이고 좁은 의미에서는 학교교육과정의 개정을 주로 뜻한다.

2) 다문화 교육의 필요성

우리나라에서는 이미 외국인 주민, 다문화 가정이 증가에 따른 다문화가족정책이 시행되어진지 10년이 지나고, 이제는 다문화가족정책이 성장에서 성숙의 단계로 진입함에 따라서 결혼이민자 초기정착 지원에서 다문화 가족 성장에 대비한 성장주기별 자녀 지원 대책이 필요한 시점이 되었다. 우리나라가 이렇게 다문화 사회로 진입하여 이주민 정착이 시행된 배경은 다음과 같다.

첫째, 세계화이다. 세계 시장의 형성과 더불어 교통과 통신수단의 발달, 자본이나 물자 교류 등의 확산으로 인적 자원이 국경을 넘는 현상이 더욱 빈번하게 이루어지므로 수출중심 경제 위주인 우리나라는 국내 기업의 해외진출, 세계 각국과의 경제협력에 주력했고 이 시기부터 국내 노동시장 인력난 해소를 위해 다른 나라의 노동력을 받아들이게 되었다.

둘째, 외국인 근로자(이주노동자)를 1993년부터 외국인산업연수생제도를 도입함으로써 외국인 근로자(이주노동자)가 증가하였으며, 2003년부터 외국인 근로자의 고용 등에 관한 법률제정 고용허가제가 실시되었고, 국내에서 일할 사람을 찾지 못한 기업이 일정 규모의 외국 인력을 고용할 수 있도록 하여 3D업종을 중심으로 국내 체류외국인 근로자가 증가하게 되었다.

셋째, 결혼이주민 증가이다. 1990년대 농촌지역 남성들이 배우자를 찾기가 어려워진 현실을 반영하여 농촌 되살리기 운동의 일환으로 농어촌 총각과 중국

교포 여성 성혼 산업을 추진하였으며, 이후 저출산 고령화 및 혼인 수급의 불균형 등으로 외국인과 결혼하는 국제결혼이 빠른 속도로 증가하고 있다. 2000년대 들어서 국제결혼 중개업자들이 개입하면서 국제결혼은 크게 증가하기 시작하였고 필리핀, 베트남, 태국, 몽골, 러시아, 우즈베키스탄 출신 여성 결혼이민자들이 큰 폭으로 증가하기 시작하였다. 그리하여 1990년에는 전체 결혼 대비 국제결혼이 1.2%였으나 2010년대에는 전체 혼인의 10%를 차지하게 되었다.

넷째, 조선족 동포의 증가이다. 조선족은 혈통상으로는 한민족이지만 국적상으로는 중국 국민이다. 1992년 한 · 중수교를 계기로 조선족의 한국 입국이 합법화되면서 초반에는 친척 방문이 주목적이었으나 1990년대 중반부터는 국내 정착이 주를 이루었다. 그러다 2007년부터 동포에 대한 배려와 우대 차원에서 방문업체를 통해 출입국과 취업 문호가 확대 · 개방되었다. 또한 2000년대 후반부터는 학계간 교류에 따른 유학생, 한국의 농촌 공동화 현상으로 인한 국제결혼의 증가로 유학과 결혼 목적으로 입국하는 조선족 수도 증가하였다.

다섯째, 유학생 증가이다. 국내 대학들이 학생 수 부족을 메우기 위하여 또한 대학간의 교류를 위해 유학생 유치를 통한 경쟁력 제고를 꾀하면서 국내 체류 유학생이 꾸준히 증가하고 있다. 이러한 이유로 다문화 가정이 증가하면서 다문화 교육에 대한 체계적인 접근이 필요하게 되었다.

우리나라는 단일민족 국가로서 오랫동안 동일한 문화와 역사를 공유해 왔으며, 단일민족의 우수성을 다음 세대에 전하는 것을 중요한 교육내용으로 삼아왔으나 현재 우리사회의 민족적 · 문화적 혼재현상은 급속하게 다양화되어지고 있으며, 다문화 교육에 대한 필요성이 절실하게 되었다.

다문화 교육의 필요성은 사회 전체적인 측면에서 사회적 갈등을 줄이고 사회통합에 기여할 수 있는 방안을 제시해 줄 수 있다. 특히 오랫동안 단일민족을 유지해 온 한국사회에서는 다문화 가정의 자녀들은 민족의 불일치는 물론 언어와 문화에서도 불일치를 경험할 수밖에 없다. 또한 문화적인 주류계층보다는 사회적 하류층에 속할 가능성이 많기 때문에 다문화 교육은 사회적 갈등을 줄이는데 매우 중요하게 작용한다. 또한 개인의 인권차원에서 다양한 문화적인 배경을 가진 학생들 개인의 교육권과 학습권을 보장하여 민주적 가치와 태도를 길러 줄 수 있으며, 문화적인 측면에서 본다면 오랫동안 단일민족과 단일문화를 고수해 온 한국사회에서 다문화 교육은 다양한 문화와의 접목을 통해 새로운 문화의 창조를 위한 시발점이 될 수 있다.

위에서는 다문화 교육의 필요성을 전반적인 차원에서 살펴보았으며, 다음에는 유아 다문화 교육에 중점을 두고 유아 다문화 교육의 필요성을 살펴보고자 한다. Ramsey(2004, 134-136)에 의하면 유아 다문화 교육의 필요성을 유아의 정체성 형성에서 찾는다. 우리가 일반적으로 발달적인 측면에서는 정체성 발달을 청소년기의 발달과업으로 보지만 자아정체성의 시작은 이미 유아기에 시작됨을 부인할 수는 없다. 어렸을 때 접한 문화적 환경, 즉 부모, 교사, 또래집단 등이 자신을 어떻게 대하느냐에 따라 개인의 자아개념이 형성되어지고 자아정체성이 형성되어진다. 또한 이러한 자아정체성 형성에 가장 큰 영향을 주는 환경은 언어적 환경 등 개인이 속한 주변의 문화적 환경이다. 이러한 시기에 형성된 자아정체성은 그 개인이 그 사회에 잘 적응하여 살 수 있는지를 결정하기 때문에 유아 다문화 교육의 중요성은 아주 중요하다. 일반 유아들이 다문화 가정의 아이들에 대한 이해 없이 어른들의 편견을 따라 한다면 아이들은 인종이나 성, 계층, 외모 등 서로에 대한 이해 부족으로 여러 가지 문제점을 일으킬 수 있기 때문이다. 다양성을 인정하고 편견 없이 받아들이면서 편안하게 상호작용을 할 수 있도록 도와주어야 하기 때문에 유아기의 다문화 교육은 더욱 필요하다고 볼 수 있다.

3. 다문화 교육의 변천과정

다문화 교육의 변천과정은 20세기 미국의 이민과 이주 역사와 함께 시작되었으며, 이 시기는 제1차 세계대전(1914~1918)과 제2차 세계대전(1939~1945) 전후(前後) 인종·민족 집단 간 갈등과 이를 없애기 위한 초기의 집단 간문화(間文化) 교육의 등장에 그 뿌리를 두고 있다. 이후 다양한 이주민의 대량 유입으로 미국 사회 자신을 '멜팅 팟(melting pot)'으로 인식하고 동화주의적 가치를 표방한 관점이 지배적인 시기였다(전숙자 외, 2009).

'멜팅 팟(여러 가지가 녹아있는 남비)'이란 다양한 인종이나 문화 등의 여러 요소가 하나로 융합 혹은 동화되는 현장이나 장소를 말하며, 미국에 이민 온 이민자들의 문화나 언어가 미국이란 큰 그릇에 담겨 녹아져 새로운 문화를 창조한다고 생각했기 때문이다. 그러나 1970년대 이후 여기에 이의를 제기해 '샐러드 볼(salad bowl, 샐러드는 여러 가지가 함께 섞여 있지만 각자 독특성을 유지하고 조화를 이룬다는 점에 착안)'이라는 대안 은유를 내놓았다.

20세기 전반기의 교육은 백인의 문화가 주류 문화로, 소수민족이 미국사회에 동화되어질 수 있는 내용을 제시하는 교육이 이루어졌으나, 이후 20~30년 후 흑인정치가나 교육자들 사이에서 유색인종 학생들에게 비판을 받기 시작하여 미국 교육과정은 점차 동화주의 교육과정에서 벗어나 다양성에 눈을 돌리기 시작하였다. 본격적으로 현재 다문화 교육의 이론과 이념의 바탕이 되는 다문화 교육이 발생하기 시작한 것은 1950~1960년대 미국 민권운동 시기라고 할 수 있다(Banks, 2007). 이러한 배경 아래 이루어진 교육과정의 흐름을 보면 다음의 같다.

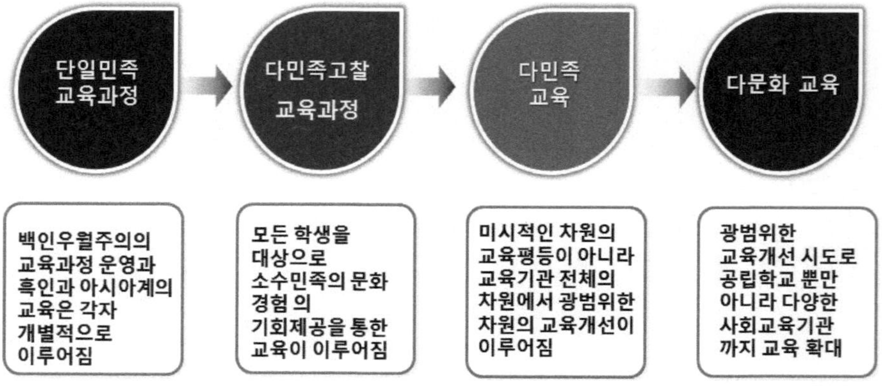

[그림 8-5] 다문화 교육과정의 변천과정

이러한 과정들을 통해 미국의 다문화 교육은 역사적 배경을 반영하여 단계가 변화되었다는 것을 알 수 있으며, 동시에 다문화 교육의 범위도 시대적인 문화를 포함하며, 이전 단계에 있던 다문화 교육의 요소들은 계속 존재하며 이후 단계의 교육에 포함된다는 것을 인식할 수 있으며, 유아교육에 있어서도 계속적으로 다문화적인 접근을 위한 노력들이 이루어지고 있다.

4. 다문화 교육의 목표와 교육과정

1) 다문화 교육의 목표

다문화 교육의 대표적인 학자인 뱅크스(2004)는 다문화 교육을 통해 이루려는 목표를 다음과 같이 제시하고 있다. 첫째, 다문화 교육의 바탕은 자신을 반성하고 성찰하는 과정을 통해 자신을 더 잘 이해할 수 있는 것이라고 설명하고 있다. 둘째, 현재 학교교육을 통해 이루어지고 있는 교육은 지배적인 계층의 가치관과 생각에 초점을 맞추어 왔으나, 새롭게 도래하는 비주류 문화도 고려하여 다양한 대안을 모색해야 한다는 것이다. 셋째, 다문화 교육은 자신이 속해 있는 문화권 뿐만 아니라 다른 모든 문화권 안에서 생활하는데 필요한 지식, 기술, 태도 등을 제공하여야 한다. 넷째, 소수 인종 집단에 대한 편견을 버리고 자신 스스로에 대한 자부심을 가지도록 해야 한다고 설명하고 있다. 위와 같은 다문화 교육을 통해 이루고자 하는 목표는 교육을 통해서 이루고자 하는 목표와 크게 다르지 않다. 교육은 전인적인 인간을 형성하는 것이 가장 큰 목표이므로 건강한 자존감과 신체, 그리고 다양한 문화를 인정하는 가치관을 가질 수 있도록 돕는 것이 다문화 교육이 추구하는 것이다. 그러기 위해서 먼저 자신이 속한 문화에 대한 자부심을 가지고 자신이 속한 문화가 가치롭고 중요하듯이 자신이 속하지 않은 다른 문화도 가치로움을 인정해 줄 수 있는 열린 마음의 교육이 이루어져야 한다. 다양한 종교, 다양한 언어, 다양한 인종 등이 있음을 인정하고, 이러한 다름에 대해 편견을 갖거나 우월감을 느끼거나 열등감을 느끼는 것은 바람직하지 않다는 것을 깨달아 알고 다른 사람도 나와 같이 똑같이 존중하고 다양함 속에서 평등함을 인정하는 것이 다문화 교육이다. 그리고 이렇게 다양한 사회에서 접하는 상황에 적절하게 대응하는 능력을 길러 주고 교육의 대상인 아이들이 어릴수록 유아들의 특성에 맞는 다문화 교육을 통해서 사회 내에서는 다양한 문화가 존재한다는 것을 인정하고 이러한 차이가 가치 있고 평등하다는 가치관을 형성할 수 있도록 하는 것이 중요하다.

2) 다문화 교육의 유형과 교수방법

(1) 다문화 교육의 유형

뱅크스 등(Banks et al., 2007)은 다문화 교육은 다양한 차원을 충족시키기 위해서 기본적으로 세 가지 방향에서 추진되어야 한다고 설명하고 있다(구정화 외, 2010). 첫째, 문화적으로 소수인 집단을 위한 교육의 기회제공과 사회적 적용 측면의 교육, 둘째, 다수자들을 위한 다문화 교육, 셋째, 다양성과 통합 사이의 균형을 모색하는 방향으로 모색되어야 한다. 소수자 집단을 위한 교육이 주로 다양성 향유에 초점이 맞추어져 있다면, 사회 구성원을 대상으로 하는 교육은 상대적으로 적응과 통합을 강조하는 편이다. 이러한 다문화 교육의 유형을 보면 다음의 [그림 8-6]과 같다.

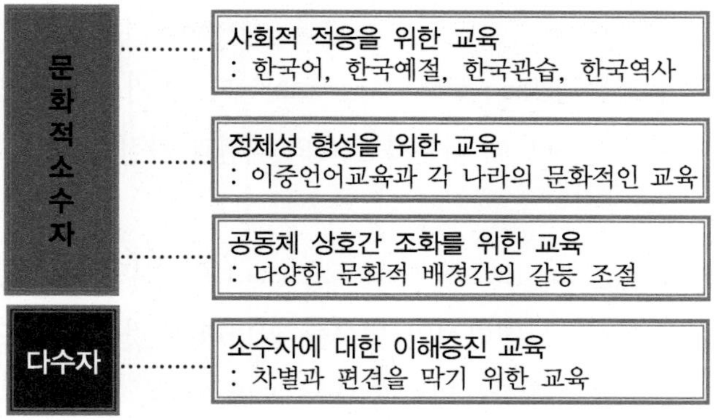

[그림 8-6] 다문화 교육의 유형

(2) 다문화 교육의 원리 및 교수방법

① 다문화 교육의 원리

다문화 교육이란 다양한 문화를 가진 사람들이 각자가 속해 있는 문화가 아니라 서로 다른 사람들의 서로를 이해하고, 모든 사람은 인종이나 성별이나 종교, 사회적 지위 등으로 인해 차별받으면 안 되고 모두가 평등하며, 서로 다른 집단의 문화가 동등함을 이해하도록 하는 교육이다. 이러한 다문화 교육의 내용에는 다양한 문화와 인종을 인정하는 다양성에 대한 이해와 모든 사람은 평등하다는 생각, 그리고 다름에 대해 편견 갖지 않기, 자기 자신에 대한 정체성 확립하기, 다양성 안에서 서로 협력하기, 다양한 문화에 대한 이해 등의 6가지 요소를 포함하고 있어야 한다.

② 다문화 교육을 위한 교수방법

Banks(2008)는 학교에서 실시할 수 있는 다문화 교육과정 접근법을 4가지로 제시하고 있다.

첫째, 기여적 접근법(The Contribution Approach)은 다양한 문화가 중요하게 생각하는 주로 축제, 영웅, 민족적 음식, 춤 등과 같은 기념일이나 축제 등을 통해서 교수하는 방법이다. 예를 들어, 다른 문화의 의상, 음식 등에 관한 축제를 여는 것이다.

둘째, 부가적 접근법(The Additive Approach)이다. 부가적 접근법에서는 기존 교육과정의 구조적 변화 없이 다문화 교육의 개념과 관점 및 내용을 포함시키는 것이다.

셋째, 변환적 접근(The Transformational Apporach)이다. 이 접근법은 기존의 교육과정의 목표, 구성 등 전반적인 변화를 확립하는 것을 바탕으로 학생들이 다양한 인종적, 문화적 집단들의 관점에서 개념, 이슈, 사건, 주제들을 조망할 수 있도록 한다. 이 접근법의 중요한 목적은 학습자들의 비판적인 사고능력을 갖도록 하고, 자신이 내린 결론에 대해 기록하고 정당화할 수 있는 능력을 기르는데 있다.

넷째, 사회적 행동 접근법(The Social Action Approach)이다. 이 접근법은 학습자 스스로 사회문제 해결을 위한 반성적 사고를 할 수 있도록 중요한 사회문제에 대한 의사결정을 할 수 있게 하고 그 문제를 해결하는 과정에 참여한 기회를 제공한다. 이러한 다문화 교육과정의 접근방법은 학생들의 연령이나 수준이 낮을수록 기여적 접근과 부가적 접근과 관련된 활동의 접근을, 학습자들의 사고수준이 높아짐에 따라 변환적인 접근과 사회적 행위접근으로 수준을 높여가는 것이 바람직하다는 것임을 말하는 것이다. 위와 같은 교육과정에 근거하여 다문화 교육을 위한 교수-학습 방법을 김영옥 외(2014)는 다음과 같이 설명하고 있다.

- 보고 듣고 경험하기 : 다문화적 요소가 포함된 다양한 것들을 탐색하고 유아의 경험이나 기존 지식과 관련지어 보고 듣고 경험하는 단계
- 친밀감 느끼기 : 유아가 친숙하지 않은 다른 문화에 친밀감을 느끼는 단계
- 편안함 갖기 : 고정된 사고방식이나 편견에서 벗어나 다양하고 새로운 아이디어를 표현할 수 있는 다른 문화에 대해 편안함을 느끼는 단계
- 연계성 가지기 : 활동에 대해 토론하고 비교해 보는 과정을 통해 다양한 사고를 하고 활동의 연계성을 가지는 단계

- 공감/감정 이입하기 : 다름 속에서 동일한 점이 있음을 공감하고 감정을 이입하는 단계
- 인식과 행위를 통합하기 : 직접 경험한 다양한 활동과 경험을 내면화하고 이를 통합하는 과정

5. 유아 다문화 교육의 이론과 실제

1) 다문화 유아의 현황과 유형

(1) 다문화 유아의 유형

다문화 유아는 다문화 가정에서 태어나서 자라는 유아를 지칭하며 그 유형은 다음과 같이 나눌 수 있다(한국직업능력개발원, 2016).

표 8-4 다문화 유아의 유형과 의미

유형	의미	세부유형	의미	국적
국제결혼가정 다문화 유아	한국인과 외국인이 결혼한 가정에서 태어난 유아(초혼가정, 이혼가정, 재혼가정 포함)	국내출생 다문화 유아	국내에서 태어난 국제결혼 가정의 유아	한국
		중도입국 다문화 유아	외국에서 태어나 성장하다 부모의 재혼 및 취업 등으로 부모를 따라 입국한 유아	외국 또는 한국 (귀화 시)
외국인 가정 다문화 유아	외국인과 외국인이 결혼한 가정에서 태어난 유아 (외국인 근로자, 유학생, 재외동포 포함)			외국

출처: 한국직업능력개발원(2016). 학생유형별 진로상담(지도) 운영 매뉴얼.

(2) 다문화 유아의 유형별 특성

① 국내출생 다문화 유아

국내출생 다문화 유아들은 국내에서 출생하였기 때문에 일반적으로 의사소통에는 큰 문제가 없으나 외국인 어머니의 한국어 능력이 부족한 경우에는 다문화 유아의 발음 및 읽기, 쓰기에서 어려움을 겪을 수 있다. 미주, 유럽, 대양주, 일본 부모의 유아는 외국 출신 부모 나라의 언어 능력이 상대적으로 높았다. 특별히 외국인 부모 나라의 언어능력이 가장 취약한 집단은 동남아시아로 나타났다(여성가족부, 2016).

② 중도입국 다문화 유아

중도입국 다문화 유아는 외국에서 태어나 부모나 양육자를 따라 한국으로 입국하였기 때문에 한국어가 미숙하여 유치원에서 의사소통의 어려움 때문에 놀이 시간이나 학습 등에도 잘 따라오기가 힘들어하는 경우가 많다.

③ 외국인 유아

외국인 근로자 가정의 유아들은 부모가 한국어를 제대로 구사하지 못하거나 부모들이 대체적으로 자녀를 돌볼 여유가 없어 유치원 생활 적응 및 친구 관계에서 적응에 문제를 유발할 가능성이 크다.

2) 다문화 유치원의 개념과 다문화 유치원

(1) 다문화 유치원의 개념 및 필요성

다문화 유치원이란 2015년부터 교육부가 다문화 아동에게 취학전 동등한 출발점을 보장하기 위해 유치원 단계부터 조기 개입하여 언어 및 기초학습 등을 지원함으로써 유아의 실질적인 교육기회의 평등을 실현하는 다문화 정책사업이다. 다문화 학생이 많은 5개 지역(서울, 경기, 충남, 전남, 경남교육청 각 6개)에서 누리교육과정 안에서 독서교육, 연극놀이, 음악놀이 등을 일반아동과 통합적으로 운영하고 있다(교육부 보도자료, 2015. 3. 17). 이러한 교육적인 노력은 2017년도에 좀 더 박차를 가하여, 문재인 정부의 "모든 아이는 우리 모두의 아이"라는 교육철학 아래 좀 더 혁신적인 유아가 중심되는 교육 패러다임으로 전환되어지고 있다.

그러나 현실적으로 다문화 가정에서 언어학습이 효율적으로 이루어지기에 어려운 환경이라면 일반 유치원에서는 다문화 유아에 대한 이해와 지도방안 및 수업 자료 등의 부족으로 지도에 어려움을 겪을 수밖에 없으므로 다문화 유아에게 맞는 맞춤형 교육과 일반 유아에 대한 다문화 이해교육이 절실하게 필요하다.

[그림 8-7] 다양한 유아교육 지원체계
출처: 교육부 보도자료(2017. 12. 27)

또한 교육부(2017)에 의하면 전체 다문화 학생(약 20만명) 가운데 약 60%를 다문화 유아가 차지하고 있으므로 이렇게 점점 증가하는 다문화 유아를 대상으로 하는 다문화 유치원 교육은 더욱 절실하게 필요하게 되었다. 이러한 이유로 2017년 90개원인 다문화 유치원을 2022년까지 120개원으로 확보 · 운영하여, 다문화 유아의 언어발달 및 유아기부터 일반유아와의 편견 해소를 위해 노력할 계획을 가지고 있다.

다문화 유치원 교육은 유아에 다문화에 대한 이해제고 및 다양한 프로그램을 통한 교육뿐만 아니라 학부모 교육 등 다양한 차원에서의 유아 다문화 교육의 필요성이 절실하게 되었다.

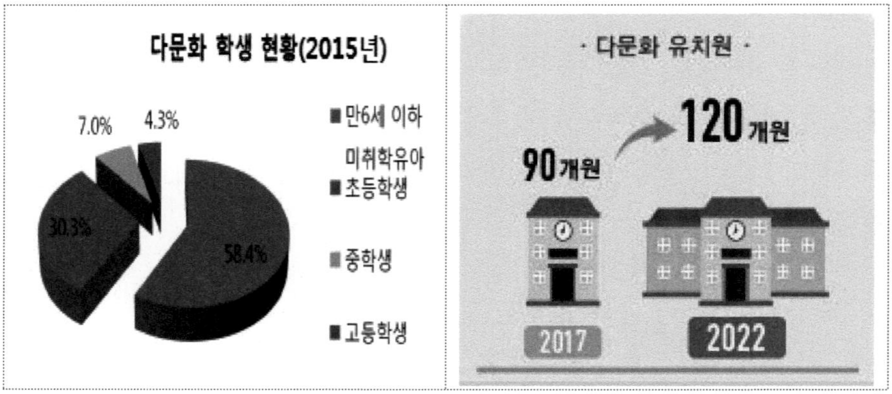

[그림 8-8] 다문화 학생 현황과 다문화 유치원
출처: 교육부 보도자료(2017. 12. 27)

(2) 다문화 유치원의 운영 목적 및 내용

다문화 유치원에서는 다문화 유아의 '언어발달 지원, 일반유아의 통합 · 소통 프로그램' 등을 통한 또래유아와의 유대 형성 및 편견 해소를 지원하여 교육기회의 평등을 실현하는 것을 목표로 한다.

① 언어교육

누리과정과 연계하여 언어교육과 통합교육이 이루어지며, 다문화 유치원에서 이루어지는 언어교육 프로그램은 스토리텔링, 동극 등을 통한 통합교육과 언어검사 및 언어평가 등을 통한 개별교육, 언어강사를 통한 개별교육 등을 들 수 있다. 또한 일상생활에서 '반편견 · 평등 · 협력 · 다양한 문화이해' 등의 다양한 문화를 이해할 수 있는 활동을 통한 교육을 누리과정과 연계하여 실시한다. 또한 다문화가족지원센터 등을 활용한 언어교육, 관찰 중심의 언어지원, 지역대학 멘토링 등의 교육을 실시한다.

② 다문화 이해교육

다문화 학부모 참여를 통한 다문화 체험, 지역의 다문화 체험 학습관 현장학습 등의 교육을 통해 문화에 대한 이해를 할 수 있도록 돕는다.

③ 학부모 교육

다문화 유치원 수업 공개, 부모 참여, 다문화-일반 학부모 동아리 운영, 멘토링제 운영, 다문화 부모 대상 언어교육 등 다양한 프로그램을 실시한다.

④ 교원 교육

지역 내 다문화 유치원 간 연구동아리 운영, 전문연수 등을 적극적으로 실시하여 교원의 전문성을 높인다.

3) 다문화 유치원의 환경구성 및 교원연수

(1) 다문화 유치원의 환경구성

다문화 유치원의 환경구성 부분에서는 다양한 성, 인종, 개체 등의 다양성을 경험뿐만 아니라 부모 나라의 문화를 우선적으로 이해할 수 있도록 가정과 연결시키고 이를 학습에 반영할 수 있는 환경을 구성하는 것이 중요하며, 다음의 〈표 8-5〉는 다문화 유치원의 바람직한 환경구성을 위한 점검 체크리스트이다.

표 8-5 다문화 유치원의 환경구성 체크리스트

Q1 전체적인 환경구성	예	아니오
1. 다문화 환경을 구성하는 다양한 사람들의 사진이나 그림 등이 교실 벽이나 게시판에 제공되고 있는가?		
2. 다양한 민족들의 생활을 반영하되, 편견을 가질 수 있는 그림이나 사진이 걸려 있지는 않은가? (예: 동남아 원주민의 생활, 인디언 생활 등)		
3. 학급의 구성원들이 다문화 가정에 대하여 충분히 인식하고 있는가?		
4. 학급 구성원들이 다문화 유아들을 학급 구성원의 일부로 자연스럽게 여기고 있는가?		
Q2 언어영역	**예**	**아니오**
1. 아동의 연령에 적합하고 다양한 문화를 반영한 동화책과 자료를 제공해 주고 있는가?		
2. 다양한 나라의 문화를 이해할 수 있는 동화책이 비치되어 있는가?		
3. 다양한 문화를 다루고 있는 동화책이 비치되어 있는가?		
Q3 쌓기 및 역할영역	**예**	**아니오**
1. 쌓기놀이 영역의 소품으로 다양한 민족과 가족 구성원들을 표현하는 보조자료가 제공되고 있는가?		
2. 다양한 문화와 민족의 의상들이 제공되고 있는가?		
3. 다양한 문화와 민족을 나타내 주는 소품이 제공되고 있는가?		
4. 다양한 민족과 인종을 나타내 주는 인형들이 있는가?		
Q4 음률영역	**예**	**아니오**
1. 다양한 문화권의 음악이 제공되고 있는가?		
2. 다양한 문화권의 악기류가 제공되고 있는가?		
3. 다양한 문화권의 춤이나 동작을 나타내 주는 화보나 사진들이 제공되고 있는가?		
4. 다양한 문화권의 춤이나 동작을 표현하는 데 효과적인 소품을 제공하고 있는가?		

출처: 김영옥 외(2014). 유아 다문화 교육의 이론과 실제

(2) 다문화교원 연수

교원의 다문화 감수성을 강화하고, 다문화 유치원의 교육과정 계획 및 실행,

평가를 수행하기 위하여 다문화 관련 연수가 필요하다.

표 8-6 교원연수 실시 근거

다문화 교육 역량 강화를 위한 교원연수
• 연수 시간 : 15시간(기초연수), 30시간(심화연수) • 연수 목적 : 학교 현장에서 다문화 학생에 대한 맞춤형 교육 지원과 모든 학생 대상의 다문화 이해 교육이 내실 있게 추진될 수 있도록 교원연수 강화 • 다문화 담임교사는 15시간 연수, 다문화 교육 정책학교(유치원, 예비, 중점학교) 교원은 30시간 연수를 의무함(단, 연수 이수 주기는 시 · 도교육청 계획에 의거)

출처: 교육부(2018). 교원연수 중점 추진 방향.

※ 다음은 제9회 다문화 유아 언어 프로그램 우수실천 사례이다.

제9회 다문화 교육 우수 실천 사례 부문

○ 다음은 제9회 **'교육자료' 부문**에서는 다문화 유아를 위한 언어교육 프로그램과 다문화 이해 교육을 효과적으로 제시한 **정환 교사**(전남 이양초병설유치원)의 예이다.

■ (이양초병설유치원 정환 교사)

– 개별 · 통합 언어교육 프로그램을 통하여 유아들의 언어 표현 능력과 어휘력이 향상되었으며, 글자에 대한 관심 또한 매우 향상되었으나 조음 문제 개선 및 말더듬증 교정은 좀 더 장기적인 노력이 필요하다.

– 생활주제와 연계한 다문화 이해 교육 프로그램 운영을 통하여 유아들의 세계 이해, 문화 이해, 다양성, 정체성, 협력, 평등성, 상호존중, 친밀감, 갈등 해결, 타인 이해, 나눔 등의 다문화 수용성이 높아졌다.

〈어울림을 위한 통합 언어교육 프로그램〉

월	생활 주제	활동명	누리과정 의사소통 관련요소
4	봄/동식물과 자연	• 땅 속에 사는 동물 수수께끼	• 쓰기–쓰기에 관심 가지기 • 말하기–낱말과 문장으로 말하기

		• 바다 속에 누가 살까? • 내가 좋아하는 동물 소개하기 • 동화(주인을 구한 개)	느낌, 생각, 경험 말하기 • 듣기–낱말과 문장 듣고 이해하기
5	나와 가족/ 우리 동네	• 동화 동시 • 필요한 물건은 어디에서 살까? • 직업을 알아보아요 • 우리를 도와주는 사람들 수수께끼	• 듣기–동요, 동시, 동화 듣고 이해하기 • 말하기–낱말과 문장으로 말하기 • 듣기–낱말과 문장 듣고 이해하기
6	건강과 안전	• '음식'하면 생각나는 것 • 어떤 운동일까요? • 안전한 도구 사용	• 말하기–낱말과 문장으로 말하기 • 듣기–낱말과 문장 듣고 이해하기
7	여름	• '여름비' 동시 • 여름 꽃의 재미있는 이름	• 듣기–동요, 동시, 동화 듣고 이해하기 • 말하기–낱말과 문장으로 말하기 • 듣기–낱말과 문장 듣고 이해하기
9	교통기관/ 우리나라	• 육상교통기관을 소개해요 • 배가 뒤집혔어요 • 동화(아기 새의 비행연습) • 어떻게 할까, 어느 길로 갈까? • 콩쥐 팥쥐 이야기 꾸며보기 • 추석에 하는 놀이	• 말하기–느낌, 생각, 경험 말하기 • 듣기–동요, 동시, 동화 듣고 이해하기 • 읽기–읽기에 흥미 가지기 • 말하기–낱말과 문장으로 말하기 • 듣기–이야기 듣고 이해하기
10	세계 여러 나라/가을	• 소리가 들리는 동시 • 가을철의 모습 • 동화(농부와 두 아들)	• 말하기–느낌, 생각, 경험 말하기 • 듣기–동요, 동시, 동화 듣고 이해하기

출처: 교육부 보도자료(2017. 11. 21). 「제9회 다문화 교육 우수사례 공모전」결과 발표 내용 중 일부 발췌.

4) 다문화 유치원 교육의 실제

다문화 유치원 교육의 실제에서는 교육과학기술부(2013)의 만 4세를 대상으로 하는 누리과정을 근거로 하여 작성하였으며, 다문화 사회에서 필요로 하는 '세계 여러 나라'를 주제로 하여 다양한 수업활동을 살펴보았다.

(1) 〈세계 여러 나라〉 생활주제의 의미

세계는 하나다. 이러한 세계화의 변화는 유아의 생활에도 많은 영향을 주고 있다. 유아는 예전보다 훨씬 쉽게 곳곳에서 외국인을 만나기도 하며 TV나 핸드폰 등 여러 매체를 통해 다른 나라에 대한 정보를 자연스럽게 접하게 된다. 그러므로 유아는 유치원이나 어린이집에 다니면서 점차 주변 환경에 대한 경험을 넓혀 가며 자연스럽게 다른 나라의 언어, 의상, 음식, 생활 모습에 관심을 갖게 되는 것뿐만 아니라 때로는 자신이 속한 집단에서 다문화 가정의 친구와 함께 놀면서 다른 나라의 문화를 경험하기도 한다. 이제 우리나라는 다문화 사회이다. 그러므로 유아들은 유치원이나 어린이집에서부터 나와 다른 사람의 문화를 이해하고 존중함으로써 타인을 배려하고 더불어 살아가는 태도가 요구되어지므로 생활주제 '세계 여러 나라'는 유아가 어릴 때부터 세계 여러 나라 및 문화에 대하여 관심을 가지도록 하고 세계 시민으로서의 소양과 역량을 기르도록 하는데 의미가 있다.

(2) 주제 및 내용 구성

누리과정은 유아의 심신의 건강과 조화로운 발달을 도와 민주시민의 기초를 형성하는 것을 목적으로 한다. 이러한 목적을 달성하기 위해 '사회관계' 영역에서는 자신을 존중하고 다른 사람과 더불어 생활하는 능력과 태도를 기르는 것을 목표로 하고 있는데, '세계 여러 나라'는 누리과정의 목적과 목표에 부합한 교육활동을 전개하기에 적절한 생활주제라 할 수 있다. 만 4세를 대상으로 하는 '세계 여러 나라' 생활주제는 만 5세를 대상으로 하는 5세 누리과정 지도서와 연계하여 적용할 수 있도록 하였으며, 각 주제는 5세 누리과정 지도서의 주제와 동일하도록 세계 여라 나라 사람들의 생활, 세계 여러 나라의 문화유산, 세계 여러 나라와의 교류, 세계의 자연과 사회 현상을 주제로 선정하였다.

(3) 생활주제 주제망

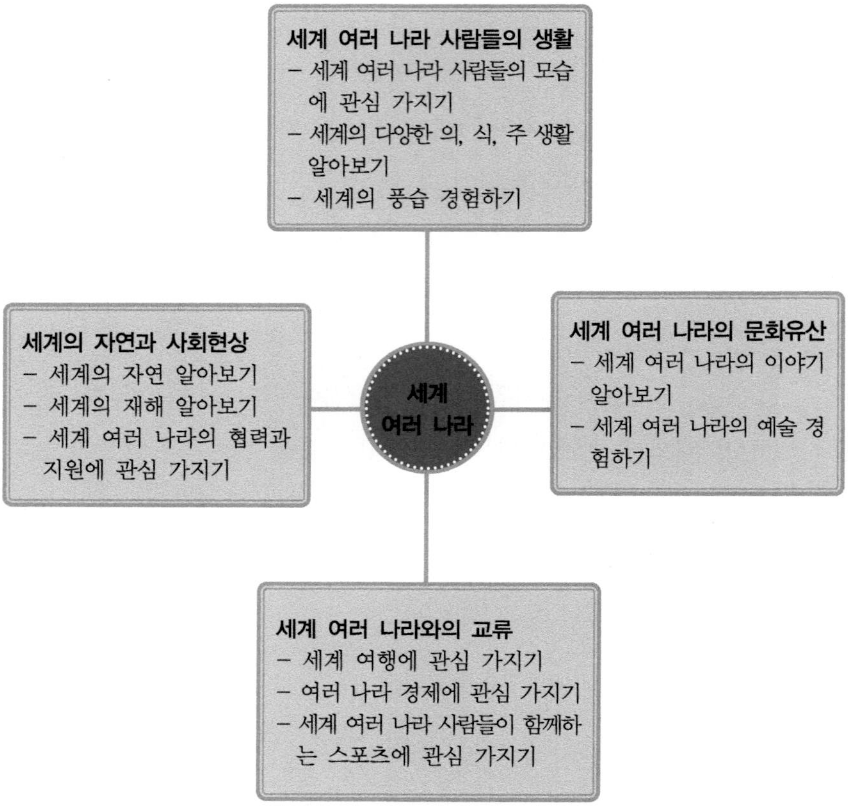

[그림 8-9] 생활주제 주제망

출처: 교육과학기술부(2013). 4세 누리과정 교사용 지도서 제9권 세계 여러 나라.

(4) 활동전개

활동 1. 세계 여러 나라의 옷을 입고 놀아요.

- 활동유형 : 언어
- 활동목표
  - 세계 여러 나라의 전통 옷에 대해 관심을 갖는다.

- 인형을 이용하여 이야기를 지어 말한다.

⁑ 활동 자료

'세계 여러 나라 전통 옷(대한민국, 일본, 중국, 베트남, 인도, 이집트, 몽골, 영국, 캐나다의 에스키모)을 입은 인형 자료, 유아 사진을 붙여 놓은 판

⁑ 활동 방법

1) 활동 자료를 언어 영역의 인형극 틀에 준비해 둔다.

2) 원하는 유아는 언어 영역에서 자료를 활용하여 놀이할 수 있다.

〈활동 방법〉

① 하고 싶은 세계 여러 나라 전통 옷을 입은 인형 자료를 고른다.

② 자신의 얼굴 사진을 ①에 붙인다.
친구 얼굴 사진도 활용할 수 있다.

③ 이야기를 지어 말한다.

3) 교사는 유아가 활동할 때 다음과 같이 상호작용할 수 있다.

- 어떤 전통 옷이 제일 마음에 드니? 어떤 점이 마음에 드니?
- 이 옷은 어느 나라의 옷일까?
- 지금도 그 나라에 가면 모든 사람들이 전통 옷을 입고 다닐까?
- 우리나라에서도 전통 옷인 한복을 특별한 날 입듯이 다른 나라 사람들도 특별한 날 전통 옷을 입는단다.

활동 2. 세계 여러 나라의 생일 축하

⁑ 활동유형 : 이야기 나누기

⁑ 활동목표

- 생일의 의미에 대해 안다.
- 나라마다 생일을 축하하는 방법은 달라도 축하하는 마음은 서로 같음을 안다.
- 자신의 생각을 적절하게 말할 수 있다.

활동 자료

'세계 여러 나라의 생일 축하' 사진자료(3장), 유아들이 가져온 생일 축하 사진

활동 방법

1 생일에 했던 일을 회상하며 이야기 나눈다.

(나의 생일 경험이나 유치원/어린이집에서 했던 친구의 생일 축하 등을 생각해 본다. 사전에 유아들이 자신의 생일 축하 사진을 준비해 온 경우 함께 보여주며 이야기 나눌 수 있다).

- 생일에 무엇을 하며 지냈니?
- 생일에 어떤 음식을 먹었니?
- 생일을 맞이한 사람의 가족이나 친구들은 어떻게 축하해 주었니?

2 '세계 여러 나라의 생일 축하' 사진 자료를 보며 이야기 나눈다.

- 우리나라에서는 생일날 어떤 음식을 먹니?
- 다른 나라 친구들은 어떤 음식을 먹을까? 왜 이런 음식을 먹는 것 같니?
- ○○○에 사는 친구는 생일에 어떤 놀이를 하는 것 같니?
- 주변 사람들이 어떻게 축하해 주고 있니?
- 생일을 맞이한 친구의 기분은 어떨까?

3 생일 축하 의미와 축하하는 마음에 대하여 이야기 나눈다.

- 생일을 축하해 보거나 축하 받아본 적 있니?
- 축하받을 때 기분이 어땠니? 축하해 줄 때 기분이 어땠니?
- 생일을 왜 기억하고 축하해 주는 것일까?
- 사는 곳은 다르지만 나라마다 생일을 기억하고 축하하는 마음은 같구나.

확장 활동

1 생일 축하에 필요한 소품을 활용하여 친구와 함께 생일 축하 놀이를 해 본다.

2 여러 나라(한국, 필리핀, 중국, 일본)의 생일 축하 노래를 배워 함께 불러 본다.

3 생일에 먹는 특별한 요리를 알아보고 요리 활동을 할 수 있다.

(예: 한국-미역국, 일본-단팥죽, 중국-붉게 물들인 완숙 달걀)

6. 우리나라 다문화 교육 지원계획

2017년 교육부에서는 다문화 교육이 해결해야 할 주요과제 및 개선방안을 제시하고 있다. 2017년 다문화 교육 지원계획의 목표는 다름을 인정하는 교육을 통해 다문화 시대에 걸맞는 인재 육성이며 그러한 목표 달성을 위하여 세 가지 핵심과제를 들고 있다. 첫째, 다문화학생 맞춤형 교육지원 강화이며, 세부과제로는 다문화 유치원을 확대하고, 다문화 학생의 기초학력 지원, 다문화 학생의 공교육 진입 및 적응 지원, 재능과 적성에 맞는 진로교육 강화를 들고 있다. 둘째, 학교 구성원의 다문화 제고하기 위한 세부과제로는 다문화 이해교육을 강화하고, 다문화 교육을 담당하는 교원의 역량강화, 또한 다문화 가정 학부모 교육 강화와 다문화 교육 정책 홍보 및 자료 공유이다. 셋째, 다문화 교육 활성화 기반 마련에서는 세부과제로 범부처 · 유관기관과 협력 강화를 지원하고, 시 · 도교육청의 책무성 제고를 지원과 다문화 교육 지원체계 구축을 들고 있다.

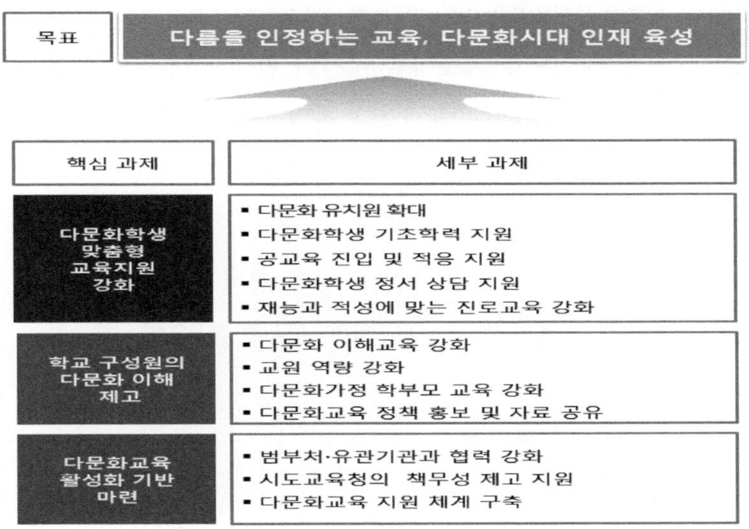

[그림 8-10] 다문화 교육 지원계획

출처: 교육부(2017). 2017년 다문화 교육 지원 계획.

교육부에서 발표한 2017년 다문화 교육 지원계획에서 다룬 주 및 개선 방안은 위의 [그림 8-10]에 나타나 있으며, 주요과제 및 개선방안을 요약하면 다음과 같다.

1) 다문화 학생 맞춤형 교육 지원 강화

(1) 다문화 유치원 확대

- 다문화 기초학습 지원을 위해 다문화 유치원을 17개 시 · 도교육청으로 확대 운영 및 매뉴얼 제공
- 누리과정 뿐만 아니라 독서, 음악 등 다양한 활동 영역과 연계하여 통합적인 언어교육 실시
- 맞춤형 언어교육 프로그램 실시

(2) 다문화학생의 기초학력 지원

① 대학생 멘토링 내실화
- 결손가정, 저소득층 및 기초학습 지원이 필요한 학생을 우선적으로 지원
- 중도입국 학생에 대한 외대 학생들과의 멘토링 지원

② 교과보조 교재 개발 및 보급

③ 기초학력 지원 사업과 연계
- '두드림학교', '학습종합클리닉센터' 등과 연계

④ 다문화 학생 기초학력 제고를 위한 연구학교 운영

(3) 공교육 진입 및 적응지원

① 중도 입국 · 외국인 가정 자녀의 공교육 진입 지원

② '다문화 예비학교' 운영 지원

- 다문화 예비학교를 2016년 124개교에서 2017년 160학급으로 증가하여 운영하며 재정적 지원

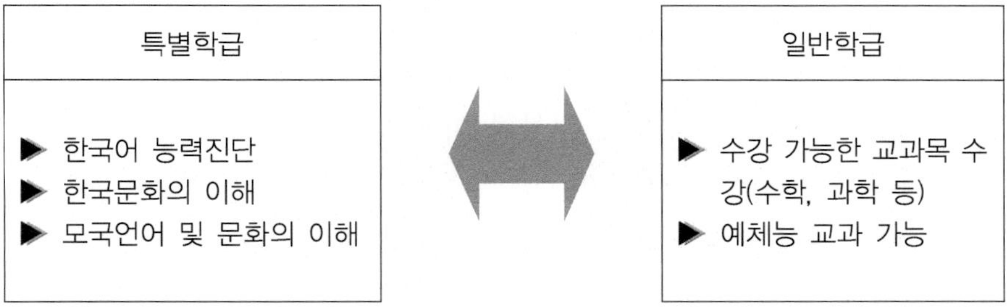

③ 중도입국 · 외국인 학생 지원 내실화

- 외대 재학생과의 멘토링 지원 및 학부모에게 가정통신문 등 통역 지원
- 교육과정의 자율성 부여 및 우수교원 배치

(4) 다문화 학생 정서 상담 지원

① 다문화 거점 Wee센토 지정운영

② 정서 상담 지원 인력의 역량 강화

③ 협업을 통한 정서 상담 지원

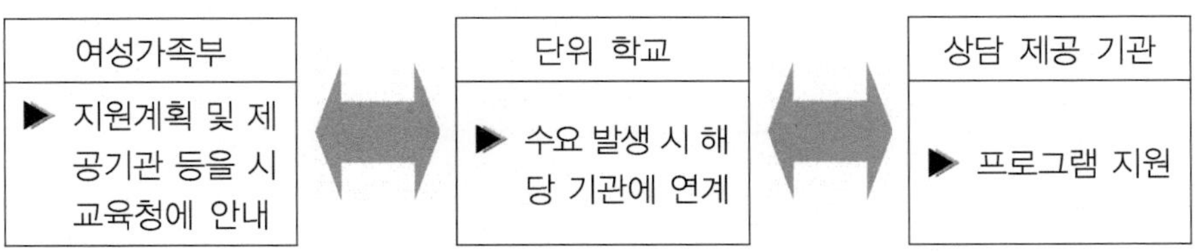

(5) 재능과 적성에 맞는 진로교육 강화

① 이주배경을 가진 롤모델과 함께 하는 '(가칭) 꿈키움 멘토단'운영

② 글로벌 브릿지 사업 확대

③ 다문화 학생에 대한 진로 · 진학 교육 강화

④ 다문화 학생이 강점이 될 수 있는 이중 언어 교육 지원

2) 학교 구성원의 다문화 이해 제고

(1) 다문화 이해교육 강화

① 학교 교육과정과 연계한 다문화 이해교육 강화
② 다문화 중점학교 운영 지원
• 모든 학생에 대해 '다문화 이해교육'을 실시하는 다문화 중점학교 운영 확대(2016년 180교에서 2017년 200교)
③ 다문화 친화적인 교과서 개발

(2) 교원 역량 강화

① 예비교원의 다문화 교육 역량 강화
• 교직 과목 및 기준에 다문화 교육 내용을 포함하여 다문화 교육 역량 강화
- '교직실무', '교육봉사활동' 교수요목에 '다문화학생 지도 활동' 추가
- '학교폭력 예방 및 학생의 이해'과목 내용 중 '학생생활문화' 내용에 추가
• 교원양성기관 평가 등을 통해 교원양성기관의 다문화 교육 관련 강좌 개설 유도
② 현직교원의 다문화 교육 전문성 강화
• 기초연수(15시간) 및 심화연수(30시간)를 운영 및 각종 직무 · 자격 연수에 포함
• 현장 교원의 역량 제고와 교육자료 개발 등을 위해 교사연구회 활동 지원

(3) 다문화 가정 학부모 교육 강화

① 학교 안내 자료 보급
• '우리 아이 학교 보내기' 9개 언어로 시 · 도교육청, 다문화가족지원센터, 출입국사무소 등에 배포

② 다문화 가정 학부모교육 내실화

- 학부모교육지원센터, 지역 내 다문화가족지원센터 등 활용하여 프로그램 실시

(4) 다문화 교육 정책 홍보 및 자료 공유

① 성과 공유 및 공감대 확산 (가칭 2017다문화 너나들이 축제'개최)
② 다문화 교육 우수사례 공모전 개최

3) 다문화 교육 활성화를 위한 기반 마련

(1) 범부처 · 유관기관과 협력 강화

① (공교육 진입) 안내 자료 비치, 정보 연계를 통한 진입유도
② (교육서비스) 학부모교육 및 자녀(가족)지원 서비스 연계
③ (한국어 교육) 중도입국학생 등을 위한 한국어 교육 내실화

(2) 시 · 도교육청의 책무성 제고 지원 확대

① 지역 다문화교육지원센터 운영 계획

- 지역 다문화 교육지원센터 지원 확대(2016년 8개 지역에서 2017년 11개 지역 내의)

② 시도교육청 평가 지표 반영

- 시도교육청 평가지표에 다문화 교육 활성화 노력을 반영

(3) 다문화 교육 지원체계 구축

① 중앙다문화교육센터 운영 지원

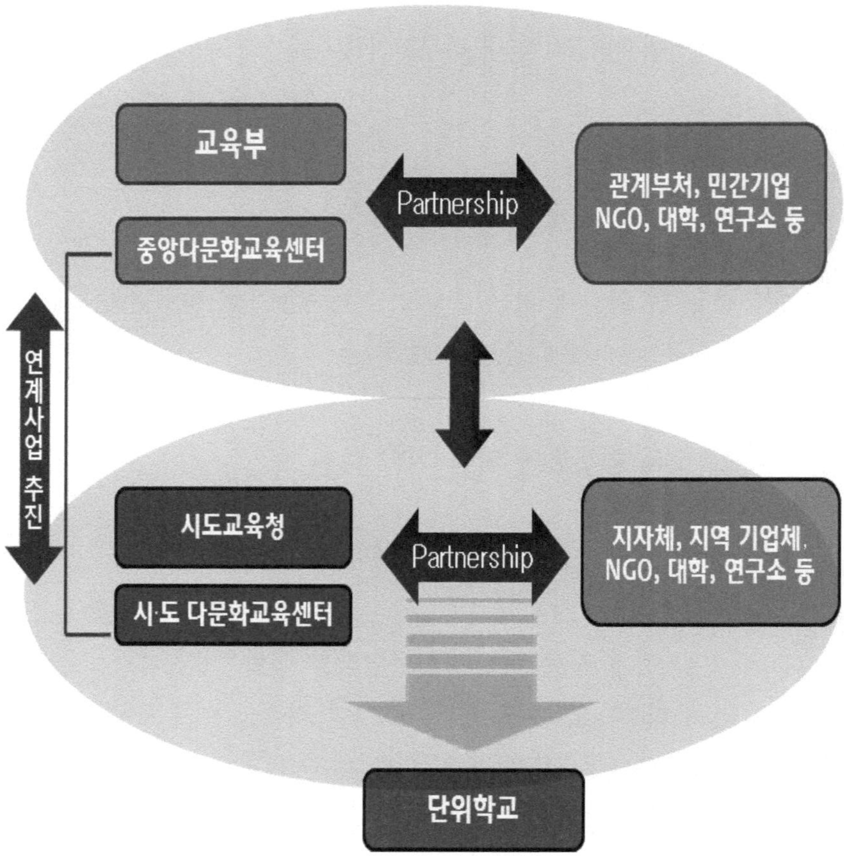

[그림 8-11] 다문화 교육지원 추진 체계
출처: 교육부(2017). 2017년 다문화 교육 지원 계획.

② 다문화 교육에 대한 법적 근거 마련

위와 같은 지원계획 시행을 통해 현재 다문화 가족(여가부), 외국인(법무부 · 출입국관리사무소), 외국인근로자(고용부), 다문화 학생(교부, 시 · 도교육청) 등 유형별 · 부처별 서비스를 제공 중이나, 센터별로 시설을 설치 및 다문화이주민+센터를 설치 · 운영하여 기관 간 협업을 통해 서비스 제공할 예정

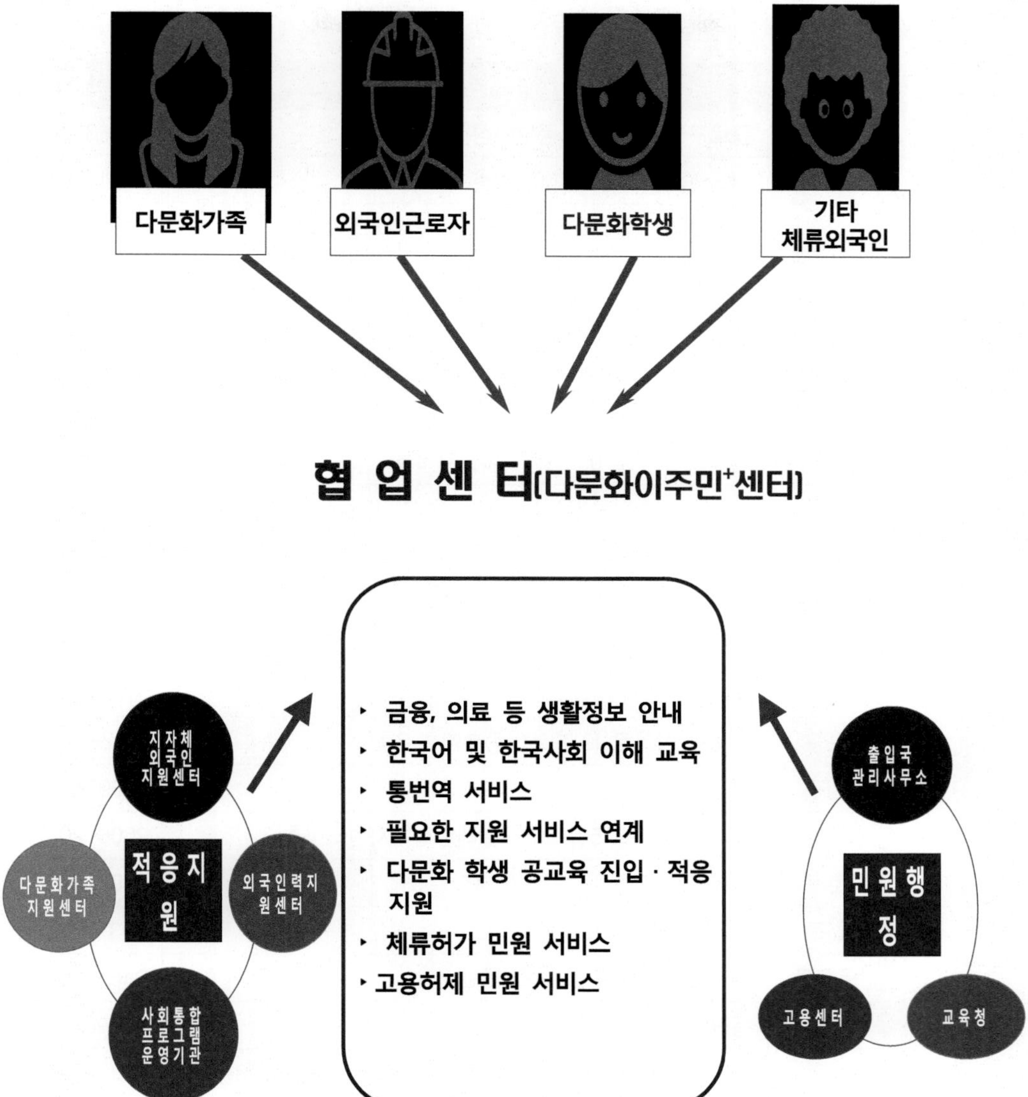

[그림 8-12] 다문화이주민+센터 개요

출처: 교육부(2017). 2017년 다문화 교육 지원 계획.

※ 서울시 소재 다문화가족지원센터 연락처

자치구	주소	전화번호
종로구	종로구 창신길 124 동부여성문화센터 2층	764-3521
중구	서울 중구 퇴계로 460, 10층	2254-3670
용산구	용산구 이태원로 224-19, 한남공영주차장 3층	792-9174
성동구	성동구 무학로 6길 9	3395-9445
광진구	광진구 능동로 30길 23, 2층	458-0666
동대문구	동대문구 청계천로 521 다사랑행복센터 7층	957-1073
중랑구	중랑구 용마산로 369	435-4149
성북구	성북구 보문로 95 노동사목회관 4층	953-0468
강북구	강북구 인수봉로 66길 9 강북 여성·보육정보센터 4층	945-7381
도봉구	도봉구 마들로 156 도봉구청 지하1층	990-5432
노원구	노원구 동일로173가길 94 가온빌딩 4층	979-3502
은평구	은평구 서오릉로 176, 3층	376-3731
서대문구	서대문구 증가로 244	375-7530
마포구	마포구 양화로 19 홀트아동복지회 3층	3142-5027
양천구	양천구 남부순환로 88길 5-7 지층	2699-6900
강서구	강서구 강서로 5길 50 곰달래문화복지센터 4층	2606-2037
구로구	구로구 디지털로 32 가길 50	869-0317
금천구	금천구 금하로 11길 40 1층	803-7743
영등포구	영등포구 영등포로 84길 24-5	846-5432
동작구	동작구 동작대로 29길 63-26 3층	599-3260
관악구	관악구 신림로3길 35, 남파김삼준 문화복지기념관 3층	883-9383
강남구	강남구 개포로 617-8	3414-3346
송파구	송파구 마천로 41길 12	403-3844
강동구	강동구 양재대로 138길 41	473-4986

출처: https://skinspa.tistory.com/165

제9장

생활지도와 상담

1. 생활지도
2. 생활지도의 접근방법
3. 상담(counseling)
4. 생활지도의 영역
5. 생활지도 활동

학교에 임용된 교사의 역할은 크게 두 가지로 구분된다. 먼저 교사는 가르치는 사람으로서 자신이 맡은 과목의 내용을 가르치는 역할을 한다. 그리고 교과교육 외에 학생들이 학교생활 등의 현실 생활에 잘 적응할 수 있도록 도와주는 것이 필요한데, 이를 생활지도라고 한다.

교육활동의 궁극적 목적이 학생 개인의 잠재능력을 최대한 실현시키는데 있기 때문에 교육활동이 있는 곳에는 항상 교과지도와 생활지도가 함께 이루어지고 있다(이병승 외, 2015).

본 장에서는 교사의 중요한 역할 중의 하나인 생활지도를 하는데 있어 교사가 알아야 할 생활지도의 개념과 생활지도의 활동, 그리고 생활지도의 방법 중 중요하고 가장 널리 사용되는 상담에 대해서 알아보고자 한다.

1. 생활지도

1) 생활지도의 개념

생활지도는 영어의 가이던스(guidance)를 번역한 말로, 이는 학교교육에서 교과교육 및 행정업무를 제외한 정의적 측면에서 수행되는 일련의 정의적 활동을 의미한다(강진령, 2015). 이는 학생의 정의적 측면의 발달을 위해 학생들에게 적절한 안내를 제공하고 다양한 지도를 제공한다는 것을 말한다.

생활지도가 처음 시작된 것은 1900년대 초 미국에서 파슨스(Parsons)가 아동 및 청소년에게 직업지도를 실시한 것으로부터 유래된다. 그 후 직업지도 외에 상담, 오리엔테이션, 배치활동, 추수활동 등이 추가되면서 생활지도의 영역이 확장되었다.

이러한 생활지도는 그 초기에는 학교교육에서 잘 적응하지 못하거나 문제를 일으킨 학생들을 지도하기 위한 활동이 주를 이루었으며, 이미 발생한 문제를 해결하는 것에 초점을 두고, 그 방식으로 주로 훈육과 처벌을 사용하였다. 시간이 흐르면서 이미 일어난 일을 해결하는 것보다 문제를 미연에 방지하는 것이 더욱 효과적이며 필요하다는 인식이 확대되었다. 최근의 생활지도는 문제의 해결보다는 예방과 성장에 초점을 두고, 훈육과 처벌보다는 개인이 문제를 해결할 수 있는 능력의 신장, 정서 및 인성지도, 긍정적인 자아개념을 형성하도록 도움으로써 한 개인이 건전한 적응을 할 수 있도록 돕는 것을 목표로 한다.

이상의 논의에 비추어 보면 생활지도는 좁은 의미에서는 학생이 가지고 있는 여러 문제를 정확히 이해하고 이를 해결할 수 있도록 조력하거나 스스로 해결할 수 있게 안내하는 것을 뜻하지만, 넓은 의미에서의 생활지도는 학교에서 학생지도 활동 전반을 의미한다고 볼 수 있다(김은하 외, 2017).

생활지도가 이루어지는 원리는 다음과 같다(이성진, 1996; 이용남 외, 2017에서 재인용).

첫째, 생활지도는 학생의 지 · 덕 · 체 · 미의 다양한 영역을 발달시킬 수 있는 전인적 발달에 초점을 둔다.

둘째, 생활지도는 모든 학생을 대상으로 한다. 우리는 흔히 생활지도는 문제를 일으키거나 문제를 겪고 있는 학생들을 대상으로 하는 것이라고 생각한다. 그러나 생활지도는 문제를 호소하는 학생, 문제를 겪을 위험에 처한 학생, 일반적인 학생 등 모든 학생을 그 대상으로 한다.

셋째, 생활지도에 있어 학생의 자율성과 책임을 강조한다.

넷째, 생활지도는 주먹구구식으로 이루어지는 것이 아니라 그 효과성이 입증된 프로그램이나 지도방식 등의 방법으로 이루어져야 한다.

다섯째, 생활지도는 일시적으로 이루어지는 것이 아니라 교육활동의 핵심과정으로 지속적으로 이루어져야 한다.

2) 생활지도의 목표

생활지도의 궁극적인 목표는 자기지도력의 함양이다. 이는 학생 스스로가 현명한 선택을 할 수 있는 능력을 키우고, 자신에게 주어진 문제를 해결하는 능력을 키움으로써 학교와 사회에서 건전한 적응을 할 수 있도록 돕는 것을 말한다. 이러한 궁극적인 목표인 자기지도력을 함양하기 위한 일반적인 목표는 다음과 같다.

(1) 자기이해

생활지도의 첫 번째 일반목표는 자기이해이다. 이는 한 개인이 하나의 인격체로서 자아를 확립해 나간다는 것을 의미한다. 자아확립의 과정은 자신이 좋아하는 것은 무엇인가, 싫어하는 것은 무엇인가, 나는 무엇을 원하는가? 등과 같은 자신의 욕구에 대한 질문, 자신의 장점은 무엇이고 단점은 무엇인가? 등과 같은 질문에 자신에 대해 숙고하고 답하는 활동을 통해 이루어진다. 이러한 질문에 답을 하는 과정을 통해 세상에서 부과한 옳고 그름보다는 자신에게 적합한 답을 찾아가는 과정을 경험함으로써 자신에 대해 올바르고 긍정적인 자아개념을 형성하고, 이를 통해 건전한 적응을 도모한다.

(2) 잠재가능성의 실현

생활지도의 두 번째 일반목표는 자신이 가진 잠재가능성의 실현이다. 우리는 종종 '포텐(potential)이 터졌다.'라는 말을 사용한다. 이는 한 개인이 자신이 가지고 있었지만 알지 못했던 능력 등이 부단한 연습과 훈련을 통해 세상 밖으로 나오는 것을 말한다. 이처럼 사람은 누구나 자신이 가지고 있는 장점이 있고, 그 장점을 부단한 노력과 훈련을 통해 개발하고 마침내 그 능력을 필요로 하는 곳에서 충분히 발휘할 수 있는 기회를 갖게 된다. 생활지도는 한 개인이 가지고 있는 잠재가능성이 무엇인지 파악할 수 있도록 도와주고, 연습과 훈련을 통해 개발하며 실현할 수 있도록 체계적인 안내와 지도를 제공하는 활동을 통해 개인의 잠재가능성을 실현하는 것을 목표로 한다.

(3) 자율적 문제해결능력의 신장

세 번째는 개인의 자율적 문제해결능력의 신장이다. 사람은 살아가면서 작던 크던 수많은 문제에 부딪히게 된다. 낯선 곳에서 길을 잃을 수도 있으며, 상급학교로의 진학 시 어떤 학교로 진학을 해야 하는지 결정하는 일도 생길 수 있다. 이때 당면한 문제들을 회피하거나 타인의 결정에 따르는 등 타인에게 의지하기보다는 그 결정을 자신이 하고 그 결정에 대해 스스로 책임질 수 있도록 돕는 것을 통해 자신의 일은 스스로 해결할 수 있도록 돕는 것을 목표로 한다.

한 개인이 문제를 해결하는 과정은 문제를 인식하고(문제의 인식) 가능한 해결방안을 모색하며(해결방안 모색), 여러 가지 해결방안이 있을 경우 어떤 해결방안이 더 바람직한지 살펴보고(대안 비교), 그 중에 적절한 방안을 선택하며(해결방안 선택), 마지막으로 해결방안을 시도해 보는 과정으로 이루어진다. 이러한 과정을 지도를 통해 학생들이 문제해결의 과정을 연습해 봄으로써 합리적으로 의사결정을 할 수 있는 능력을 키우고, 자신이 선택하고 자신의 선택에 책임을 지는 태도를 함양할 수 있도록 한다.

(4) 전인적 발달의 촉진 및 건전한 사회인으로의 육성

마지막으로 생활지도의 목표는 한 개인의 전인적 발달을 촉진하고 건전한 사회인으로 육성하는 것이다. 학교교육이 시작되면서 학교교육은 교과교육을 통한 한 개인의 지적 발달을 중심으로 이루어져 왔다. 그 결과 부적응, 청소년의 비행과 학교폭력 등의 문제들이 발생하였다. 그 결과 한 개인의 정의적 측면에서의 발달 또한 지적 발달만큼 중요하다는 의견이 대두대면서 생활지도를 통해 지 · 정 · 의가 고르게 발달한 전인적 발달을 목표로 하게 되었다.

또한 생활지도의 첫 시작이 파슨스의 직업지도에서 시작한 것처럼 생활지도는 한 개인이 학교를 졸업하고 훗날 자신의 잠재가능성을 최대한으로 실현시킬 수 있는 직업을 선택할 수 있도록 돕고, 일을 통한 자아실현을 통해 건전한 사회인으로 육성하는 것을 목표로 한다.

2. 생활지도의 접근방법

교사가 학생을 지도할 때 어떤 마음가짐으로 혹은 어떤 견지에서 학생을 지도하는가는 교사의 학생에 대한 태도를 결정하게 되고, 이는 생활지도의 효과 및 학생의 성장과 발달에 영향을 미친다. 교사가 학생을 지도할 때 가질 수 있는 접근방식으로는 전인교육과 회복적 생활교육이 있다.

1) 전인교육

전인교육(全人教育)은 교육의 기본관점이자 교육이 지향하는 궁극적인 목표이다. 전인교육은 한 개인의 인지적 측면, 정서적 측면, 정의적 측면, 신체적 측면 등이 고르게 발달할 수 있도록 돕고, 이 영역들이 조화를 이루며, 이를 통해 하나의 통합되고 완성된 인격체로 성장할 수 있도록 하는 교육이다. 생활지도는 우리가 학교에서 만나는 아동과 청소년이 전인적으로 발달하는 것을 목표로 하여 지적 능력, 인성 함양, 신체적 건강, 감수성, 심리적 영역의 발달을 기본 영역으로 삼고 있다.

현재 우리나라의 학교교육을 되돌아보면, 대학입학을 목표로 하여 대부분의 시간을 교과를 학습하고, 이에 적합한 문제를 푸는데 보내고 있다. 그리고 고3이 되면 체육, 미술, 음악시간은 해당 교과목의 수업이 이루어지기보다는 대입을 준비하는데 필요한 활동 등을 할 시간으로 사용된다. 이는 학교교육이 학생의 전인적인 발달보다는 지력 발달을 위주로 진행되고 있다는 것을 보여 준다. 전인교육을 위해서는 교과위주의 공부와 더불어 음악 감상, 신체를 이용한 활동, 그 가운데에서 이루어지는 협동학습 등이 골고루 편성되고 진행되는 것이 필요하다.

2) 회복적 생활교육

회복적 생활교육은 회복적 사법의 관점을 교육 장면에 적용한 것으로부터 시작된다. 회복적 사법은 어떤 사건이 일어났을 때, 그 사건의 피해자와 가해자의 입장을 모두 고려하여 범죄 행동으로 인해 야기된 피해를 바로잡는 것에 중점을 둔 이론이다. 기존에는 문제가 발생하면 가해자와 피해자를 구분하고 가해자에게는 처벌을 내리는데 중점을 두었다. 그러나 회복적 사법에서는 가해자와 피해자의 잘잘못을 따지기보다는 두 입장을 모두 고려하고, 범죄로 인해 손상된 가 · 피해 관계를 회복하는 것에 중점을 둔다. 따라서 피해자는 범죄로 인한 피해를 극복하고 회복할 수 있도록 돕고, 가해자에게는 그들이 행한 범행과 그로 야기된 해약에 대해 책임을 지도록 요구한다(김춘호 외, 2013).

이러한 회복적 사법을 교육 장면에 적용한 것이 회복적 생활교육인데 회복적 생활교육은 무엇보다도 학생들 간의 관계에 초점을 맞추고 있다. 학교 상황에서 학생들 간에는 많은 갈등이 일어나는데, 이때 가해자와 피해자를 구분하기보다는 갈등을 해결하는 방법을 학생들이 스스로 습득하도록 하는데 초점을 맞추고, 갈등 해결의 방법으로 처벌이나 훈육보다는 소통과 대화를 중심으로 접근한다. 따라서 기존의 생활지도와 회복적 생활교육의 중요한 차이는 처벌에 대한 관점이라고 할 수 있다. 기존의 생활지도 관점에서는 처벌도 하나의 중요한 교육적 방법으로 인식된다. 그러나 회복적 생활교육에서는 처벌보다 공감, 성찰, 소통, 책임, 배려, 수용과 같은 접근을 더 중요하게 생각한다.

회복적 생활교육의 목표와 실천 원칙은 다음과 같다(Zehr, 2003; 서정기, 2012에서 재인용).

(1) 회복적 생활교육의 목표

① 피해 사실을 바로 인식하고 모두가 공감하게 하기
② 피해를 입은 학생과 피해를 입힌 학생 모두의 필요를 알고 충족하기
③ 문제해결 과정에 당사자들의 참여를 통해 책임과 의무를 갖게 하기
④ 당사자들이 자신들이 속한 가정 및 학교 공동체에 재결합할 수 있도록 돕기
⑤ 갈등을 공동체성을 키우는 기회로 만들기

(2) 회복적 생활교육의 실천원칙

- 관계가 공동체 형성의 중심이다.
- 잘못된 행동과 피해를 해결할 수 있는 관계회복시스템을 고안해야 한다.
- 단순 규범 위반이 아닌 피해가 발생한 부분에 초점을 맞춘다.
- 피해자가 자기 목소리를 낼 수 있게 한다.
- 공동으로 참여하는 문제해결 방식을 활용한다.
- 변화와 성장이 가능하도록 힘을 실어 준다.
- 모든 생활교육을 통해 책임감을 키워 준다.

3. 상담(counseling)

1) 상담의 개념

상담은 생활지도, 심리치료 등과 유사한 용어로 사용되는 경향이 있다. 상담, 생활지도 및 심리치료 모두 상담자와 내담자의 관계가 형성되고, 관계형성이

그 성과에 큰 영향을 미치며, 실제적인 활동이 유사하기 때문이다(임규혁 · 임웅, 2017).

상담에 대한 학자들의 정의를 살펴보면 가장 간략한 정의는 크롬볼츠와 토레슨(Krombolt & Thoresen, 1976)의 정의로 그들은 상담은 문제를 호소하는 사람들을 도와주는 과정이라고 하였다. 홍경자(2002)는 상담을 도움을 필요로 하는 사람이 전문적인 훈련을 받은 사람과의 관계를 통해 문제를 예방하거나 해결하며 인간적 성장을 돕는 과정이라고 하였다. 정원식과 박성수(1978)는 도움을 필요로 하는 사람과 도움을 제공받는 사람 사이의 개별적인 관계를 통해 새로운 학습이 이루어지는 과정이라고 하였다. 이러한 정의들에 비추어 살펴볼 때 상담은 다음의 특징을 가지고 있다.

첫째, 문제를 호소하는 사람, 즉 내담자가 있다.

둘째, 문제의 해결을 조력할 수 있는 사람, 즉 상담자가 있다. 이때 상담자는 전문적인 훈련을 받은 사람을 말한다.

셋째, 내담자와 상담자가 관계를 형성한다. 내담자와 상담자의 관계를 라포(rapport)라고 한다.

넷째, 내담자와 상담자는 관계를 맺고 문제를 해결하는 과정을 거치게 된다. 내담자가 자신이 어려움을 겪고 있는 문제(호소문제)를 전문적인 훈련을 받은 상담자의 조력을 통해 해결하게 되는데, 이 과정은 내담자의 인간적인 성장이 이루어지며, 새로운 방안을 획득하거나 자신에 대한 이해가 더 깊어지는 등 자신에 대해 새롭게 알 수 있는 학습의 과정이다.

위의 논의를 종합하면, 상담은 개인의 심리적 어려움을 조력하는 전문적인 활동을 말한다. 이러한 정의를 학교장면에 적용하면 교사(상담자)는 학생(내담자)들이 겪고 있는 어려움(호소문제)을 해결할 수 있도록 조력한다고 볼 수 있다. 이러한 점에 비추어 볼 때 상담은 생활지도의 한 가지 방법이라고 할 수 있다.

2) 상담의 원리

상담에서 가장 중요한 것은 내담자와 상담자 간의 상담관계이다. 상담자가 내담자를 조력하고, 내담자는 상담자가 자신이 문제를 해결하는 과정을 최선을 다해 돕고 있으며, 상담자로부터 전문적인 조력을 받고 있다고 느낄 때, 즉 내담자와 상담자의 관계에 신뢰가 형성될 때 상담은 그 효과가 크게 나타난다. 신뢰로운 상담관계의 형성을 위해 필요한 요소는 다음과 같다.

(1) 진솔성 또는 일치성

진솔성(genuineness)은 일치성(congruence)이라고도 하는데, 이는 상담자가 상담관계에서 또 상담이 진행되는 과정에서 '지금-여기에서' 경험하는 자신의 모든 감정과 태도를 있는 그대로 진실하고 솔직하게 마주하고 자신의 감정과 태도를 개방적으로 직면하는 자세를 말한다(이용남 · 신현숙, 2017). 상담자가 상담을 진행하다 보면 내담자의 이야기에 혼란을 느낄 수도 있고, 내담자의 감정에 이입되는 경우도 있을 수 있다. 이때 상담자는 자신에게 일어나는 감정을 받아들이고 인정하는 것이 필요한데, 이를 진솔성이라고 한다.

진솔한 상담자는 상담과정에서 자기노출을 한다(홍경자, 2002). 자기노출이란 내담자의 이야기가 혼란스럽게 느껴질 때에는 자신의 감정을 내담자에게 솔직하게 표현하며, 상담자와 내담자가 유사한 경험을 한 경우에는 자신의 경험에 대해서도 내담자에게 솔직하게 이야기하는 것을 말한다.

(2) 무조건적 긍정적 존중

상담관계를 형성하기 위한 두 번째 상담의 원리는 무조건적 긍정적 존중(unconditional positive regard)이다. 이는 상담자가 내담자의 행동, 감정 및 사고를 무조건적으로 존중하며, 내담자를 한 명의 개인으로 아끼고 사랑할 수 있는 것을 의미한다.

상담을 요청하는 대부분의 내담자는 현실 환경에 적응하는데 어려움을 겪고 있으며, 타인과의 관계에서 문제를 경험하고 있다. 자신이 겪고 있는 어려움을 이야기하다 보면 내담자의 감정이 격해지거나 분노, 울분 등을 표출할 수 있는데, 이러한 감정을 견뎌 주고 내담자의 입장에서 분노 등의 감정을 느낄 수 있음을 받아 주는 것이 무조건적 긍정적 존중이다. 예를 들어 친구와 싸우고 화가 난 학생 내담자가 '저는 A라는 친구(현재 내담자와 싸운 친구)가 싫어요!'라고 이야기했을 경우 교사로서 '그런 말은 나쁜 말이야~ 친구와 사이좋게 지내야지.' 라고 내담자의 감정을 판단하기보다는 '그 친구가 싫을 수도 있지!'라며 내담자가 느끼는 감정을 인정해 주는 것이다.

상담시에 상담자가 내담자를 무조건적으로 존중하는 모습은 다음의 몇 가지로 나타난다(김계현 외, 2017).

첫째는 내담자를 위한 헌신(commitment)이다. 상담자는 내담자가 호소하는 문제를 스스로 해결할 수 있도록 가능한 한 다양한 방법을 동원해서 도와주는 것이 필요하다. 그리고 상담자 자신의 이익을 위해 상담회기를 연장하는 등 내담자에게 불이익을 취해서는 안 된다.

둘째는 비밀보장이다. 상담자는 내담자가 상담과정에서 이야기한 내용을 다른 타인에게 이야기하지 않아야 한다.

셋째는 내담자에 대해 판단적인 태도를 보이지 않는다. 상담자가 내담자를 존중한다면 내담자의 입장, 의견, 느낌 등에 대해 상담자의 잣대를 들이대지 않는다. 내담자 입장에서는 충분히 그럴 수 있음을 인정하는 태도를 보여줄 때, 상담자가 내담자를 존중하는 모습을 보여줄 수 있다.

(3) 공감적 이해

공감적 이해(empathic understanding)는 흔히 감정이입 또는 공감으로 표현된다. 공감적 이해란 상담자가 마치 내담자가 된 것처럼 내담자의 내면세계를 경험하는 것을 말한다. 이것은 상담자가 내담자가 느끼는 기쁨, 슬픔, 불안, 공포, 좌절, 혼란스러움 등을 내담자의 입장에서 이해해야 한다는 것을 의미한다. 내담자를 공감적으로 이해하기 위해서 상담자는 무엇보다도 먼저 자기의 틀을 벗을 수 있어야 한다. 상담자는 자신의 경험, 신념 등을 벗어 버리고 내담자의 입장에서 철저하게 느끼고 생각할 수 있어야 한다. 그 후 완전하게 상담자가 내담자인 것처럼 느끼게 되는 경험을 통해 내담자와 상담자 간에는 신뢰가 쌓이고, 내담자를 파악하게 됨으로써 상담관계는 의미 있는 진전을 이루게 된다.

3) 학교상담의 영역

최근 중학교와 고등학교에는 전문상담교사가 배치되어 있다. 이렇게 학교라는 공간 안에서 전문적인 훈련을 받은 상담자가 학생들을 대상으로 하는 상담을 학교상담(school conseling)이라고 한다. 미릭(Myrik, 2003)은 학교상담을 전문적으로 교육과 훈련을 이수하고 소정의 자격증을 소지한 상담교사가 개인적이고 사회적인 또는 여타의 관심을 가지고 개인 또는 집단의 형태로 학생을 돕는 과정이라고 하였다.

미국상담학회(American School Counselor Association, ASCA)가 제시한 학교상담 모형은 학교상담의 주요 영역을 크게 학업, 진로, 인성/사회성으로 구분하고, 각 영역별로 학생들이 갖추어야 할 관련 지식, 기술, 태도를 명시하였다.

표 9-1 ASCA의 학교상담 모형에 따른 학교상담의 영역 및 필요 역량

영역	필요역량
학업 발달	• 공부 및 학습기술 향상 • 비판적인 사고기술 학습 • 학업상의 강점, 약점, 개인의 학습양식 이해 및 확인 • 교육적인 의사결정에 필요한 기술 개발 • 집단 활동에서 자신의 역할 이해 • 학급 내에서 책임감 있는 행동 • 학교 환경에 적응
진로 발달	• 개인의 특성, 흥미, 적성, 기능 이해 • 직업세계의 다양성을 인식하여 존중하는 태도 개발 • 학교생활과 장래의 진로선택 사이의 관계 이해 • 일에 대한 긍정적인 태도 함양
인성/사회성 발달	• 자기인식과 자기수용 능력 개발 • 개인적인 책임감 개발 • 효율적인 대인관계 및 의사소통 기술 개발 • 효율적인 의사결정 기술 학습 • 타인을 이해하고 존중하는 태도 개발

출처: 김은하 외 (2017). 학교 생활지도와 상담.

4. 생활지도의 영역

학생의 학교적응과 전인적 발달을 위한 생활지도의 영역은 크게 학업영역, 진로영역, 대인관계영역으로 구분될 수 있다.

1) 학업영역

우리나라 학생들은 하루 24시간 중 대부분의 시간을 공부하는데 보내고 있으며, 초 · 중 · 고등학교에서 학생들의 학업수행은 중요한 발달과업이다. 따라서

교사는 학생들이 학교교육에서 목표로 하는 학업수행을 학생들이 잘해 나가기 위해서 학생들이 학업수행과 관련하여 호소하는 문제들을 살펴보고 이에 적절하게 안내하고 지도하는 것이 필요하다.

학업과 관련하여 학생들이 주로 호소하는 문제의 유형은 다음과 같이 구분할 수 있다(김계현 외, 2017).

첫 번째는 성적 저하로 인한 스트레스다. 성적은 학생에게 부모, 교사, 친구 및 자기 자신으로부터 가치를 인정받는 주요한 지표 중의 하나이기 때문에 학생들에게 심리적으로 중요한 의미를 지닌다. 따라서 시험 성적이 떨어지거나 자신이 기대했던 것만큼의 결과가 나오지 않았을 경우 학생들은 좌절하고 스트레스를 경험하게 된다. 이러한 가운데 부모나 교사로부터 꾸중을 듣거나 냉담한 태도를 보게 되면 학생은 심리적으로 더 큰 충격을 받게 된다. 따라서 교사와 부모는 학생들이 성적 저하로 고민하는 마음을 헤아려 주고, 이번 시험의 결과가 자신의 능력을 입증하는 유일한 기회가 아님을 상기시켜 주고, 다음에는 잘할 수 있을 것이라고 격려해 주는 것이 필요하다.

학생들이 호소하는 학업문제의 두 번째 유형은 시험불안(test anxiety)이다. 시험불안은 평가불안이라고도 하며, 시험이나 평가 상황을 앞두고 개인이 느끼는 불안을 말한다. 누구나 음악 가창시험이나 리코더 시험, 체육 수행평가 등을 앞두고 자신의 차례가 되기 전에 가슴이 콩닥콩닥 뛰었던 경험이 있을 것이다. 이처럼 모든 학생은 평가 상황이나 시험을 앞두고 정도의 차이는 있지만 불안을 느낀다. 그러나 일부 학생의 경우 시험불안이 매우 커서 중요한 시험을 앞두고 집중을 하지 못하거나, 불면증, 두통과 소화불량 등을 호소하는 경우가 있다. 이처럼 시험불안이 큰 학생들은 불안이 그 학생을 압도하여 알고 있는 답을 회상해 내지 못하는 등 자신의 실력보다 결과가 좋지 않은 경우가 많다. 따라서 교사나 부모는 학생의 시험불안 정도를 파악하고, 이들의 불안을 이해하는 자세가 필요하다. 그리고 명상이나 근육이완법 등을 통해 학생이 자신의 불안을 다스릴 수 있도록 도와주는 것이 필요하다.

세 번째 유형의 학업문제는 학업의 능률이 저조한 경우다. 이를 호소하는 학생들은 누구보다 공부를 열심히 하고 공부를 잘하고 싶어 노력하지만 결과가 저조한 경우가 많다. 이처럼 학업 능률이 저조한 이유로는 지능수준이 낮아 학습을 따라가기 어렵거나, 학습할 내용을 체계적으로 정리하지 못하는 등 공부 방식이 효율적이지 못한 경우, 수업시간에 졸고 밤새워 공부하는 등 잘못된 공부습관을 갖고 있는 경우, 혹은 주의력결핍과잉행동장애(attention deficit hyperactivity disorder, ADHD), 난독증과 같이 학습장애를 겪고 있는 경우 등이 있다.

이에 교사는 학생들의 학업 능률이 저하되는 원인을 관찰이나 면접 등을 통해 파악하고 그 원인에 따라 적절한 방안을 제시해 주는 것이 필요하다.

학생들이 주로 호소하는 학업문제의 마지막 유형은 공부에 대한 동기부족이다. 이 유형의 학생들은 공부를 왜 해야 하나요? 혹은 수학 방정식을 배우는 것이 쓸모가 있나요? 등의 질문을 하며 공부를 해야 하는 이유, 공부의 필요성에 대해 이의를 제기하는 모습을 보인다. 그리고 수업시간에 전혀 흥미를 느끼지 못하고 딴 짓을 하거나 조회를 마친 담임선생님이 나가는 순간부터 종례시간 직전까지 잠을 자는 모습 등을 보이기도 한다.

학생들이 학습에 대한 동기를 잃어버리는 이유로는 공부가 필요한 이유를 찾지 못한 채 부모와 사회로부터 공부에 대한 과도한 압력을 받는 경우가 있을 수 있다. 또 한편으로는 부모와 교사는 학생에게 공부할 것을 요구하지만 학생은 공부해서 대학에 가는 것보다 노래와 춤을 배워 가수가 되고 싶은 경우 등 보호자와 학생 간의 가치관이 다른 경우도 있을 수 있다. 따라서 교사는 우선 학생의 동기부족이 어떤 이유에서 기인한 것인지를 파악하는 것이 필요하다. 학업에 대한 과도한 압력을 받고 있는 경우라면 학생이 학업과 일정한 거리를 유지하고, 그 과정에서 학업의 정도를 자신이 스스로 선택할 수 있도록 돕는 것이 필요하다. 부모와 가치관 등이 충돌하는 경우에는 자신의 가치관과 학업을 연결시킬 수 있는 활동을 제시해 주는 것이 필요할 것이다.

2) 진로영역

최근 들어 우리나라에서는 학생의 진로지도가 매우 중요한 과제로 인식되어, 중·고등학교 과정에서 「진로와 직업」 수업이 운영되고 있으며, 자유학기제를 통해 학생들은 자신에게 적합한 진로를 찾아가기 위해 다양한 체험활동을 경험하고 있다.

진로(進路)란 한 개인의 생애를 걸쳐 일어나는 직업발달 및 직업발달의 과정과 내용을 지칭하는 포괄적인 용어이다. 예전에는 한 개인이 성인이 되어 직업을 선택하면 평생 동안 그 직업을 고수하는 경우가 많았다. 그러나 현대에 들어서는 사회와 기술의 급격한 변화에 따라 직업의 종류가 다양해지고 직업이 없어지기도 하고 생겨나기도 하는 등 개인의 직업선택의 폭이 다양해졌으며, 직업에 처음으로 진입하기까지 많은 교육과 정보를 필요로 한다. 이러한 시대의 흐름에 맞추어 진로교육과 진로지도가 생겨나게 되었다.

진로교육 혹은 진로지도는 학생들의 진로발달을 촉진하고, 발달 단계에 따라 진로를 선택하고, 진로를 선택한 후에는 해당 진로에 적응하는 것을 통해 훗날 유능한 직업인으로 성장할 수 있도록 안내하고 지도하는 활동이라고 할 수 있다.

현재 우리나라 중·고등학교 과정에서 진로지도 및 진로교육에서 중점을 두고 있는 내용은 다음과 같다.

첫 번째는 자기이해이다. 진로를 결정한다는 것은 자신의 이해를 바탕으로 이루어진다. 자신이 흥미를 느끼는 영역은 어떤 것인지(흥미탐색), 자신이 잘하는 것은 무엇인지(적성탐색), 자신이 일을 통해 이루고자 하는 궁극적인 가치는 무엇인지(가치관 탐색) 등을 탐색하는 것을 통해 자신에 대한 이해를 증진하는 것에 진로교육은 중점을 두고 있다. 그리고 이러한 자기이해의 방법으로 가장 많이 사용하는 것이 심리검사다. 홀랜드(Holland) 흥미검사, 성격검사, 직업가치관 검사, 적성검사 등을 통해 자기 자신을 알아가도록 돕는 것이다.

두 번째는 직업 및 직업세계에 대한 이해이다. 세상에는 무수히 많은 직업이 존재하며, 직업은 또한 생성과 소멸을 반복하고 있다. 따라서 자기이해뿐만 아니라 내가 마주하게 될 세상에는 어떤 직업이 있는지, 그 직업은 어떤 자격요건(학력 혹은 자격증)을 요구하고 있는지 알아보고 그 중에 자신에게 적합한 직업은 무엇인지 등을 탐색하는 것이 필요하다. 이러한 직업 및 직업세계에 대한 이해는 자신이 관심을 갖고 있는 직업을 직업사전에서 검색해 보거나, 이미 그 직업을 갖고 있는 선배 또는 멘토(mento)와의 만남을 통해 질문을 함으로써 가능하다.

세 번째는 일과 직업에 대한 올바른 태도 및 가치관을 함양하는 것이다. 일과 직업은 개인에게 가장 기본적으로는 생계수단이 될 수 있으며, 궁극적으로는 자아실현의 수단이 될 수 있다. 최근 한국에는 부모로부터 물려받은 재산이 많은 사람을 '금수저', 가난한 부모의 자식으로 태어난 사람을 '흙수저'라고 부르는 현상이 두드러지게 나타나고 있다. 그리고 흙수저는 아무리 열심히 일을 해도 금수저를 이길 수 없다는 패배의식이 지배적이다. 이는 일과 직업의 의미를 경제적 부를 획득하는 수단으로 인식하는 경향이 강하기 때문에 나타나는 현상이라고 할 수 있다. 일과 직업은 한 개인에게 경제적 부를 획득하는 수단을 넘어 그 일을 하는 과정에서 의미를 찾고 보람을 느끼며 궁극적으로 자신이 이 세상에 태어난 이유, 즉 자아실현의 과정이 될 수 있음을 진로지도를 통해 학생들이 인식할 수 있도록 돕는 것이 필요하다.

네 번째는 진로 의사결정의 과정과 방법을 습득하는 것이다. 진로의 과정은 학생들에게 끊임없는 선택을 요구한다. 이는 상급학교로의 진학, 직업의 결정, 일할 곳의 결정 등 진로의 과정에서 선택해야 할 일이 많다는 것을 의미한다. 따라서 진로지도를 통해 많은 선택의 순간에 학생들이 합리적인 의사결정을 할 수 있도록 도와주는 것이 필요하다. 합리적인 진로의사결정은 충분한 자기이해 및 직업에 대한 이해를 바탕으로 다양하고 정확한 정보를 고려하여 그 중에 자신에게 적합한 것을 선택하는 것을 통해 이루어진다.

마지막으로는 평생학습이다. 앞서 이야기했듯이 예전에는 하나의 직업을 선택하면 일평생 동안 그 직업을 갖거나, 한 직장에서 20년 이상 근속을 하는 평생직장의 개념이 가능했지만 현대에 들어서는 전직과 이직이 과거에 비해 활발해졌다. 더욱이 사회의 급격한 변화로 인해 수많은 지식과 기술이 생겨나고, 일상생활뿐만 아니라 직업생활의 적응을 위해 끊임없이 새로운 지식과 기술을 습득해야 한다.

특히 이원석(2014)은 '치킨집 수렴의 법칙'을 말하며 우리나라 국민들이 자신의 진로를 위해, 그리고 행복을 위해 좀 더 자기주도적인 공부를 할 것을 제안하였다. 그가 제안한 치킨집 수렴의 법칙은 우리나라 문과 이과 학생들 모두가 어떤 전공을 선택하고 어떤 길을 걷는 퇴직 후에는 치킨집을 운영하게 된다는 것을 말한다. 이것은 그만큼 우리나라 사람들의 진로의 마지막은 하나로 귀결된다는 것을 함축적으로 보여주고 있다. 그는 치킨집 수렴의 법칙을 이야기하며 좀 더 자기주도적인 공부를 통해 끊임 없이 자기 혁신을 이루는 것이 필요하다고 주장하였다.

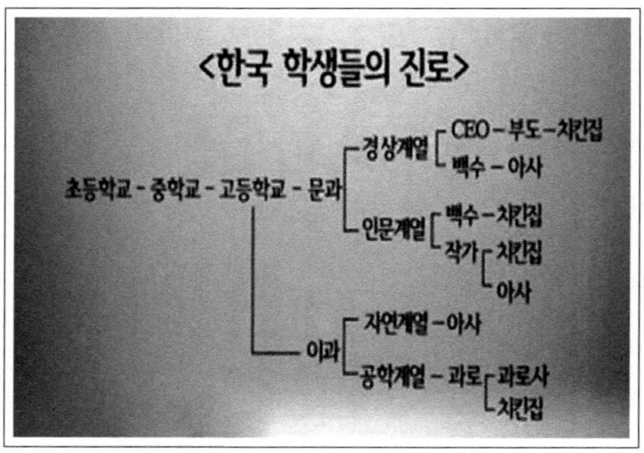

[그림 9-1] 치킨집 수렴의 법칙
출처: 이원석(2014). 공부란 무엇인가. 책담

3) 대인관계영역

인간은 사회적 동물이다. 이는 사람은 혼자서 살아가기보다는 다른 사람들과의 사회적 관계 안에서 협동하며 살아가는 존재라는 것을 의미한다. 이처럼 사람은 일평생 동안 다른 사람과의 관계 속에서 살아간다. 그리고 이런 관계가 잘 형성되고 유지되면 적응에 문제가 없으나, 관계 속에서 문제가 발생하면 사람은 무엇보다 큰 스트레스를 경험하게 된다.

우리나라 청소년들이 호소하는 대인관계영역에서의 문제는 다음과 같다.

첫째, 친구관계에서 어려움을 겪는 경우다. 아동이 초등학교에 입학하고, 중·고등학교로 진학하면서 학교에서 지내는 시간이 점차 길어지면서 친구들과 함께 있는 시간이 길어지게 되고 부모님이나 교사보다 친구들과 접촉하는 시간이 많아진다. 따라서 중·고등학교 시기는 한 개인에게 있어 또래 친구의 영향력이 가장 큰 시기라고 할 수 있으며, 교사는 학생들이 친구들과 좋은 유대관계를 맺을 수 있도록 도와주는 것이 필요하다.

효과적이고 좋은 친구관계를 맺는데 필요한 태도는 다음과 같다(김은하 외, 2017).

① 친절하고 상냥하고 사려 깊은 태도이다.
② 서로 마음을 나누고 친구 사이의 약속 등은 지키는 신뢰를 지키는 것이 필요하다.
③ 친구가 곤경에 처한 경우 물심양면으로 돕는다.
④ 서로의 장점을 인정해 주고 본받는다.

학생들이 어려움을 호소하는 대인관계의 두 번째 영역은 부모와의 관계이다. 학생이 청소년기에 접어들면 신체적·심리적 성장이 이루어지면서 자기 주장이 뚜렷해지고 부모로부터의 심리적 독립을 추구하는 경향을 보인다(권석만, 2004). 그러나 부모는 자녀의 심리적 독립을 받아들이는 것이 어렵고 여전히 자신의 통제와 지도가 자녀에게 필요하다고 생각하는 경향이 있다. 이렇게 자녀의 심리적 독립에의 요구와 이를 인정하지 못하고 받아들이지 못하는 부모와의 관계 속에서 충돌이 발생하는 것이다. 부모와의 심리적 갈등을 겪고 있는 학생에게는 학생의 부모님의 이야기를 잔소리로 받아들이기보다는 하나의 조언으로 받아들이고, 그 마음을 헤아리며 자신의 주장을 이야기할 수 있도록 지도하는 것이 필요하다.

세 번째는 교사와의 관계이다. 교사와 학생의 관계는 가장 기본적으로 가르치고 배우는 교사-학생의 관계이지만 교사는 때로는 부모를 대신하기도 하고 때로는 친구를 대신하기도 한다. 그리고 교사는 한 개인의 인생에 결정적인 영향을 미치는 롤모델이 되기도 한다. 따라서 교사가 앞장서서 학생과 좋은 관계를 유지하려는 노력이 필요하다. 그러기 위해서 교사에게는 학생의 장점을 살펴주고, 그 장점을 인정하며 학생이 어려움을 호소할 경우 적극적으로 도와주려는 자세가 요구된다.

5. 생활지도 활동

생활지도의 목표를 이루기 위한 구체적인 활동으로는 학생이해활동, 정보제공활동, 상담활동, 배치활동, 추수활동의 5가지가 있다. 그리고 최근에는 학생의 생활지도를 학교와 교사가 주로 하지만 이에 더하여 지역사회의 구성원 모두가 참여하는 것이 필요하다는 의미에서 자문활동 또한 활발해지고 있다.

1) 학생이해활동

교사가 학생을 지도하기 위해서는 무엇보다 학생에 대해 아는 것이 필요하다. 학생 개개인에 대해 알기 위해서 학생의 여러 가지 특성을 조사하는 것을 학생이해 활동(학생조사 활동)이라고 한다.

학생이해 활동은 한 개인은 다른 사람들과 유사한 면을 가지고 있다는 점과, 그 개인만이 가지고 있는 독특한 특성을 모두 가지고 있다는 것을 기본 전제로 하여 각 학생의 개별성(individuality)을 찾는데 초점을 둔다(임규혁 · 임웅, 2017). 학생이해를 위한 방식은 주로 심리검사를 통해 정보를 수집하며, 행동관찰, 부모 및 학생 면담 등이 함께 사용된다. 정보수집에 주로 이용되는 특성으로는 학생의 적응상태(학교적응), 학업성취도, 지능, 적성, 흥미, 가정환경 등이 있다.

2) 정보제공활동

정보제공활동은 앞서 학생이해활동의 결과로 수집된 정보와 자료를 학생, 학부모 및 교사가 이해하기 쉽고 활용하기 쉬운 형태로 제공함으로써 학생의 발달과 사회 적응에 도움을 주는 활동을 말한다.

이때 제공되는 정보는 크게 3가지 유형이 있다.

첫 번째는 교육정보로, 이는 학교규칙, 교과과정, 입학 자격 요건, 출결사항, 상급학교 진학 요건 등이 해당된다.

두 번째는 직업정보이다. 직업정보는 직업의 종류, 직무내용, 근무조건, 보수, 취업에 필요한 훈련 등을 포함한다.

세 번째는 개인 · 사회적 정보이다. 이는 자기이해 및 타인을 이해하기 위한 정보로 인성, 친하게 지냈던 친구 등과 같은 교우 관계, 정신건강, 가족관계 및 여러 활동 등에 관한 구체적인 정보이다.

이렇게 수집된 정보는 학생에게 개별적으로 제공될 수도 있고 집단으로 제공될 수도 있다. 그러나 무엇보다 중요한 것은 정보를 학생, 학부모 및 교사에게 제공하는 것에 그치기보다는 학생이 올바른 선택과 결정을 할 수 있도록 돕는데 사용되어야 한다는 것이다.

정보제공 활동은 학생들에게 다음과 같은 도움을 준다(Shertzer & Stone, 1981; 임규혁 · 임웅, 2017에서 재인용).

- 정보제공활동은 학생들이 당면한 문제(진학, 직업선택 등)를 해결하는데 필요한 정보를 제공한다.
- 정보제공활동은 학생들이 당면한 문제를 해결하는데 필요한 정보를 제공함으로써 이러한 정보를 고려하여 문제를 해결하는 것을 통해 자율성을 신장하는데 중요한 역할을 한다.

• 정보제공활동은 학생들의 발달과 관련된 문제를 탐색하고 인식하는데 있어 필수적이다.

3) 상담활동

학교에서 이루어지는 상담활동은 전문적 지식을 가진 상담가 혹은 상담교사가 내담자와의 신뢰관계를 통해 내담자의 호소문제를 해결할 수 있도록 돕는 과정을 통해 내담자의 성장을 도모하는 활동이다.

내담자가 호소하는 문제에 따라 상담 목표와 접근방법이 달라진다. 그러나 상담목표와 접근방법이 다르더라도 상담자는 내담자를 향해 진솔한 태도를 보이며 내담자를 무조건적으로 존중하고 공감하는 것이 무엇보다도 필요하다.

4) 배치활동

배치활동은 정치활동이라고도 한다. 이는 학생이해, 정보제공 및 상담 활동을 마친 학생들이 자신의 적성, 흥미 등에 적합한 교육프로그램을 찾거나, 직업, 진학 등의 과정에 필요한 활동을 스스로 선택하여 활동할 수 있도록 돕는 활동이다. 예를 들어 그림 그리기에 흥미를 느끼는 학생에게 특별활동이나 동아리 활동을 미술반에 들어가도록 권유하는 것 등을 말한다. 혹은 학생의 학습 부진이 심각한 경우 해당 과목의 방과후수업을 듣게 하는 것 등도 배치활동에 포함된다.

5) 추수활동

생활지도 및 상담은 일회성으로 끝나는 활동이 아니라 학생이 상담을 마치거나 학교를 졸업하는 순간까지, 더 나아가 학교를 졸업한 후에도 일상생활이나 자신이 속한 환경에 잘 적응하고 있는지 살펴보고 필요한 경우에는 추가적으로 도움을 주는 것이 필요하다. 추수활동은 한 대상을 지도한 후에 계속해서 상담의 성과를 확인하고 지도하는 것을 의미한다(이재창, 1988). 이러한 추수활동의 방법으로는 면접, 편지 등의 서신, 전화, 질문지(questionnaire) 등이 주로 사용된다.

6) 자문활동

자문활동이란 학생들이 겪고 있는 문제를 더욱 효과적으로 해결하여 적응을 증진시키기 위한 목적으로 교사, 학부모, 학교관리자 및 기타 전문가가 협력하는 조력활동을 말한다(Kampwirth & Powers, 2013). 예를 들어 학 학생이 학교폭력의 경험으로 우울증상을 호소하는 경우 담임교사가 교내에 있는 상담교사에게 협력을 요청하거나, 지역사회 내에 위치한 상담센터에 학생의 문제를 이야기하고 협력을 요청한다. 그러면 상담교사 내지 지역사회에 연계된 상담자는 전문가의 입장에서 학생의 문제를 좀 더 세밀하고 정확하게 진단하고 학생의 적응을 위해 전문적으로 개입하여 도움을 주게 된다. 현재 우리나라에서는 'Wee Project'를 통하여 학교와 지역사회가 연계하여 필요한 경우 도움을 요청하면 서로 협력하여 어려움에 처한 학생을 지도하도록 하고 있다.

제10장

리더십과 교육

1. 변화하는 현대사회의 리더십
2. 교사의 리더십
3. 리더십을 갖춘 교사

1. 변화하는 현대사회의 리더십

리더십의 의미를 국어사전을 보면 '무리를 다스리거나 이끌어 가는 지도자로서의 능력', '지도력'으로 설명하고 있다. 즉 리더십이란 조직을 이끌어 가는 리더의 능력을 말하는 것이다. 이러한 리더십에 관한 연구는 주로 사회적 조직 사회의 경영측면에서 각 조직의 리더가 가진 리더십에 따라 그들 조직에 미치는 영향을 연구하는 측면에서 주로 경영의 효율성을 높이기 위해 연구되어져 왔다. 또한 이러한 리더십에 대한 연구는 교육의 측면에서는 주로 학교장이나 유치원 원장이나 어린이집의 원장 등 각 교육의 현장에서 리더가 각 교육조직에 미치는 영향 측면에서 주로 이루어져 왔다. 그러나 최근 들어 리더십 연구는 리더 뿐만 아니라 각 조직을 구성하는 조직원들의 리더십, 학교장의 리더십 그리고 교사의 리더십의 중요성에 대한 연구가 많이 이루어지고 있다. 이는 직접 현장에서 학생들을 만나는 교사 역할의 중요성에 따른 당연한 결과라고 볼 수 있다. 거시적인 측면에서 학교장의 리더십이 학교조직의 큰 틀을 좌우한다면 각 교사의 리더십은 학생들에게 직접 영향을 미치기 때문에 학생들의 가치관이나 태도, 인성 형성에 많은 영향을 미친다. 또한 학생들의 연령이 어릴수록 교사가 가진 리더십의 영향력은 더욱 지대할 수밖에 없으므로 최근 들어서는 유치원이나 어린이집 원장들 및 교사와 관련된 리더십 연구가 더욱 많이 이루어지고 있는 추세이다. 물론 각 기업 등 사회 각 기관들의 리더십 연구도 꾸준히 이루어지고 있지만 최근 들어 매스컴 등에서 자주 거론되고 있는 어린이집 교사들의 유아학대 사건이나 폭행 등의 사건에 따라 유아교사의 리더십이 얼마나 중요한지에 대한 연구들이 더욱 절실하게 필요하다. 이는 연령이 어릴수록 모방을 통해서 사회화와 인간적으로 기본적인 틀이 이루어지는 시기이기 때문에 이 시기에 어떠한 환경에 처해지느냐가 한 인간의 인생을 좌우할 수 있기 때문이다. 그러므로 교사가 가진 리더십 역량의 중요성은 교육의 질을 좌우할 정도로 중요하다고 볼 수 있다.

2. 교사의 리더십

교사의 리더십은 사회의 변화와 이에 따른 교육의 변화와 무관하지 않다. 급격한 정보사회로의 변화는 새로운 교육의 패러다임을 요구하고 이에 따라 교육의 패러다임을 변화시키고 이에 걸맞는 새로운 리더십을 요구하고 있다. 예전에는 우리나라의 경제적인 분야를 포함한 전 부분에서 수직적 성장을 위해서는 강력한 카리스마를 갖춘 리더가 가장 훌륭한 리더였으며, 강력한 카리스마를 가진 리더의 지도에 따라 획기적인 국가발전을 이루어 이제는 다른 나라의 도움을 받던 나라에서 유일하게 도움을 주는 나라로 성장을 하였다. 그러나 급속한 경제성장으로 나라의 위상은 높아졌지만 또 한편으로는 해결해야 할 여러 가지 문제점을 우리에게 던져 주고 있는 것이 현실이다. 수직적인 경제의 전반적인 성장이 급속하게 이루어진 우리사회는 이제 수평적인 관계에서의 성장이 더욱 중요하게 되어졌다. 즉 한 사회나 조직이 안정되어지고 어느 정도 수준까지 오면 더 이상 강력한 카리스마를 가진 리더, 즉 리더가 지시하고, 지배하며 각 조직의 구성원들은 조직의 목적 달성을 위한 하나의 수단으로 여겨지던 리더십이 아니라 각 조직의 목적달성을 위해서는 조직원 하나하나가 가진 자원을 최대로 활용하며 이끌어 낼 수 있는 수평적인 차원에서의 리더가 필요하다. 이제는 민주주의의 정착과 더불어 평등한 관계에서의 새로운 성장이 필요하게 되어진 것이다. 이렇게 수평적인 관계에서의 성장에서 중요하게 여겨지는 것은 다양한 조직원들 간의 소통이다. 그러므로 급속한 성장과 더불어 리더에게 필요한 자질로 카리스마보다는 뛰어난 소통능력이 더욱 절실하게 필요하게 되었다. 또한 현대사회는 포스트모더니즘의 사회이다. 포스트모더니즘의 사회에서 중요한 키워드는 다양성이다. 그러므로 현대사회의 리더는 이러한 다양성을 존중하면서 소통할 수 있는 능력을 필요로 하게 되었다. 현대사회는 4차 산업혁명시대이다. 한 사람의 뛰어난 리더보다는 다양한 전문적인 능력을 가진 다양한 인재들이 이 사회를 이끌어 나간다. 이것은 협업이다. 4차 산업혁명시대에서는 학문은 융복합을 추구하고 하나의 학문이 아니라 서로 다른 예술과 과학학문 등이 서로 어우러져 새로운 창의적인 기술로 승화되어지는 사회이다. 그러므로 이러한 4차 산업혁명시대를 이해하고 정보처리 능력을 가진 교사들, 사람들과의 관계에서 다른 사람의 능력을 인정하고 발휘할 수 있도록 소통하고 존중해주는 리더가 필요한 것이다. 사람들은 자율적일 때 자신의 능력을 믿고 가장 창의적이 될 수 있으므로 교사의 리더십은 더욱 중요하다. 다음은 현대사회에서 교사에게 절실하게 필요한 리더십이다.

1) 피그말리온 리더십(자기충족적 예언)

교사에게 가장 중요한 리더십은 자기충족적 예언(피그말리온) 리더십이다. 피그말리온 효과는 우리가 너무나 잘 알고 있는 것이다. 성경말씀에 '믿는 대로 이루어진다'라는 말이 있다. 자신이 어떻게 생각하느냐에 따라 결과는 달라진다는 것을 의미하는 말이다. 로젠탈과 야콥손(Rosenthal & Jacobson, 1968)의 연구에서는 교사의 기대가 학생의 학업성취의 얼마나 큰 긍정적인 영향을 미치는지 설명하고 있다. 비슷한 의미로 '자기충족적 예언'이 있다. 이것은 우리가 너무나 잘 알고 있는 '피그말리온 효과'이다. 절실하게 원했던 이상적인 여인의 조각상을 만들어 결국 원하는 대로 여인과 행복하게 산다는 그리스의 신화 이야기이다. 이것은 긍정적인 생각과 믿음의 중요성을 설명하고 있는 것이다. 우리가 어떤 것에 확실한 믿음을 가지고 행동하면 그대로 이루어진다는 것이다. 그러므로 교사가 학생을 믿고 격려하고 기다려 주면서 지원적인 분위기를 제공한다면 학생들은 어떠한 어려운 도전적인 과업이라도 교사의 그 기대에 부응하여 각자의 능력을 믿으면서 그 기대에 부응한 과업을 해낸다는 것이다. 이러한 리더십은 교사에게 필요한 리더십일 뿐만 아니라 각 가정에서도 부모들에게 절대적으로 필요한 리더십이다. 왜냐하면 사람들은 자기에게 가장 중요한 사람들에게 인정받고 존중받고자 하는 욕구가 강하다. 그러므로 부모가 자녀에게 아이에게 "넌 잘해 낼 수 있어", "넌 엄마에게 그 자체로 기쁨을 주는 사람이야", 그리고 행동으로 아이에게 원하는 것을 질문하여 아이가 원하는 대로 해 준다든지 아이의 단점보다는 장점을 부각시키는 말을 해 주고 아이의 자율성을 키워 준다면 아이는 자신감과 리더십을 가지게 될 것이다. 자녀를 절대적으로 존중하고 신뢰한다면 그 자녀는 '자기충족적 예언'을 가지고 부모가 믿어 주는 대로 자신의 능력을 믿으면서 그 일을 해낼 수 있는 힘을 얻을 것이다.

그러므로 21세기형 교사는 유연하고 창의적인 사고와 다양한 능력을 가진 아이들을 인정하고 아우를 수 있는 유연한 인간관이 필요하다. 또한 부모들도 아이가 가지고 있는 단점에 대해 불평을 갖기 보다는 가지고 있는 장점을 인정하고 있는 그대로를 수용해 주려는 노력을 해야 한다.

2) 카리스마 리더십

2002년 당시 우리는 축구로 하나였다. 축구에 문외한인 나도 빨간 티셔츠를 입고 가족들과 운동장으로 몰려가서 한국 축구팀을 응원하였다. 그것은 대단한 힘이였다. 한국축구팀은 과거 예선을 통과하기도 어려웠던 것과는 달리 유럽을 물리치고 4강의 기적을 만들어 냈다. 이때 거스 히딩크 감독의 카리스마 넘치는 리더십은 진정한 리더십이 무엇인지를 보여주었다. 히딩크의 카리스마는 따뜻한 감성을 지닌 카리스마였다. 차갑고 냉정한 카리스마가 아니었다. 박지성이 골을 넣고 히딩크에게 달려가 안기는 장면은 언제 보아도 명장면이다.

출처: 이제 역사가 된 박지성-히딩크의 포옹. 연합뉴스. 2014. 05. 14.

카리스마(charisma)는 그리스어 'kharisma'에서 유래된 것으로 '신의 특별한 은총'이라는 뜻이다. 각 조직의 리더가 도덕성이 중요하다고 해서 온정적으로 조직을 운영해서는 안 된다. 즉 각 리더인 교사에게는 카리스마가 필요하다는 것이다. 사람들은 자기가 존경하는 사람들에게서 무엇인가를 배운다. 그러므로 교사는 학생들에게 비전을 제시할 수 있어야 하고, 개인적인 매력도 갖추고 있어야 한다. 즉 존경을 받을 수 있는 능력을 갖추어야 하는 것이 필수이고, 성공할 수 있다는 확신을 가지고 이를 학생들에게 심어 줄 수 있어야 하며, 솔선수범하여 일을 추진하고 위기상황이나 딜레마 상황에서 현명하게 판단할 수 있는 판단력을 소유하여야 한다. 그리고 자신의 일에 대한 강력한 열정을 가지고 학생들을 이끌어 갈 수 있는 카리스마가 필요하다. '열정은 전파되어진다.' 교사가 충분한 수업준비로 열정적으로 수업한다면 학생들도 그 열정에 어느새 빠져 있는 것을 발견하지 않는가? 그러므로 이러한 카리스마 리더십은 때로는 학생들에게 기대 이상의 효율적인 성과를 보일 수 있게 한다는 측면에서 바람직하다. 그러나 부정적인 측면에서는 지배적이거나 권위적이어서 학생들의 반발을 살 수도 있으며, 학생들을 순종적으로 만들거나 리더의 기대에 부응하지 못한 경우에는 정서적인 손상을 입힐 수도 있다.

당신은 카리스마가 있는가.

배우 조지 클루니와 쥐스탱 트뤼도 캐나다 총리는 카리스마가 있는 것으로 널리 알려졌다. 무엇이 그들을 그토록 매력 있는 사람으로 만드는 것일까? 캐나다 토론토 대학의 연구자들은 최근 학술지 '성격과 사회심리학 저널'에 카리스마에 대한 논문을 발표했다. 다음 6가지 질문에 대답해 보고 점수를 측정해 자신의 매력도를 알아보자.

캐나다 토론토 대학의 연구자들은 6가지의 질문을 통해 무엇이 배우 조지 클루니 같은 사람을 호감가도록 하는지 알아내려고 시도했다. 그들은 궁극적으로 카리스마가 다른 사람들을 인도하고 그들이 환영받는다고 느끼도록 만들 수 있는 자질이라고 생각한다.

다음 6가지 질문 테스트로 자신의 카리스마를 측정해 보자.

1. 당신은 방 안에서 사람들의 주목을 끌 수 있는가?

2. 당신은 다른 사람들에게 쉽게 영향을 미칠 수 있는가?

3. 당신은 한 집단을 이끌 수 있는가?

4. 당신은 다른 사람을 편안하게 해 줄 수 있는가?

5. 당신은 다른 사람을 미소짓게 할 수 있는가?

6. 당신은 대다수 다른 사람과 잘 지낼 수 있는가?

각 질문마다 1~5점의 점수를 매겨라. 이 6가지 점수를 합산한 다음 6으로 나누면 최종 점수가 나온다. 이 점수가 3.7 이상이면 평균 이상으로 카리스마가 있다는 뜻이다.

출처: 당신은 카리스마가 있는가?, 뉴스위크 한국판 1300호, 2007. 12. 04.

3) 섬김의 리더십(servant leadership)

교사에게 카리스마적인 리더십이 절대적으로 필요한 것은 사실이다. 그러나 최근 들어 더욱 강조되고 있는 것은 따뜻한 카리스마이며 이와 더불어 감동경영이라는 말도 많이 쓰여지고 있다. 사람을 변화시키는 것은 과연 무엇일까? 물론 기존의 전통적인 리더들이 많이 사용하는 카리스마 넘치는 리더십도 중요하지만 이제는 권위적인 지시는 더 이상 현대사회의 분위기에서는 효력을 발휘하지 못한다. 리더가 자신을 낮추고 자신의 아래 사람을 섬기는 서번트 리더십이 중요한 것이 그 이유이다. 특히 교육의 현장에서 교사가 중요한 역할을 하지만 교육은 '하도록 지도하는 것'이다. 물론 지시하고 안내하는 역할이 필요하지 않은 것은 아니지만 학생들이 자신의 역량을 인지하고 그것을 발휘하고 키울 수 있도록 하는 것이 서번트 리더십이다. 일명 섬김의 리더십인 것이다. 서번트 리더십에서 중요한 것은 '믿음'이다. 학생들에게 내재되어 있는 능력을 믿어 주고 그것을 최대한 발휘할 수 있도록 돕고 기다려 주는 것이다.

> 서번트 리더십'이 신뢰받는 기업을 상징하는 핵심 키워드로 자리잡고 있다. 미국의 일하기 좋은 100대 기업의 1/3 이상이 서번트 리더십을 도입하고 있으니 21세기 경영 트렌드의 선두에 있다 해도 과언이 아니다.
> 국내에서는 삼성전자가 지난 1999년 도입하기 시작한 이래 LG그룹, 하나은행, 동양제과, 대교 등도 서번트 리더십을 기업문화 전반에 접목하고 있는 중이다. CEO가 정기적으로 직원들과 식사를 함께 하며 대화를 나눈다거나, 각 부서의 리더들에게 서번트 리더십 교육을 실시하는 것 등으로 첫 단추를 끼웠다. 또 정부조직에서도 서번트 리더십에 대한 교육이 이뤄지면서 민관을 아우르는 리더십으로 주목받고 있다.

출처: 라이터스 편집부 저 (2006. 02. 07). 서번트 리더십으로 경쟁력 키우는 국내외 기업 & 리더들. 라이터스.

4) 도덕 리더십

도덕성은 그동안 학업성취나 사회적 성공과는 별개로 여겨졌지만 서울대에서 초등학생을 대상으로 이루어진 EBS 아이의 사생활(2009)의 도덕성 연구 등을 보면, 도덕성이 높은 아이가 학교생활에서 일반적으로 손해를 본다는 우리의 오랜 편견을 깨고 있는 것을 볼 수 있다. 오히려 도덕성이 높은 집단이 만족지연 능력이 뛰어나 더 높은 학업성취를 보일 뿐만 아니라 자제력, 집중력, 공감, 배려심을 가지고 타인과의 의사소통을 중요시 여기는 리더가 되어 구성원들을 배려하고 헌신하는 21세기의 리더의 중요한 자질을 함양할 수 있다. 즉 도덕성이 높으면 그 아이의 경쟁력도 높아진다는 것이다. 도덕성이 높은 아이는 좌절을 극복하는 힘이 있고, 미래를 더 긍정적으로 보며, 자신에 대해서도 긍정적으로 변화할 가능성 쪽으로 보고 있었으며, 타인에 대해서도 긍정적으로 보았다. 또한 자아존중감이 높으며, 각자가 속한 집단의 문제를 해결하는 데 있어서도 집단 구성원들을 효율적으로 잘 이끌어 나가는 것을 보여주고 있다.

요즈음 사회에서 각 회사의 리더들이나 리더의 역할을 담당하는 교사들의 부정부패의 모습들이 심심치 않게 거론되면서 도덕적으로 정직하면 불리할 것으로 보여지지만 오히려 그 반대의 연구결과들을 볼 수 있다. 그러므로 교사로서 가장 먼저 갖추어야 할 것은 당연히 올바른 도덕성이다. 교사는 먼저 사람들과의 관계에서 인간적이어야 하고 도덕적이어야 한다.

이는 교직이 전문직이며, 교직윤리를 지켜야 함이 법적으로도 규정되어져 있기 때문이다. 따라서 교사의 도덕성 강조는 아무리 강조해도 지나치지 않는다. 그러므로 각 학급의 리더인 교사들이 도덕적일 때 학생들로부터 존경이나 동일시의 대상이 되어지며, 그가 속한 구성원들에게도 긍정적인 영향력을 미칠 수 있게 될 것이다.

5) 셀프 리더십

이제는 협업의 시대이다. 아무리 뛰어난 리더라도 리더 혼자서 모든 일을 해낼 수는 없다. 각 구성원들이 뛰어난 능력을 잘 이끌어 내고, 활용할 수 있는 능력을 개발하는, 즉 각 구성원들의 셀프 리더십을 이끌어 주는 것이다. 이는 학교 현장에 교사들에게도 절대적으로 필요한 리더십이다. 교사는 각자 학생들이 스스로 가진 능력을 개발하여 학업성취를 이루어 내도록 도와주어야 하는 것이 중요한 교사로서의 과업이기 때문이다.

셀프 리더십(self-leadership)은 1980년대 이후 종전의 전통적인 리더십으로는 더 이상 조직의 목표를 달성할 수 없다는 인식이 고조되면서 자기관리(self-management)의 확대로 Manz(1986)가 최초로 제안한 개념이며, 자신의 사고나 행동을 바람직한 방향으로 이끌어 가는 것을 말하며, 자기 자신으로부터 리더십을 발휘하도록 하는 새로운 관점의 리더십이 바로 셀프 리더십이다(이상동, 2008).

급속하게 변화하는 사회에서 이제 혼자 할 수 있는 일은 없다. 아니 혼자서 무엇인가를 할 수 있는 환경이 아니며 협업의 중요성이 그 어느 때보다도 강조되어지는 시기이다. 각자가 가진 뛰어난 능력을 어렸을 때부터 아이들은 사회적 환경과의 상호작용을 통해 발견해 나간다. 이와 같이 환경과의 상호작용을 통해 성장하면서 자기결정감에 대한 욕구와 자신의 역량을 돋보이고 성장시키려고 하는 욕구는 자연스럽게 생긴다. Manz(1986)에 의하면 이러한 셀프 리더십은 자신이 수행하는 일을 잘해 낼 수 있다는 것에서 느끼는 능력감과 자기 자신의 의지대로 자기 자신을 둘러싼 환경을 통제하고 결정할 수 있다는 데서 오는 자기통제감, 또한 자신의 행동에서 본능적으로 진정한 가치와 의미를 추구하는 목적감으로 설명하고 있다. 이러한 목적감에서 중요한 것은 이타주의이다. 남을 도우면서 사람들은 진정한 행복을 느낀다는 것이다. 그러므로 아이들을 가르치는 교사의 긍정적인 셀프 리더십은 아주 중요하다. 교사 자신이 주도적으로 무엇인가를 할 수 있는 존재로 자신을 여긴다면 역시 자신이 가르치는 아이들에게도 주도권을 주고 무엇인가를 스스로 할 수 있도록 기회를 줄 것이며, 기다리고 격려할 것이다. 교사가 주입하고 강조하는 것이 아니라 아이들 스스로 선택한 활동에서 나름대로의 의미와 가치를 추구하게 될 것이고 이러한 활동을 통해 스스로를 통제할 수 있다는 기쁨과 진정한 목적의식을 지닌 인간으로 성장할 수 있을 것이다.

따라서 본 장에서는 교사 자신의 셀프 리더십을 측정할 수 있는 검사도구를 제시하였는데, 대학생의 셀프 리더십 수준을 측정하기 위해 Manz(1998)가 개발한 셀프 리더십 측정도구 SLQ(Self-Leadership Questionnaire)를 김민정(2007)이 번안한 것을 이정선(2011)이 수정하여 보완한 것을 제시하였다.

본 척도는 행동적 전략과 인지적 전략으로 구성되어져 있으며, 요인분석 결과 총 23문항이 대학생에게 적합한 셀프 리더십의 척도로 완성되었다. 이 중 행동적 전략의 하위영역은 목표설정, 자기보상, 연습 등의 3개 요인이 나타났으며,

인지적 전략의 하위영역은 자연보상의 분별, 환경조성, 자연보상 활동도입, 일의 좋은 면에 초점, 내적 보상에 집중 등 5개의 요인으로 총 8개의 요인이 나타났다. 5점 리커트 척도를 사용하여 각 점수가 높을수록 셀프 리더십 수준이 높은 것으로 평가한 검사도구이다. 그 셀프 리더십 검사양식을 다음의 〈표 10-1〉에 제시하였다.

자신의 셀프 리더십에 관한 질문이다. 다음 글을 읽고 자신과 가깝다고 생각되시는 번호에 ○표로 체크하면 된다.

표 10-1 셀프 리더십 검사도구

문 항	정말 그렇다	대체로 그렇다	보통 이다	별로 그렇지 않다	전혀 그렇지 않다
1. 나는 목표를 세우고 이를 달성하기 위해 열심히 일하는 것을 좋아한다.	⑤	④	③	②	①
2. 나는 내가 일을 잘했다고 생각하면 나를 자랑스럽게 여기고 나를 칭찬해 준다.	⑤	④	③	②	①
3. 나는 중요하다고 생각되는 일을 하기 전에 미리 연습을 해 본다.	⑤	④	③	②	①
4. 나는 내가 세운 목표를 꼭 달성하고 싶다.	⑤	④	③	②	①
5. 나는 과제를 성공적으로 마쳤을 때 내가 좋아하는 물건으로 나에게 보상을 한다.	⑤	④	③	②	①
6. 나는 중요한 일을 하기 전에 그 일을 머릿속으로 연습해 본다.	⑤	④	③	②	①
7. 나는 공부할 때 실천 가능한 계획을 세우고 그 계획대로 공부하는 것을 좋아한다.	⑤	④	③	②	①
8. 나는 과제를 잘해 냈거나 시험을 잘 보면 내가 좋아하는 활동을 함으로써 스스로 보상한다.	⑤	④	③	②	①
9. 나는 도전적인 과제를 하기 전에 미리 연습을 한다.	⑤	④	③	②	①

10. 나는 주어진 과제 중 제일 즐거운 과제가 무엇인지 안다.	⑤	④	③	②	①
11. 나는 내가 좋아하는 장소에서 과제를 할 수 있도록 정한다.	⑤	④	③	②	①
12. 나는 내가 즐기면서 할 수 있는 공부가 무엇인지 찾고 싶다.	⑤	④	③	②	①
13. 나는 내가 하는 일의 단점보다는 장점을 더 많이 생각한다.	⑤	④	③	②	①
14. 나는 공부의 결과보다 공부하는 과정 자체가 주는 즐거움이 더 중요하다고 생각한다.	⑤	④	③	②	①
15. 나는 내가 하는 공부에서 가장 흥미로운 분야가 무엇인지 안다.	⑤	④	③	②	①
16. 나는 쾌적한 환경에서 공부할 수 있도록 우선 내 주변을 정돈한다.	⑤	④	③	②	①
17. 나는 내가 좋아하는 일을 즐기면서 하고 싶다.	⑤	④	③	②	①
18. 과제를 할 때, 싫은 면보다 좋은 면을 더 생각한다.	⑤	④	③	②	①
19. 나는 공부할 때 성적보다는 공부를 하는 과정에 초점을 맞춘다.	⑤	④	③	②	①
20. 나는 내가 좋아하는 일이 무엇인지 자신 있게 말할 수 있다.	⑤	④	③	②	①
21. 나는 내가 좋아하는 일을 즐기면서 할 수 있는 방법을 구상한다.	⑤	④	③	②	①
22. 나는 내가 하는 공부에 대한 안 좋은 면보다 좋은 면에 초점을 맞춘다.	⑤	④	③	②	①
23. 나는 일을 통해서 얻을 수 있는 보상보다 일을 실제로 하면서 느끼는 즐거움에 대해 많이 생각한다.	⑤	④	③	②	①

출처: 이정선(2011). 대학생의 셀프 리더십이 취업전략에 미치는 영향. 숙명여자대학교 사회교육대학원 석사학위논문, 81-82.

3. 리더십을 갖춘 교사

1) 예수님의 리더십

본 장에서는 교사의 리더십을 자기충족적 예언(피그말리온) 리더십, 카리스마 리더십, 섬김의 리더십, 도덕 리더십, 셀프 리더십으로 나누어 알아보았다. 이는 다음 기사의 예수님의 리더십과 상당히 중복되어지는 부분이 많다. 이러한 리더십을 몸소 실천하신 예수님이시야 말로 진정한 리더십을 가진 참된 교사라고 볼 수 있다.

정성을 다해 양육한 제자들에게 기꺼이 하나님께 위임받은 사역을 맡기시고 나눠 주시며 그들을 믿고 온전한 제자로 양육하신 피그말리온 리더십을 보이셨으며, '성전 정화 사건'에서는 사랑을 지니셨지만 중요한 본질에 있어서는 결코 양보하지 않으시고, 어느 쪽의 눈치도 구애받지 않고 진리를 선포하시는 모습에서는 카리스마 리더십을 보여주시고 계신다. 또한 사람들의 처지와 역할에 따라 차별하시지 않으시고, 다양한 분야의 사람들과 소통하기 위해 애쓰고 섬기시는 모습에서는 섬김의 리더십을, 삶 속에서 직접 실천의 모범을 보이시는 모습에서는 도덕적 리더십을, 근면하고 고독한 리더십에서는 셀프 리더십의 모습을 보여주시고 계신다.

[성탄특집] 성탄절에 다시 보는 예수 그리스도의 리더십
방황하는 2014 대한민국, '목양적' 리더가 필요하다.

올해 이순신 장군을 다룬 영화 '명량'이 공전의 히트를 한 것은 국민들이 그만큼 참된 지도자에 대한 갈증이 크다는 것을 보여 준다. 2014년 성탄절을 맞는 대한민국이 절망 가운데 있던 세상을 소망으로 인도한 예수 그리스도의 리더십을 다시 돌아봐야 할 이유가 여기 있다.

〈소통의 리더십〉
예수 그리스도는 소통의 달인이셨다. 그분은 당시 가장 무시당했던 죄인들과 어울리며 소외된 자들을 격려하셨다. 그러나 상류층에게도 문을 닫지 않으셨다. 아리마대 요셉 등 부자들과도 교류했다. 로마 군인에게 십자가의 고난을 당하시지만 로마 군인과도 소통하셨고, 율법학자들과 대립각을 세우셨지만 니고데모와 같은 율법학자에게 진리의 교훈을 주셨다. 특히 예수님의 소통이 감동으로 다가오는 장면은 친구 나사로의 무덤 앞에서 눈물을 흘리신 장면(요 11:35). 예수님은 곧 나사로를 다시 살리실 상황임에도 불구하고 나사로의 죽음으로 우는 자들을 보시고 "심령에 비통히 여기사" 함께 우셨다. 이 눈물은 인위적인 눈물이 아니었다. 눈물 흘리는 자들을 진심으로 불쌍히 여기시는 예수님의 진심이었다.

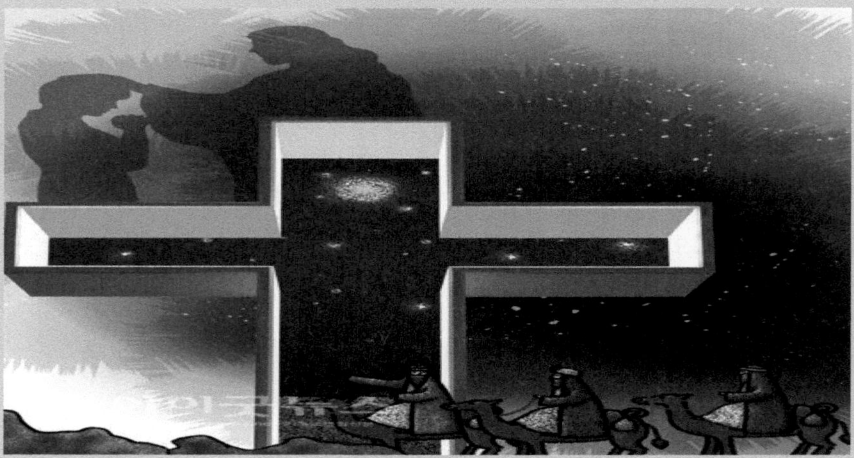

중략…….

〈고독의 리더십〉
예수 그리스도는 고독한 지도자셨다. 그분은 소통의 달인이셨지만 소통이 자칫 인기에 영합하는 태도로 타락할 위기 때마다 단호하게 고독한 리더십을 택하셨다. 그분은 '성전 정화 사건'을 통해서 보듯이 과격할 정도로 본질은 결코 양보하지 않으셨다. 어느 쪽의 눈치도 구애받지 않고 진리를 선포하시는 리더십은 자연히 고독할 수밖에 없었다. 예수님의

사역에 감동한 많은 무리들이 예수님을 왕으로 추대하려고 하자 급히 그곳을 떠나시는가 하면 돌에 맞을 위기를 맞기도 하셨다. 예수님의 가장 강력한 지지자인 제자 베드로의 메시야 고백에 극찬하셨지만 곧 잘못된 반응 보이자 당장 면전에서 강력하게 질책하시기도 하셨다(마 16:23). 심지어는 가족들에게조차 "누가 내 어머니이며 내 동생들이냐"(마 12:48) 반문하시며 공과 사를 분명히 하셨다.
늘 가족들 문제로 잡음이 끊이지 않는 정치인들, 중략…….
이 모든 것이 국정 혼란의 한 이유가 된 것을 고려한다면 지조있는 예수 그리스도의 고독한 리더십이 얼마나 지도자에게 필요한 덕목인가를 알 수 있다.

〈근면의 리더십〉

예수 그리스도는 근면의 리더였다. "내 아버지께서 이제까지 일하시니 나도 일한다"(요 5:17)는 고백처럼 그분은 온 갈릴리를 두루 다니며 회당에서 가르치시고 복음을 전파하시고 병자들을 치유해 주셨다. 밤늦도록 사역하시고도 새벽 미명에 하나님과 기도로 교제하는 시간을 놓치지 않으셨다.

중략…….

무엇보다 바쁜 사역 가운데에서도 제자들을 양육하는 일에 소홀히 하지 않으셨다. 예수님이 보여주신 근면의 리더십은 '나 아니면 안 된다'는 독선이나 불안에 매인 리더십이 아니었다. 정성을 다해 양육한 제자들에게 기꺼이 사역을 맡기시고 나눠 주시는 '위임의 리더십'을 보여주셨다. 제자들은 여러 차례 예수님의 기대에 미치지 못한 모습을 보여주었지만 끝까지 그들을 신뢰하셨다. 예수님의 부활 후에 또 다시 디베랴 바닷가에서 방황하는 제자들을 찾아가 따뜻한 불에 떡과 고기를 구워 주시면서 다시 사역의 자리로 제자들을 인도하시는 모습은 가히 압권이다. 예수 그리스도께서 얼마나 충성스럽게 하나님께 위임받은 사역을 제자들에게 위임하며 그들을 온전한 제자로 양육하셨는지 잘 볼 수 있다.

〈섬김의 리더십〉

예수 그리스도의 리더십의 절정은 역시 섬김의 리더십이다. "인자가 온 것은 섬김을 받으려 함이 아니라 도리어 섬기려 하고 자기 목숨을 많은 사람의 대속물로 주려 함이니라"(마 20:28)는 목적대로 예수님은 십자가의 고난을 참고 죽기까지 복종하는 섬김을 보여주셨다. 긴 부연설명이 필요 없는 그리스도의 리더십이다.

빌립보서 2장에 나오는(5-11) '그리스도 찬가'는 그 섬김의 리더십의 핵심이 '자기 비하' 곧 겸손임을 설명하고 있다. 예수님은 "하나님의 본체시나 하나님과 동등됨을" 취하지 않으시고 "자기를 비워 종의 형체"를 가지사 성육신을 이루셨다. 최근 사회적 문제가 되고 있는 대한항공 조현아 전 부사장의 처신에서 우리는 다시 한 번 겸손의 가치가 리더에게 얼마나 중요한지 절감하고 있다.

〈모범의 리더십〉
예수 그리스도의 '섬김의 리더십'이 더욱 빛을 발하는 이유는 솔선수범의 태도가 그 기반에 있기 때문이다. 예수 그리스도는 세상에 섬기러 왔다는 목적에서 한 번도 벗어난 일이 없었다. 제자들에게 섬김을 가르치시면서 먼저 섬김의 도를 보여주셨다. 제자들에게 청빈의 도를 가르쳐 주시면서, "여우도 굴이 있고 공중의 새도 거처가 있으되 인자는 머리 둘 곳이 없다"(마 8:20)고 하신 것처럼 스스로 청빈의 삶을 사셨다.

중략…….

용서하라고 가르치시고 스스로 용서의 본을 보이셨고, 기도하라고 가르치시고 스스로 기도의 본을 보이셨으며, 죽기까지 사랑하라고 가르치시며 스스로 십자가에서 그 가르침을 지키셨다. 인터넷과 SNS 시대에 쏟아지는 말에 비해 행함은 빈곤하고, 화려한 약속은 많지만 담백한 실천이 없는 시대에, 예수님이 보여주신 모범의 리더십은 그래서 오늘 대한민국에 더욱 절실해 보인다.

국제신학대학원대학교 부총장 김재성 교수는 예수 그리스도의 리더십을 "능동적이며 역동적인 지도력"이라고 설명했다. 예수님은 당대 제사장이나 랍비들과는 달리 제자들과 함께 생활하면서 모든 것을 보여주고 따라오도록 지도하셨다는 것이다. 중략…….
대한민국의 리더십은 바로 이런 목양적 지도력에서 나와야 한다"고 강조했다.

출처: 성탄절에 다시 보는 예수 그리스도의 리더십 중에서 일부 발췌. 아이굿뉴스. 2014. 12. 19.

2) 현대사회의 교사 리더십

교사에게 필요한 리더십을 예수님의 리더십과 연결지어 알아보았다.

그렇다면 급변하는 정보화, 디지털 사회로의 이행이 이루어지는 현대사회에서 정말 교사가 갖추어야 할 것은 무엇일까? 라는 의문이 든다. 교사가 전달하는 지식과 정보는 학생들이 인터넷만 검색해도 찾을 수 있는데 교사는 무엇을 가르쳐야 하는지는 정말 교사들이 고민해야 할 문제이다. 학생들은 휴대폰을 가지고 하루 종일 정보의 바다에서 시간을 보내며 지낸다. 그러므로 교사는 그렇게 다양하게 무차별적으로 학생들이 접하고 있는 그 수많은 정보 속에서 길을 잃지 않고 중요한 가치와 정보가 무엇인지를 구분하고 찾아나갈 수 있는 길을 안내하는 것이라고 생각한다. 또한 리더인 교사는 항상 학생들에게 노출되어져 있으므로 리더가 가지고 있는 다양한 인성적인 측면과 가치관 및 태도는 여과 없이 학생들에게 전달되어지며 영향을 미친다는 사실을 간과해서는 안 된다. 현대사회에서 전통적인 교사의 훈육과 교사의 권위적인 태도를 통한 지도는 이제 더 이상 아이들을 변화시킬 수 없다. 그렇다면 현대사회에서 교사는 어떠한 특징을 가지고 리더십을 발휘해야 하는지에 대해서 토크 휘태커(Great Teacher Do Differently, 2009, 송형호 역)는 훌륭한 교사의 열네 가지 특징을 다음과 같이 설명하면서 교사가 갖추어야 할 가치관을 설명해 주고 있다.

훌륭한 교사의 열네 가지 특징

1. 훌륭한 교사는 학교의 질을 결정하는 것을 프로그램이 아니라 사람이라고 믿는다.
2. 훌륭한 교사는 학년 초에 희망찬 목표를 세우고 1년 내내 일관되게 추진한다.
3. 훌륭한 교사는 학생이 잘못된 행동을 할 때 처벌이 아닌 예방에 집중한다.
4. 훌륭한 교사는 학생에게 높은 기대치를 가지며, 스스로에게는 훨씬 더 높은 기대치를 갖는다.
5. 훌륭한 교사는 교실이 변수가 아니라 바로 교사 자신임을 안다. 외부의 환경보다 자신이 제어할 수 있는 요소에 초점을 맞추고 끊임없이 점검한다.
6. 훌륭한 교사는 교실과 학교에서 긍정적인 분위기를 만들려고 애쓴다. 존경심을 갖고 모든 구성원을 대하며 칭찬의 중요성을 이해한다.
7. 훌륭한 교사는 주변의 부정적인 요소들을 걸러 내고 긍정적인 태도를 공유한다.
8. 훌륭한 교사는 관계 개선에 늘 힘쓴다. 상대에게 상처를 주지 않도록 혹 실수가 있었더라도 '미안하다'고 먼저 말할 줄 안다.
9. 훌륭한 교사는 사소한 소란은 무시하면서, 부적절한 행동에 대응하고 그 상황을 악화시키지 않는 능력이 있다.
10. 훌륭한 교사는 매사에 목적과 계획을 갖는다. 일이 잘 수행되지 않을 때는 다르게 행동했더라면 어떻게 되었을까 생각하고 계획을 조절한다.
11. 훌륭한 교사는 어떤 결정을 내리기 전에 중간층 학생보다 우수한 학생들을 염두에 둔다. 또한 이들에 대한 고려가 편애로 비치지 않도록 신경 쓴다.
12. 훌륭한 교사는 어떤 결정을 내릴 때 누가 가장 편해지고 누가 가장 불편해질지를 먼저 고려한다. 노력하는 사람을 불편하게 만드는 결정은 반드시 피한다.
13. 훌륭한 교사는 학력평가를 '학생의 학습'이라는 총체적 관점에서 바라보며, 학교교육 전체가 학력평가에 휘둘리는 것을 경계한다.
14. 훌륭한 교사는 학생을 배려한다. 훌륭한 교사는 행동과 믿음이 감정과 연계되어 있으며, 감정에는 변화에 불을 지피는 힘이 있음을 이해한다.

출처: 훌륭한 교사는 무엇이 다른가, 토드 휘태커지음, 송형호 역(2013), 199~201.

위의 훌륭한 교사의 열네 가지 특징은 비단 교사가 갖추어야 할 특징만을 의미하는 것이 아니라 우리 사회에서의 가정생활을 포함한 인간관계 전반에 적용해도 큰 무리가 없을 거라는 생각이 든다. 그러나 교사는 가르치는 입장에 있기 때문에 특히 아이들의 연령대가 낮을수록 더 큰 영향을 미치기에 교사가 갖추어야 할 이러한 특징은 아주 중요하다고 할 수 있으며, 이러한 교사가 되도록 끊임없이 노력해야 하는 것도 교사가 해야 할 막중한 일이다. 아무리 사회가 변화하고 4차 산업혁명에 의해 모든 것이 디지털화되어지고 인공지능이 대세를 이루고 있지만 교육은 교사와 학생 간의 인격적인 만남을 통해서 배움이 이루어지기 때문에 교육의 현장은 인격적인 만남의 장이 되어야 한다. 인간의 고독의 문제를 어떻게 로봇이 대신할 수 있으며, 인간의 미세한 감정의 변화를 어떻게 인공지능이 대신할 수 있을 것인가? 물론 인간처럼 진화하는 로봇이나 감정을 느끼는 로봇이 개발되어져 현재 대화를 통한 상호작용을 할 수 있더라도 이는 진정한 상호관계라고 할 수 없다. 새롭게 개발되어진 인간을 대체하는 여러 가지 인공로봇들이 인간의 약점이나 부족함보다 훨씬 더 우수한 역량을 지녔다고 하더라도 조금은 부족하고 모자라도 우리는 인간적인 것을 원하고 인간적인 것에 끌리고 인간적인 것을 원한다. 다만 빠른 속도로 변화하는 이 사회에 적절하게 대응할 수 있는 열린 마음과 이렇게 변화하는 문화를 읽을 수 있는 역량을 지닌 능력 있는 리더십을 가진 교사가 되기 위해 끊임없는 노력은 항상 이루어져야 할 것이다. 그러므로 교사에게 필요한 위와 같은 리더십이 없다고 고민할 필요는 없다. 끊임없이 공부하고, 노력하고, 고민하는 모든 교사들은 이미 충분한 교사로써의 리더십을 가지고 있는 것이라고 생각하기 때문이다.

다음은 리더십이 있는 아이를 기르기 위한 TIP이다.

tip 리더십이 있는 아이는……

- □ 새로운 친구를 잘 사귀어요.
- □ 창의적인 생각이나 말을 잘해요.
- □ 엄마 일을 도우려고 해요.
- □ 책을 열심히 읽고 한 가지에 잘 집중해요.
- □ 호기심이 많아요.
- □ 뛰어노는 운동을 좋아해요.
- □ 동생이나 친구를 잘 배려해요.
- □ 집단놀이를 좋아해요.
- □ 무엇이든 자기가 하려고 해요.
- □ 지는 걸 싫어해요.
- □ 책임감이 높아요
- □ 칭찬받기 위해 노력해요.
- □ 혼자서 장난감 조립을 잘해요.
- □ 아빠 흉내를 잘 내요.

* 체크한 문항이 5개가 넘는다면 충분한 리더십이 잠재된 아이입니다.

출처: 내성적인 아이라 리더십이 없다고요?! (4세 아이에게 꼭 해줘야 할 58가지), 네이버지식백과, 2010. 08. 20.

리더십이 없는 아이라고 걱정할 필요는 없다. 리더십은 키울 수 있는 것이기 때문이다. 아이가 소심하고 내성적이라고 고민할 필요도 없다. 이는 부모와 교사가 얼마나 노력하느냐에 따라 달라질 가능성이 충분히 있기 때문이다. 다음은 리더십을 키우기 위한 몇 가지 방법을 안내하였다.

리더십 이렇게 키워 주세요!

① 부정적인 말을 하지 않는다.
"하는 짓이 제 엄마랑 똑같아요", "도대체 너는 잘하는 것이 무엇이니?" 등 아이의 기를 죽이는 말을 사용하지 않는다.

② 워밍업이 중요하다.
아이와 함께 놀아 줄 때는 아이가 잘할 수 있는 놀이부터 시작한다. 아이가 어느 정도 자신감이 붙으면 다른 놀이를 선택할 수 있는 기회를 준다. 아이가 어떤 놀이를 결정하면 "재미있겠다. 우리 함께 해볼까?" 하고 말한다.

③ 존중하는 법을 가르친다.
리더십을 키우기 위해서는 맨 먼저 다른 사람의 말을 경청할 줄 아는 자세가 필요하다. 온 가족이 모여 다수결로 어떤 결정을 내리는 모습을 자주 보여 주자. 이 과정을 통해 아이는 상대의 의견을 존중하는 법을 배우며 이것은 인간관계에서 아주 중요한 기술이다.

④ 신체 활동이 활발한 놀이를 시킨다.
소극적인 아이에게 활력을 주기 위해서는 몸을 많이 쓰는 놀이가 적당하다. 씨름, 권투, 베개 싸움 등 박진감 있는 놀이를 같이 한다. 매일 꾸준하게 30분 정도 놀아 주면 좋다.

출처: https://terms.naver.com/entry.nhn?docId=3614866&cid=59325&categoryId=59326

제11장

교직과 교사

1. 교직의 성격과 교직관의 유형
2. 교사의 자질
3. 4차 산업혁명 시대의 교사의 역할
4. 교직윤리

1. 교직의 성격과 교직관의 유형

1) 교직의 성격

교사는 아이들이 세상에 태어나서 처음으로 만나는 부모 다음으로 중요하게 접하는 사람이다. 즉 한 아이가 세상에 태어나서 삶을 마치는 시간까지 만나는 멘토로서의 역할을 하는 중요한 두 번째의 사람인 것이다. 아직은 다듬어지지 않은 아이들의 수많은 가능성을 실현시킬 수 있는 과정에서 아주 중요한 위치에 있는 것이다. 우리는 자신에게 중요하고 가치 있는 사람들에게 무엇인가를 배우게 된다. 물론 가정에서 아이들이 부모를 존중한다면 바람직한 것들을 배운다는 생각 없이 자연스럽게 학습하게 될 것이며, 가정을 떠나 처음으로 접하는 교사를 존경한다면 역시 교육은 자연스럽게 바람직한 방향으로 이루어질 것이다. 교육에서 모델링의 중요성을 생각한다면 교육에서 교사의 중요성을 아무리 강조해도 지나침이 없다. 교사가 가르치는 지식적인 것보다 교사의 말과 행동이 일치 속에서 교사 스스로가 자신을 존중하고 아이들을 존중한다면 아이들은 더 많은 것을 자연스럽게 교사를 통해 학습할 것이며, 이러한 것들은 자연스럽게 아이들 속으로 녹아 들어가 그 아이들의 삶 전체에서 긍정적인 영향을 미칠 것이다.

교직이란 학생을 가르치는 직무를 말하고, 교직과정이란 교직에 관한 전문교육의 과정을 말한다. 교직도 일반직업의 특성과 거의 유사한 특성을 가지고 있다. 즉 직업은 모든 사람에게 필요한 생존을 위한 생계수단이며 이런 과정에서 개개인에게 주어진 능력과 자질을 발현하는 자아실현의 과정이다. 사회적 측면에서 보면 조직 내에서 자신에게 주어진 역할과 책무를 수행해야 하며, 이는 일시적이 아닌 계속성과 일관성을 지닌 노동을 수반한다는 특성이 있다. 그러나 교직은 일반적인 직업과는 달리 교직만이 요구하는 다른 점도 있다.

교직은 사람을 대상으로 이루어지는 직업이다. 물론 사람을 대상으로 이루어지는 직업은 다양하게 있을 수 있다. 모든 서비스 직종이 모두 사람을 대상으로 이루어지는 직업이지만 교직은 '사람을 사람답게 만드는 일이다'. 그래서 교직은 교육을 받는 대상으로부터 존경받아야 하는 일이다. 우리는 존경하는 사람에게 무엇인가를 배우게 된다. 가장 훌륭한 가정교육은 아이들이 부모를 존경하는 것이다. 그러므로 가장 훌륭한 학교교육도 학생들이 교사를 존경하는 것이다. 그렇다면 교사의 가르침은 더욱 효율적으로 전달되어질 것이다. 배움은 어떻게 일어나는가? 배움은 지식만을 전달해서 이루어지는 것이 아니며, 인격적인 만남을 통해 이루어지는 것이다. 그러므로 교직은 교사와 학생이 인격적인 만남을 통해 학생의 성숙이 이루어지는 과정이다. 교육은 미성숙한 학생들을 대상으로 이루어지는 일이기 때문에 교사의 가치관, 신념 등은 언어와 행동을 통해 자신도 모르게 학생들에게 전달되어져 학생의 가치관 형성에 큰 영향을 미치고 그러한 영향은 그 학생의 평생의 삶을 좌우할지도 모른다. 그러므로 교사는 반드시 바른 인품을 갖춘 사람이어야 한다. 또한 교직은 끊임없는 노력으로 자신을 갱신해 나가야 하는 직업이다. 교직을 단순히 생계수단으로 생각해서는 안 된다. 만약 그렇다면 그것은 더 이상 교직이라고 할 수 없다. 교사는 사명감을 가지고 열정을 가지고 학생들을 가르쳐야 한다. 그것이 교직이다. 교사가 열정을 가지고 학생들에게 올바른 가치관을 심어 주려고 노력하고 진정으로 사랑한다면 그 열정과 사랑은 학생들에게 전달되어져 학생들을 긍정적으로 변화시킬 것이다.

2) 교직관의 유형

교직을 보는 관점은 시대의 변화 및 각 사회의 변화에 따라 다르게 해석되어지며, 이러한 변화에 걸맞게 교직관도 달라진다. 또한 이러한 교직관의 변화에 따라 교육의 모습은 좌우되어진다. 교육은 '사람을 사람답게 만드는 것이다.' 가지고 태어난 가능성을 최대한 발현시키면서 사회에서 필요한 인재로 길러 내는 것이다. 이러한 교육을 담당하는 교사를 보는 교직관을 살펴보면 다음과 같다.

(1) 성직자로서의 교육

종교 개혁 당시 마틴 루터는 교직을 성직에 비유하면서 교직의 중요성을 설명하였다. 즉 교사는 성직자와 같이 사명의식을 가지고 학생들의 영혼과 정신을 다루며 참다운 인격을 형성시키는 사람이었다. 그러므로 교사에게는 좀 더 높은 차원의 도덕관과 윤리적인 행동의 책임과 인격적인 부분이 강조되었으며, 이는 교육에 있어서 동일시의 대상이 되는 교사에게는 정말로 중요하고 필요한 덕목이었다. 이러한 부분에서는 이 입장이 강조되어지기에 마땅하지만 교사는 가르치는 사람으로서 기본적인 지식과 교양만으로는 부족하다. 가르치는 분야에 대해 전문적인 지식이 필요하다. 이러한 입장에서 본다면 성직자로서 교직을 보는 입장은 교사에게 너무 봉사와 헌신, 인내만을 요구하는 면이 있으며 교사의 전문성을 가볍게 여길 소지가 있다.

(2) 전문직으로서의 교육

교직은 전문직이다. 교직의 전문성은 헌법 제31조 4항에서 보장되어 있으며, 교직은 점차로 전문직으로서 그 위치를 굳히고 있다.

교직을 전문직으로 보는 입장은 교직은 아이들의 인성교육뿐만 아니라 교과지도, 생활지도, 직업지도, 상담 등 다양한 분야에서 전문적인 능력을 필요로 하기 때문이다. 즉 전문적인 훈련을 받은 사람만이 할 수 있다는 것이다. 특히 아이들의 연령대가 낮을수록 가치관 형성 등에 중요한 역할을 하는 교사의 전문적인 능력은 아주 중요하다.

교직이 전문직인 이유는 교사가 되기 위해 오랜 시간의 교육을 필요로 하기 때문이다. 물론 생명을 살리는 의사만큼은 아니지만 오랜 전문적인 교육과 교사가 된 후에도 끊임없이 자기 개발을 해야 하기 때문에 교직은 전문직이라고 볼 수 있다. 물론 통계청의 한국직업분류에서도 교직은 전문직으로 구분되어져 있다. 또한 교직을 수행하기 위해 올바른 교직윤리를 가져야 하며 전문성 향상을 위한 다양한 단체 활동 등을 하는 특성을 가지고 있다. 교직의 전문성에서는 자율성 보장이 중요하며, 자율성이 보장되려면 교사의 고도의 전문성과 책임감이 전제되어야 하므로 교직은 전문직이다.

어느 직을 전문직으로 구분할 때는 교육학용어사전(서울대학교교육연구소, 2011)에 의하면 다음과 같은 준거를 만족시켜야 한다.

① 지적활동 : 전문직은 고도의 지성을 요구하는 정신적 활동이 주를 이룬다.
② 자격기준 : 전문직을 수행하기 위해서는 엄격한 자격기준을 세우고 이를 적용하여야 한다.
③ 지적기술 : 자기가 수행하는 직에 필요한 교육·훈련이 단순한 지식이나 기술의 습득이 아닌 심오한 학문의 이론과 그 응용에 기초를 두고 있어야 한다.
④ 사회적 봉사 : 전문직은 그 직을 수행함에 있어 이기적 활동보다는 이타적 동기를 중시하는 봉사활동을 그 특징으로 한다.
⑤ 자율성과 사회적 책임감 : 전문직은 개인적으로 고도의 자율성과 함께 사회적 책임감을 가져야 한다.
⑥ 직업윤리 : 전문직은 그 직을 수행하기 위해 윤리강령을 가지고 이를 지켜야 한다.
⑦ 자치조직 : 전문직은 그 직을 수행하기 위해 자율적인 조직체를 통하여 그들의 사회경제적 지위 향상 및 전문성 제고를 위해 노력해야 한다.

남수단 학생들, 고 이태석 신부의 삶과 업적 배운다.

내년 새 학기부터 초 · 중학교 정식 교과서에 실려 2017-01-24 15:10:35

세계에서 가장 가난한 사람들이 사는 아프리카 남수단에서 헌신적인 삶을 살다 암으로 2010년 선종한 고 이태석 신부(사진)의 업적을 다룬 내용이 내년 2월 새 학기부터 남수단 정식 교과서에 실린다.

남수단의 뎅뎅 호치 야이 교육부 장관은 "현재 존리(이태석 신부)의 감동적인 삶과 업적을 다룬 내용을 집필 중"이라며, "우리 학생들은 그의 헌신과 희생을 배우고 익히게 될 것"이라고 밝혔다.

호치 야이 장관에 따르면 초등 사회 교과서에는 이 신부의 삶과 사진이 한쪽 전면에 실리고, 중학교 시민권 과목 교과서에는 두 쪽 전면에 걸쳐 게재된다. 이 나라에서 사회 기여 및 봉사 활동을 했다는 이유로 교과서에 외국인이 소개되기는 이 신부가 처음이다. 고 이태석 신부는 아프리카 선교를 지원, 2001년부터 남수단에서 가장 열악한 지역으로 꼽히는 톤즈에서 움막 진료실을 짓고 밤낮으로 환자를 돌봤다. 이 신부는 현지에서 '쫄리'(John Lee)라는 애칭으로 불렸고, 2010년 48세의 나이로 세상을 떠나기 전까지 봉사의 삶을 살았다.

이 신부의 일대기는 다큐멘터리 '울지마 톤즈'로 국내에 처음으로 널리 알려지기 시작했다.

출처: http://m.hankooki.com/m_kd_view.php?WEB_GSNO=6389435&WM=kd

2. 교사의 자질

1) 교사 자질의 의미와 역할

'자질'의 의미를 살펴보면, '자질'의 사전적 의미는 '타고난 성품이나 소질을 말하며 자기가 맡아 하는 일에 대한 실력(국어사전, 2006)을 뜻한다. 교육학용어사전(서울대학교교육연구소, 2011)에 의하면 교사의 자질은 교사라는 직업이 일반적으로 요구하는 특성을 말하는 것이다. 전통적으로 교사에게는 성(誠)이나 경(敬)과 같은 인격적 조건이 크게 강조되어 왔다. 이는 교육이 인격적 완성을 크게 강조하던 시대의 유산이라 하겠다. 그러나 오늘날에는 급변하는 사회의 변화와 교육의 대상에 따라 필요한 교사의 자질은 달라지고 있다. 저급 학년에 이를수록 인자함과 좋은 모델링이 되어야 하기 때문에 아이들을 잘 이끌 수 있는 따뜻하면서도 카르스마적인 지도가 필요하다. 그러나 아이들의 수준과 학년이 높아지면 높아질수록 좀 더 전문적인 지식과 기술이 전달되어져야 한다. 그러므로 교사를 양성하는 교육의 목적은 교사로서 바람직한 자질뿐만 아니라 전문적인 능력을 함양하도록 하여야 한다.

교사의 자질은 교육의 질에 중요한 영향을 미치기 때문에 충분한 자질과 능력을 갖추고 있어야 한다. 교사의 자질에 대한 입장, 즉 어떠한 교사가 훌륭한 교사인가는 교사가 가지고 있는 교육철학과 교사관은 인간을 보는 관점에 따라서도 달라진다.

만약에 교사가 인간을 선한 존재로 보는가, 아니면 악한 존재로 보는 가 등의 인간을 보는 관점에 따라서 아이들을 대하는 방법과 교육의 방법은 달라질 것이며, 아이들을 가능성 있는 존재로 보는가 아니면 이미 결정되어진 존재로 보는가, 즉 교사가 발달적인 교육관을 가지고 있느냐에 아니냐에 따라서도 교육의 모습은 달라질 것이다. 우리가 흔히 듣는 말 중에서 '교육의 질은 교사의 질을 능가할 수 없다'라는 말과 '교육의 승패는 교사에게 달려 있다', 또는 '교육자는 알파이자 오메가' 라는 말은 그만큼 교사의 자질이 중요하다는 것을 설명하고 있는 것이다. 중요한 교사의 개인적인 자질로는 자기 자신을 존중하고, 긍정적인 성격을 소유하고 있어야 하며, 자기 자신이 아동들에게 얼마나 소중한 존재인지를 알아야 한다. 그러므로 자기 자신을 소중하게 생각하고 자신을 끊임없이 돌보며 되돌아보면서 자신의 모습을 성찰할 수 있는 능력을 갖추어야 한다. 자신을 소중히 여기는 사람이어야 남도 소중하게 여길 수 있기 때문이다. 이것은 앞에서도 이야기하였지만 아이들이 어릴수록 더욱더 교사의 영향이 크기 때문에 가르치는 아이들이 어릴수록 교사의 자질은 더욱 중요하다고 볼 수 있다. 다음으로 교사의 자질로는 전문적인 자질을 들 수 있다. 그러나 문제는 우리는 교직을 전문직이라고 할 때, 예를 들어 대학교수들은 전문직으로 인정하는 사회적인 분위기가 있지만 그 아래 단계로 내려갈수록 이러한 사회적인 인식이 부족하다는 생각을 많이 한다. 이는 교직을 보는 입장 중에서 교직을 노동직이라고 보는 입장이 있음을 생각해 보면 이해가 쉽게 될 것이다. 그러므로 교사는 개인적 자질 뿐만 아니라 교사로서의 전문적인 자질을 갖추도록 노력하여야 한다. 물론 교사가 되기 위해서 충분한 준비의 기간을 가졌지만 급변하는 사회에서 아이들이 살아가는 세상과 교사들이 살아온 세상은 너무나 다르다. 그러므로 끊임없이 변화하는 세상에서 아이들이 필요로 하는 것을 갖출 수 있도록 끊임없이 노력하고 공부해야 한다. 교사중심의 교육이 아니라 사회의 흐름에 민감하게 반응하면서 아이들이 '무엇을 할 수 있게 할 것인가'를 고민하는 교사의 모습이 되어야 한다.

2) 사례를 통해 본 교사의 자질

교사는 자신의 자리에서 최선을 다해 아이들의 need와 그 사회의 need와 부모의 need를 고민하면서 자신을 성장시키고 더불어 아이들도 같이 성장시키고 키워 나가야 한다. 아이들을 성장시키고 키워 나가기 위해서는 아이들을 학습하고 잘 알아야 한다. 잘 알아야 도와줄 수 있다. “유아와 갈비” 이야기에서 알 수 있듯이 내가 갈비를 좋아한다고 해서 유아에게 갈비를 준다는 것은 바람직하지 않다.

우리는 내가 좋다고 생각하는 것을 주고 만족하고 최선을 다했다고 생각하지만 유아는 갈비를 먹을 수 없다. 아이가 정말 필요로 하는 것을 주는 것이 사랑이고 관심이라고 볼 수 있다. 훌륭한 교사는 어느 교사가 훌륭한 교사일까? 아는 것이 많은 교사가 아니라, 아는 것을 아이들이 잘 소화할 수 있도록 해주는 교사가 훌륭한 교사라고 볼 수 있다. 어느 것을 좋아하고 어떻게 해야 잘 소화시킬 수 있는지는 어떻게 알 수 있을까? 이는 아이들을 잘 관찰하고 관심을 가지고 시간을 투자해야 한다. 현대를 살아가는 사람들은 다 바쁘다. 교사도 바쁘고, 아이들도 바쁘다.

다음의 에피소드를 읽어 보자. 이 이야기는 『성공하는 사람들의 7가지 습관』에 나오는 이야기의 일부이다.

> 어느 남자가 무척 큰 나무를 톱으로 썰고 있었습니다. 무려 다섯 시간이나 쉬지 않고 끙끙대며 톱질을 하고 있었습니다. 옆에서 보고 있던 사람이 딱한 나머지 물어봤습니다. “여보시오. 톱질을 잠깐 멈추고 톱날을 갈면 좋을 텐데…… 왜 톱날을 갈지 않소?” 남자가 숨을 헐떡거리며 대답을 했습니다. “허어, 그럴 시간이 어딨소? 톱질하기도 바쁜데…….”

출처: 스티브 잡스, 김경섭(역)(2017). 성공하는 사람들의 7가지 습관 중에서 일부 발췌. 김영사.

이 이야기를 읽고 어떤 생각이 드는가? 어느 것이 더 효율적인가? 톱날을 갈 시간도 없이 정신없이 엄청난 잡무에 시달려 아이들에게 할애할 시간이 없다면 그것은 유능한 교사라고 할 수 없다. 그러므로 교사는 시간을 할애해서 자신을 학습하고, 아이들이 지금 어떠한 상태이고 무엇을 필요로 하는지 끊임없이 학습하고, 아이들을 위해 시간을 할애해야 한다. 또한 가르치는 직업을 가진 자신의 지금 현재의 모습에 행복감을 느끼는 교사가 유능하고 올바른 자질을 갖춘 교사라고 볼 수 있다.

다음의 에피소드는 미치 앨봅의 『모리와 함께한 화요일』 중에서 나오는 이야기 중의 일부이다.

〈2등이면 어때〉

1979년, 브랜다이스 체육관에서 농구경기가 벌어지고 있다.
우리 팀이 잘 뛰자, 학생들이 한 목소리로 응원 구호를 외친다.
"우리가 1등! 우리가 1등!"
모리 교수님이 부근에 앉아 있다.
그는 이 구호에 어리둥절해 한다.
그래서 "우리가 1등!"하고 외치는 중간에,
벌떡 일어나서 그는 소리친다.
"2등이면 어때?"
학생들이 그를 바라본다.
그들은 구호 외치기를 멈춘다.
선생님은 앉아서 승리에 찬 미소를 짓고 있다.

출처: 미치 앨봄, 공경희 역(2017). 모리와 함께한 화요일에서 일부 발췌. 살림.

교사들은 알고 있다. 1등만을 지향하는 우리 사회 속에서 얼마나 많은 아이들을 불행하고 주눅 들어 가는지, 1등보다 최선을 다한 아이들에게 2등도 소중하고, 3등도 소중하고, 꼴찌도 사회에서 우대받는 세상 얼마나 멋진 세상인가? 이것을 아는 모리교수 또한 얼마나 멋진 교사인가? 생각해 보기를 바란다. 우리는 모리교수의 모습인지 아니면 끊임없이 1등만이 가치롭다고 가르치고 있는지 우리의 모습을 돌아보자.

다음의 이야기는 지그 지글러의 『정상에서 만납시다』 중에서 발췌한 내용이다.

〈17년 동안 저능아로 살았던 천재〉

빅터 세리브리아코프라는 저능아는 15살 때 선생님이
“너 같은 저능아는 공부해도 소용없어! 장사나 배워.”하고
구박을 준 후 17년 동안 저능아로서 살아갑니다.
서른두 살이 되었을 때 우연히
자기 IQ가 161이라는 사실을 알게 됩니다.
그 후 그는 천재처럼 행동하기 시작합니다.
많은 책을 썼고, 특허를 냈고, 기업가가 됩니다.
그리고 IQ 132 이상의 사람만이 가입할 수 있는
맨사(MENSA)클럽의 회장이 되기도 합니다.

출처: 지그 지글러, 이은정 역(2015). 정상에서 만납시다 중에서 일부 발췌. 산수야.

살면서 중요한 것이 많지만 정말 중요한 것은 누구를 만나느냐가 중요하다. 그것도 아이들의 틀이 형성되어지는 어린 시기에 만나는 교사는 정말로 중요하다.

교육의 힘은 위의 사례처럼 정말 크다. 아니 교육의 힘이 아니라 교사의 힘이 크다는 것이다. 교사는 한 사람을 저능아로 만들기도 하고 또는 천재로 만들기도 한다.

교사의 말 한 마디의 힘이 한 사람의 삶에 이렇게 큰 영향력을 끼쳐 17년의 세월을 열등한 상태로 살게 만든 것이다.

우리는 교사의 자질에서 필요한 것이 무엇인지 다시 한 번 생각해 봐야 할 것이다.

우리는 예비교사이다.

다음은 예비유아교사로서의 자질을 측정하는 검사도구이다.

많은 교사직 중에서 유아교사의 자질을 체크하는 검사도구를 첨부한 것은 교직 과목을 듣는 많은 학생들이 예비유아교사이기 때문이다. 다음의 검사도구를 통해 자신이 얼마만큼의 교사로서의 자질을 가지고 있는지를 알아보고 준비

된 교사가 되기 위한 자신을 알아가기 위한 정보로 활용하기를 바란다.

표 11-1 유아교사의 자질

번호	설 문 문 항	전혀 그렇지 않다	별로 그렇지 않다	보통 이다	대체로 그렇다	매우 그렇다
1	유아를 자주 안아 주고 쓰다듬어 주며 따뜻하게 대하는 태도					
2	주어진 일에 최선을 다하며 성실히 수행하는 자세					
3	정서적으로 안정되어 있어 마음이 평온함					
4	유아와 함께 있는 것을 즐거워하며 좋은 놀이 친구가 되어주기					
5	동료 교사 그리고 학부모와 원만한 관계를 유지하기					
6	동료교사와 협조하고 필요할 때는 힘이 되어 주는 자세					
7	사사로운 감정에 치우치지 않고 모든 유아를 공정하게 대하기					
8	신체적인 불편함이나 좋지 않은 감정을 참고 유아에게 친절하게 대하는 자세					
9	유아의 언행이나 생각을 편견 없이 받아들이고 유아의 실수를 수용하는 마음가짐					
10	유아를 위해 헌신적으로 봉사하는 자세					
11	교육프로그램의 계획과 실천에 있어 부모, 다른 전문기관 및 여러 기관들을 참여시키는 능력					
12	언어발달을 신장시킬 수 있는 능력					
13	유아의 자기 지식, 자존심, 자신감을 길러 줄 능력					
14	감각 운동적 기능을 촉진시키는 능력					

15	유아의 자기 지식, 자존심, 자신감을 길러줄 능력					
16	유아 개인의 특성을 알아내어 그에 따라 교육적 처리를 할 수 있는 능력					
17	사회성 발달을 돕는 능력					
18	신체적 성장 · 발달을 촉진시키는 능력					
19	유아의 행동을 관찰 기록하고 그에 따라 계획할 수 있는 능력					
20	교과과정을 유아의 발달 수준에 맞게 재구성 할 수 있는 능력					
21	계획한 프로그램을 적절한 재료를 선택하여 현장에 적응하고, 프로그램 평가를 통해 다음 계획을 반영하는 능력					
22	유아에 대한 올바른 평가를 실시하고 그 결과를 효율적으로 활용하는 능력					
23	유아의 동기 유발을 위하여 다양한 방법을 사용하는 능력					
24	지역사회의 자원과 인사를 적절히 활용할 수 있는 능력					
25	각종 자료 및 교수 매체를 선정, 제작 활용하는 능력					
26	유아의 놀이 활동 때 적절한 개입을 통하여 가치 있는 놀이로 이끄는 능력					
27	예기치 못한 사태나 유아의 요구에 따라 활동의 방향을 변화시킬 수 있는 융통성					
28	유아가 이해하기 쉽고, 유아의 사고를 촉진 시킬 수 있는 언어를 사용하는 태도					
29	유아 개인의 최적의 발달을 도모하기 위해 열과 성의를 다하는 자세					
30	유아교육 현실을 직시하고, 이를 바탕으로 미래를 준비하는 안목					

31	가르치는 일에 긍지와 자부심을 갖고 보람된 일로 생각하는 마음가짐					
32	교직에 대한 신념과 사명감					
33	유아의 능력을 인정하고 각각 독립된 개인으로 대하는 자세					
34	전문성 신장을 위해 꾸준히 노력하는 태도					

출처: 김지현(2007). 교사, 학부모가 선호하는 유아교사의 자질에 관한 연구. 90-92.

또한 예비교사로서 바람직한 자질과 역할을 학습하여 교사로서 올바른 가치관과 인성을 함양하도록 지도하며, 자신의 꿈과 비전에 대한 확신을 가지고 이를 실천할 수 있는 교사로 성장시키기 위해 교직관 에세이 작성을 하도록 하며, 이의 활성화를 위해서 교직관 에세이 경진대회 등을 개최하여 학생들이 올바른 교직관을 가지도록 동기를 부여한다. ○○대학교에서 작성한 예를 보면 다음과 같다.

※ 교직관 에세이 쓰기 양식

나의 교직관 작성하기

작성일시 :

1. ____________의 교육에 관한 생각

나는 내가 앞으로 일할 분야인 교육에 대해서 이러한 생각을 가지고 있어요. 그리고 바람직한 교육이란 이렇게 되어야 한다고 생각해요. 교육은 학생들에게 이러이러한 역할을 해 주어야 해요. 내가 그동안 받아온 교육을 떠올려 볼 때 교육은 이러이러한 문제점이 있었고, 이렇게 바뀌면 좋겠어요.

-

-

2. ____________의 교사에 관한 나의 생각

나는 교사로서 아이들에게 이러이러한 역할을 하는 교사가 될 거예요... 그리고 이러한 상황에서 이렇게 해 줄 거예요...

-

-

3. 나의 꿈

영 역	내 용
1. 나의 꿈	
2. 2년 후의 목표 (단기 목표)	예) 1. 교사 자격증 취득에 걱정 없는 성적 만들기 2. 유아교육 관련 서적 10권 이상 읽기 3. 유아교육 관련 사이트 3개 이상 정해 놓고 1주일에 1회씩은 들어가서 최근 동향 살펴보기
2.1 나의 목표를 이루는데 방해가 되는 요소	(예) 1. 공부할 때 집중하지 못한다. 2. 유아들에 대한 관심이 부족하다. 3. 신문을 보지 않고, 인터넷에서도 교육관련 기사는 검색하지 않는다.
2.2 나의 목표를 이루는데 필요한 요소	(예) 1. 1달에 한 번씩 대형 서점에 가서 관련서적 읽기
3. 5년 후의 목표 (중기 목표)	
3.1 나의 목표를 이루는데 방해가 되는 요소	
3.2 나의 목표를 이루는데 필요한 요소	

3. 4차 산업혁명 시대의 교사의 역할

1) 4차 산업혁명 시대의 도래

1차 산업혁명이 영국에서 1750년 시작되어 석탄을 사용한 증기기관 등의 발명으로 기계화가 이루어진 산업혁명이라면, 2차 산업혁명은 1870년대 전기의 발명 및 보급으로 생산성의 증대 등 사회는 큰 변화를 맞게 되었다. 3차 산업혁명은 1960년대부터 시작되어 우리 사회는 인터넷, 휴대전화라는 정보기술혁명으로 삶의 전반에 엄청난 혜택을 받으면서 디지털화가 시작되었다. 3차 산업혁명은 이제까지의 삶의 전반을 완전히 뒤바꾼 혁명이었다. 처음 강의를 시작할 때는 컴퓨터의 사양은 286 컴퓨터로 레포트를 걷으면 컴퓨터로 작업한 것보다 필기로 써서 낸 레포트가 더 많았다. 그런데 어느 순간 이제는 컴퓨터로 작업을 하지 않은 것이 이상한 일이 되었고, 컴맹이라는 말도 이제는 어느 순간 사라져 버렸다. 19세기 교과서의 내용으로 20세기의 교사들이 21세기의 아이들을 교육한다고 교육의 비효율성을 빗대어 말들을 많이 하였지만 실제로 교육의 현장에서는 그리 큰 변화 없는 교육이 이루어지고 있었다. 물론 교육개혁으로 변화의 시도와 점진적인 변화는 이루어지고 있었지만 획기적인 변화라고는 말할 수 없다. 엘빈 토플러가 그의 저서 『부의 미래』에서 “기업은 시속 100마일로 변화하는데 반해, 교육은 시속 10마일로 변화한다.”(김영식, 2018)고 표현한 것만 봐도 교육이 얼마나 뒤처지고 있는지를 단적으로 알 수 있다. 그러나 지금 사회적으로 가장 큰 이슈는 4차 산업혁명 시대의 도래이다. 이제는 20세기의 노동집약적인 사회에서 21세기는 지식기반사회로 무한 경쟁사회가 도래되었다는 것을 말하는 것이다. 제3차 산업혁명이 인터넷의 개발로 디지털과 정보통신기술로 학생들뿐만 아니라 모든 사람들이 궁금하거나 알고 싶은 것은 그 자리에서 핸드폰 검색으로 검색하여 알 수 있고, 이제는 모든 사람들이 세계와 소통할 수 있는 작은 컴퓨터 하나씩을 가지고 다닌다고 볼 수 있는 것이다. 그러나 이제는 더 나아가 4차 산업혁명 시대이다. 모든 사물에 인터넷이 연결되어 이제 우리는 집에 가기 전에 집의 모든 가전제품을 컨트롤할 수 있으며, 어마어마한 자료가 클라우드에 저장되고, 모든 사물에 모바일 접속이 가능한 시대가 온 것이다. 그리고 로봇, 인공지능 개발 등 사회 전반의 분야에 영향을 미치면서 사회 곳곳을 엄청난 속도로 변화시키고 있다. 이러한 변화를 우리는 얼마나 인지하고 있는 것일까? 라는 의문이 든다.

얼마 전 종영된 드라마 중에서 인공지능 로봇이 탄생하는 과정과 관련된 '너도 인간이니'라는 드라마가 있었다. 로봇공학자인 주인공이 아들을 빼앗기고, 체코로 건너가 아들에 대한 그리움을 달래려 아들을 대체할 '남신'이라고 불리는 로봇을 만든다. 남신이라는 로봇은 자신이 로봇인 줄도 모르고 엄마와 행복하게 지낸다. 어느 날 진짜 아들과 로봇 아들이 아주 우연히 체코의 길거리에서 만나는 순간, 진짜 아들이 교통사고를 당하여 의식불명이 된 사이에 로봇이 진짜 아들을 대체하면서 벌어지는 이야기인데 진짜 아들이 깨어나면서 로봇 아들은 제거될 위기에 처한다. 로봇을 만들면서 쓸모없어질 때를 대비해 자체 파괴 시스템을 만든 것이다. 그런데 이 로봇이 사랑의 감정을 느끼며 로봇을 사랑하는 여자가 이 남신을 구하기 위한 노력 등이 그려지는 드라마이다. 이 드라마를 보면서 로봇이 인간의 필요만을 대체하는 존재인가? 그러다 쓸모없어지면 버려도 되는가? 에 대한 많은 생각이 들었다. 그리고 이러한 변화가 이미 4차 혁명이라는 이름으로 우리 삶 깊숙이에 들어와 있는 것을 느끼는 순간이기도 했다.

문제는 이러한 4차 혁명으로 인한 변화가 인간을 이롭게 하는 반면 인간의 생존권을 위협한다는 것은 아닌가 하는 우려가 생긴다. 이세돌과 알파고의 대국은 너무나 유명하여 세계의 모든 사람들이 숨을 죽이고 그 결과를 지켜보았다. 결과는 인간의 승리가 아니라 인간이 만든 기계가 승리를 한 것이다. 또한 단적인 예를 들면, 이제 우리는 핸드폰을 잃어버리면 또는 핸드폰이 없으며 아무것도 하지 못하는 지경에까지 이르렀다. 가까운 사람의 번호 하나도 이제는 외우지 않아도 되는 것이다. 문명의 이기가 우리를 편하게 하는 것인지, 아니면 우리를 어쩌면 생각할 필요가 없는 존재로 만들어 버리는 것은 아닌지 우려가 된다. 그러나 너무나 미숙하고 실수 많은 인간보다 인간이 만든 인공로봇은 실수라는 것을 하지 않는다. 그리고 인간이 기억하지 못하는 것도 정확하게 기억해 낸다. 이 결과 이제 기계가 인간의 일자리를 대신한다. 이것이 과연 축복일까? 얼마 전 지하 주차장을 빠져 나오는데 늘 보이던 주차 관리 아저씨가 아니라 대신 기계가 있었다. 요금이 얼마라고 말을 듣고 카드로 계산을 하고 나오는데 편하기는 하지만 그 아저씨는 일자리가 없어진 것이다. '인간이 할 일을 기계가 해 주면 얼마나 좋을까'하는 인간의 호기심이 이제 어쩌면 기계에 비하면 너무나 실수 많고 감정에 휘둘리는 인간을 쓸모없는 존재로 만들어 가는 것은 아닐까라는 우려의 생각이 들었다. 아니 지금 많은 일자리가 사라지고 있는 것도 사실이다. 향후 15년 이내에 우리들의 직업 60%가 사라지거나 인간의 영역이었던 사고영역까지 로봇이 대체한다는 이야기는 정말 두려운 말이 아닐 수 없다.

고용노동부, 한국고용정보원(2017)의 '한국직업전망 2017'에 의하면 다행한 것은 유치원교사의 미래전망을 보면 저출산으로 인해 유치원 아동의 경우 2009년까지 절대적으로 감소하다가 2010년 약 538천 명에서 2013년 약 658천 명으로 급증한 뒤 점진적으로 증가하여 2015년에는 682천 명을 기록하고 있다. 2015년 교육통계연보에 의하면 유치원교사가 98.3%가 여성이며 34세 이전의 가임여성에 해당하는 유치원교사가 66%에 달하여 출산과 육아 등으로 유치원을 그만두는 사람을 대체하기 위하여 채용이 이루어지기 때문에 사립유치원에서의 고용은 증대될 것으로 보고 있으며, 고용이 불안정한 사립유치원보다는 근무환경이 좋은 국·공립으로 입직하려는 경쟁이 치열할 것으로 보고 있다. 2018년부터 현재까지의 사회적인 상황을 보면 유아교육기관과 관련된 일련의 사태로 인하여 그 고용변화를 예측하기는 어렵지만 이러한 변화는 일시적으로 일어난 변화라고 볼 수 있으며, 장기적인 차원에서는 정부의 무상보육 정책과 유치원교사 1인당 학생 수의 감소 등으로 유치원 취원율은 증가하여 유치원교사의 수는 다른 사라지는 직업군과는 달리 증가할 것으로 예상된다. 정말 다행인 것은 계속 사람들이 결혼을 하고 아이를 낳는다면 유치원교사는 사라지지 않을 거라는 희망을 가져 본다. 그러나 고용시장이 그리 낙관적이지는 않다. 이제는 고령사회가 아니라 65세의 고령인구 비율이 2018년 현재는 14%이지만 2026년에는 20%로 증가하는 초고령 사회로 진입한다고 사회학자들은 주장하고 있으며, 또한 한국고용정보원의 한국직업전망(2017)에서도 밝혔듯이 우리나라 인구는 2031년 52,958천 명을 정점으로 감소할 것으로 예상하고 있다. 이제는 인구절벽으로 사회 전반에서 구조적인 변화를 피하지 못하게 되었다. 이러한 사회의 구조적인 변화로 인해 가족구조도 변화되고 있다. 이제는 4인 가족이 평균이라는 말은 더 이상 우리 사회의 구조에 맞지 않는다. 즉 라이프스타일이 변하고 있는 것이다. 그러므로 단적으로 말하면 더 이상 넓은 집이 필요하지 않고, 모든 가전제품이 큰 것이 필요하지 않다는 것이다.

이에 따라 기업도 발 빠르게 가전제품들의 사이즈와 종류를 선별하여 생산하고 있다. 물론 이러한 급속한 변화에 사실 기업들도 고심하고 있을 것이다. 이에 따라 당연히 고용시장도 변화가 나타나고 있다. 기존의 직업군이 사라지고 새로운 직업군이 생겨나고 근무방식도, 작업방식도 달라지고 있다. 최근에는 가정마다 AI 인공지능들을 가지고 있으며, 아이들의 놀이도 바뀌고 있다. 필자도 가끔 핸드폰의 빅스비와 대화를 하는 경우도 있다. 물론 프로그램된 것만 말하지만 신기하기도 하고 심심할 때 재미있기도 하다. 사람이 사람과 소통을 해야 하는데 사람이 기계와 소통을 하느라 인간과 의사소통이 단절되어지는 것이다. 그리고 요즈음 보면 3D 프린팅으로 만드는 여러 가지 사물을 보면 경이로움을 느끼지 않을 수 없다. 이러한 사회의 구조적인 변화는 상상도 할 수 없는 직업 세계의 변화를 가져올 것이고 이러한 직업 세계의 변화는 곧 교육의 변화가 필연적으로 동반되어야 함을 설명하고 있는 것이다.

2) 변화하는 현대사회의 교사의 역할

사회의 변화는 교육의 변화를 요구하고, 교육의 변화는 교사의 변화를 요구하는 것은 당연하다. 지금까지의 단편적인 지식을 전하는 교육은 이미 필요 없는 교육이 되어진 것이다. 모든 것이 달라지고 있다. 사회적인 환경뿐만 아니라 자연환경도 달라지고 있다. 환경적인 부분에서 지구온난화의 문제는 어제 오늘의 문제가 아니다. 또한 이제는 외출도 마음대로 하지 못하는 지경까지 일어났다. 며칠 전 중국 현지의 TV 인터뷰에서 미세먼지가 너무 심하여 지구의 종말이 온 것 같다는 인터뷰를 들었을 때 그 사람이 느끼는 공포감이 실감 나게 전해지었다. 그렇다면 이렇게 급변하는 사회에서 교사는 어떠한 역할을 하여야 할까? 이러한 급변하는 사회에 대처하기 위해 교사는 끊임없이 배우고 사회를 조망하는 능력이 있어야 한다. 그리고 다양한 정보를 처리하는 정보처리의 능력도 절실하게 필요하다. 이제는 교육의 모습도 정책적인 차원에서 교육 분야에서 앞서 나가는 세계 여러 나라의 교육에 대한 대처방안들에 대해서 연구하고 다양한 사례들을 숙지하고 축적하여 교육의 새로운 패러다임을 구축해 나가면서 이를 실천해 나가야 한다.

이제는 고용시장도 위에서 말하는 것처럼 변하고 있다. 채용에서도 스펙을 중요하게 여기지 않는 블라인드 면접을 한다. 즉 어느 학교를 나왔느냐가 중요하지 않다는 것이다. 스펙보다는 직무능력을 중요하게 여긴다는 것이다. 성적보다는 능력을, 학력보다는 인성을 중요하게 여긴다는 것이다. 뛰어난 계산능력은 우리보다 컴퓨터가 훨씬 더 잘하기 때문이다. 그러므로 교육에서도 아이들의 성적이 중요한 것이 아니라 아이들이 가진 잠재력을 잘 발휘할 수 있도록 다양한 교육의 기회가 주어져야 한다.

사회 속에서 생활할 때 중요한 것은 인간관계이다. 인간관계에서 중요한 것은 소통이다. 그러므로 소통능력을 길러 주는 것이 중요하다. 이제는 뛰어난 리더 혼자 무엇인가를 할 수 있는 시대가 아니다. '다수에 의한 시대'가 이루어지고 있는 것이다. 예를 들어 온라인 백과사전 '위키피디아'를 보자. 다수의 전문적인 사람들이 자신들이 지식을 제공하여 지식을 만들어 나간다. 물론 문제가 없는 것은 아니지만 많은 사람들의 검증을 거쳐 만들어지기 때문에 아직까지는 사람들에게 유용한 정보로 활용되고 있다.

그리고 교사는 끊임없는 자기 연수를 통해 전문적인 능력과 사회의 변화를 빨리 감지하는 얼리버드가 되어야 할 뿐만 아니라 교육의 대상인 아이들을 학습해야 한다. 예를 들어 아이들이 사용하는 언어를 모른다면 아이들과 소통할 수 없기 때문이다. 또한 아이들이 공부할 때 재미있게 공부할 수 있도록 게임과 같이 다양한 수업방식에 대해 연구해야 한다. 실제로 요즈음에는 온라인으로 미리 예습하고, 오프라인으로 공부하는 플립드 러닝(Flipped Learing) 수업방식이 사이버 강의의 방식으로 시행되는데, 문제는 이것을 아이들이 재미없어 한다는 것이다. 재미가 있어야 뇌도 즐거워하고 학습능률이 오른다. 그리고 뇌가 기억을 잘한다. 그래서 아이들이 즐겁게 공부할 수 있도록 교사는 최적의 방법으로 수업을 진행할 의무가 있는 것이다. 예를 들어 '게이미피케이션(Gamification)'같은 방법을 수업에 도입하는 것이다. 게이미피케이션은 게임이 아닌 것을 게임처럼 할 수 있도록 재미있는 요소를 부여한다는 것이다. 일반적으로 우리가 사용하는 '쿠폰제', 은행의 '우대금리', '포인트 제도' 등과 같이 교육에 게임의 요소를 부여해서 학습해야 할 것들을 재미있게 학습하도록 하는 것이다.

또한 실제로 게임형 콘텐츠를 통해서 학습이 이루어지게 하는 것이 G-러닝(Game-based Learing: G-Learing)이다. 이때까지는 e-러닝을 중요하게 여겼는데 콘텐츠경영연구소 위정현 소장이 처음으로 G-러닝이라고 이름 붙여 만들어 낸 신조어이다(김영식, 2018).

그러므로 교사는 이제 무엇인가를 가르치는 것보다 학생들이 스스로 무엇인가를 할 수 있도록 안내자의 역할, 코치의 역할을 해야 하며, 아이들이 스스로 다양한 컴퓨터 프로그램을 통해 자신의 잠재력을 개발할 수 있도록 도와야 하는 것이 현대사회에서의 교사의 역할이라 할 수 있다.

성남산업진흥원 '성남 인디게임 & 게이미피케이션 공모전' 개최

2018 성남 인디게임 & 게이미피케이션 공모전 수상작이 최종 선정돼 다음달 1일 '성남 게임월드 페스티벌' 개막식에서 시상식을 개최한다.

성남시와 성남산업진흥원주최 · 주관으로 열린 이번 공모전은 창의적이고 우수한 인디게임과 게이미피케이션 아이디어를 발굴, 지원하기 위해 실시됐다.

응모분야는 '인디게임 출시지원 부문'과 '인디게임 개발지원 부문', '게이미피케이션 아이디어 부문'으로 총 3부문이다. 총 115개 작품이 접수되는 등 뜨거운 호응 속에 공모전이 치러졌다. 경쟁력, 우수성, 발전 가능성 등을 종합적으로 평가한 결과 총 12개 작품이 선정됐다.

인디게임 출시지원 부문 최우수상에는 '니어이스케이프'가 선정됐다. 기억을 잃은 주인공이 넓은 야외 지역과 수많은 건물을 탐색하며 단서를 통해 기억을 찾아가는 오픈월드 게임이다. 우수상에는 '스텔라 메이든 리플렉스타–', '헥사곤 던전 2', '위치 앤 도로시'가 선정됐다.

인디게임 개발지원 부문 최우수상에는 핸들로 플레이 가능한 간단한 조작의 액션 게임 '험비독'이 선정됐다. 우수상에는 '미사일 RPG', 'Door_마음의 여행자', 'Turtle Bomb'가 선정됐다.

게이미피케이션 아이디어 부문 최우수상에는 '효과적인 다이어트 습관형성을 위한 웨어러블 시스템'이, 우수상에는 장애 아동을 위한 기능성 게임 '도비와 함께 치워요', 직장인을 위한 신체활동 장려 육성형 매니징 게임 '운동하자! 김대리!', 기존 공간과 자가발전 자전거를 활용한 게임 'NEO CYCLE'이 선정됐다.

각 부문별 최우수팀은 지난 22일부터 개최한 '게임스컴 2018'(유럽 최대 게임전시회)에 참관했다.

수상작은 다음달 1일, 2일 경기창조경제혁신센터에서 개최하는 성남 게임월드 페스티벌 내 인디게임 오락실 부스에서 시연해 볼 수 있다.

출처: 성남산업진흥원 '성남 인디게임 & 게이미피케이션 공모전' 개최. 이데일리. 2018-08-30.

4. 교직윤리

1) 교직윤리의 중요성

교직윤리가 중요한 이유는 교육이 전문직이기 때문이다. 전문직을 충족시키는 요건 중에 전문직이라 함은 그 직을 수행하기 위하여 윤리강령을 가지고 이를 지켜야 한다고 나와 있다. 그러므로 교직윤리는 교직이 전문직임을 증명하는 요건 중의 하나이다. 또한 교직윤리가 중요한 이유는 교육은 '사람을 사람답게 기르는 활동'이며, 교육을 통해 각자가 지닌 가능성을 최대로 실현시켜 나가는 활동이라는 정의에서 찾아볼 수 있다. 이러한 교육은 교사를 통해 이루어지기 때문에 교사가 어떠한 가치관을 가지고 있느냐는 교과지도, 학생지도, 생활지도 등 교육의 전반에 영향을 미친다. 그러므로 교사는 자신의 자신이 행하는 모든 행위에 각별한 주의를 기울여야 하며, 교사 자신의 행위가 잘못되었을 때 그 행위로 인하여 얼마나 중대한 결과를 초래하는지를 끊임없이 생각하고 주위를 기울여야 한다. 학생들에게 교사의 행위와 태도는 그대로 답습되어 올바른 행위로 인식되어져 모델링되어지기 때문에 교사는 자신이 행해야 하는 바와 행하지 말아야 할 바를 명확히 구분하고 이러한 구분대로 명확하게 행동해야 한다.

한국교원단체총연합회(1997)의 왜 교사의 윤리가 중요한가에 대하여 설명한

것에 준하여 요약해보면 다음과 같다,

첫째, 교사는 사람을 만드는 일에 관여한다.

둘째, 교직은 전문직이기 때문이다. 그러므로 윤리강령을 가지고 이를 따라야 한다.

셋째, 교사는 교육력(教育力)이 있다. 즉 학생을 만드는 힘이 있는 것이다.

넷째, 교사의 윤리는 학생의 윤리를 좌우하며, 인간다운 세상을 만들기 위해 필요하다.

특히 그 연령대가 낮은 유아의 발달을 돕는 유아교사라면 유아가 처음으로 접하는 학교인 유치원에서의 교사의 영향은 거의 절대적이라고 볼 수 있다. 그러므로 유아의 올바른 발달을 위해 전문직으로서의 윤리관이 확실하게 확립되어 있어야 한다. 요즈음 교육의 현장에서 정말 여러 가지 문제가 발생할 때 전문적이고 합리적인 의사결정이 필요하기 때문에 더욱더 교직윤리가 중요하다.

다음의 예는 실제의 사건을 영화화하여 교직세계나 사회에 큰 이슈를 제기하게 한 사례이며 현장에서의 교직윤리의 중요성을 다시 한 번 생각하고 점검하게 한 사례이다.

도가니

2011년 9월에 개봉한 황동혁 감독의 한국영화. 청각장애 특수학교인 광주인화학교에서 실제로 일어난 장애학생 성폭행 사건을 소재로 한 공지영의 동명 소설을 영화화한 작품

■ 감독 : 황동혁
■ 장르 : 드라마
■ 시간 : 125분
■ 줄거리 : 영화의 공간 배경은 지방 도시 무진에 있는 청각장애 특수학교 자애학원이다. 이 학교에 미술교사로 부임한 강인호(공유 분)는 무겁게 가라앉은 학교 분위기와 자신을 경계하는 학생들의 태도에서 무언가 불길한 예감을 느낀다. 부임 첫날부터 학생 영수가 기차에 치여 죽는 사건이 발생하지만 학교측에서는 이를 쉬쉬하며 덮어 버리려 하고, 늦은 밤에 여자 화장실에서는 아이의 비명소리가 울려 퍼진다.
인호는 연두(김현수 분), 유리(정인서 분), 민수(백승환 분)와 영수 형제 등 장애아들이 쌍둥이인 교장과 행정실장(장광 분) 그리고 교직원들의 성폭행과 학대에 시달리고 있으며, 영수의 죽음도 남자 교사의 성폭행으로 인한 자살이었음을 알게 된다. 인호는 무진인권센터 간사인 서유진(정유미 분)과 함께 이 사건을 세상에 알리려 힘쓰지만 자애학원과 결탁한 무진의 기득권 세력은 이를 무마하기 위하여 온갖 비열한 수단과 방법을 동원한다. 결국 가해자들은 재판에 회부되지만 권력의 힘 앞에 피해 학생들은 법정에서 또 다시 인권을 유린당하고, 가해자들은 집행유예로 풀려난다.

이 영화는 광주광역시의 청각장애 특수학교인 광주인화학교에서 실제로 일어난 장애학생 성폭행 사건을 소재로 한 공지영의 동명 소설이 원작이다. 소설 ≪도가니≫는 2008년 11월부터 2009년 5월까지 포털사이트 다음에서 6개월 동안 연재되었으며, 2009년 6월 책으로 출간되었다.

출처: http://www.doopedia.co.kr

"액수 적어도 죄질 나빠"…복지예산 50만원 횡령 초등교사 해임 2018-01-16

(광주=연합뉴스) 김재선 기자 = 학교생활이 힘든 학생들에게 사용해야 할 복지예산 50만원을 횡령한 교사에게 해임 처분이 내려졌다.

16일 광주시교육청에 따르면 '희망교실' 복지예산 50만원을 사적인 용도로 사용한 광주 모 초등학교 교사 A씨에 대한 징계위원회를 전날 열어 중징계인 해임을 의결했다.

또 징계부과금으로 횡령한 액수의 3배인 150만원을 부과했다.
A교사는 지난 3월 희망교실 사업계획서를 제출하면서 5명의 학생을 대상으로 또래 상담 · 레크리에이션 · 사제동행 외식문화 체험 · 물품지급 수호천사 등 프로그램을 하겠다고 제시하고 사업비 50만원을 지원받았다.
하지만 A교사는 수령한 50만원을 남편 안경을 구매하고 집에서 먹을 피자를 사는 등 모두 사적인 용도로 사용했다.
특히 A교사는 희망교실 프로그램을 토요일에 하겠다고 신청해 추가 근무수당 18만원도 받아 챙겼다.
A교사의 비리는 지난달 초 학생들의 문제 제기로 드러났다.
희망교실 사업은 교사가 멘토로 나서 교육 소외 학생이나 학교 부적응 학생 등을 돕는 데 사용하도록 한 학급당 연 50만원을 지원한다.
광주시교육청 관계자는 "비록 횡령 액수가 적다 해도 어렵고 힘든 아이들을 위한 희망교실 사업비를 유용해 죄질이 좋지 않아 엄벌을 통해 경종을 울릴 필요가 있다"고 해임 처분 이유를 밝혔다.
kjsun@yna.co.kr

출처: "액수 적어도 죄질 나빠"…복지예산 50만원 횡령 초등교사 해임. 광주=연합뉴스. 2018. 01.16.

2) 교사에게 요구되는 윤리

교사의 윤리는 교육기본법(교육부, 시행 2019. 6. 19) 제3조에서도 교원은 교육자로서의 윤리의식을 확립하고 있어야 한다고 명시하고 있으며, 대한교육연합회(1958.09.19.)의 '사도강령'과 한국교원단체총연합회(2005. 05. 19)의 '교원윤리강령'에서도 규정하고 있다. 대체적으로 위의 교직윤리를 정리해 보면 학생에 대한 윤리, 교사 자신에 대한 윤리, 교사 상호간의 윤리, 학부모에 대한 윤리, 국가 · 사회에 대한 윤리로 집약되어지는데 이를 자세히 살펴보면 다음과 같다.

(1) 학생에 대한 윤리

학생은 교사의 교과를 통한 지적인 가르침보다는 가치관이 녹아든 삶의 모습을 통해서 변화되어지며, 학생 하나하나는 교사에 의해 하나의 소중한 인격체로서 존중받어야 한다. 이는 교육기본법 제12조에서도 명시되어 있다.

> **제12조(학습자)** ① 학생을 포함한 학습자의 기본적 인권은 학교교육 또는 사회교육의 과정에서 존중되고 보호된다.
>
> ② 교육내용 · 교육방법 · 교재 및 교육시설은 학습자의 인격을 존중하고 개성을 중시하여 학습자의 능력이 최대한으로 발휘될 수 있도록 마련되어야 한다.
>
> ③ 학생은 학습자로서의 윤리의식을 확립하고, 학교의 규칙을 준수하여야 하며, 교원의 교육 · 연구활동을 방해하거나 학내의 질서를 문란하게 하여서는 아니 된다.

출처 : 교육기본법[시행 2019. 6. 19] [법률 제15950호, 2018. 12. 18, 일부개정]

그러므로 교사는 학생들 하나하나를 인격적으로 대해야 함은 물론 진심으로 사랑하고 각 학생들이 지닌 개인차를 존중하여야 한다. 그리고 학생들 하나하나를 공정하게 대해야 하며, 학생들에게 성실하고 진실하게 최선을 다해 인내와 관용의 태도를 보여야 한다. 그리고 학생들 하나하나에게 관심을 가지고 학습하고 열정을 다해야 한다. 그 학생이 교사의 기대에 미치지 못하더라도 단점이 많더라도 교사는 학생들에게서 단점보다는 장점을 찾아내는 훈련을 해야 한다.

장점을 찾으려 노력한다면 아이들에게 무한히 내재되어 있는 가능성을 찾아낼 수 있을 것이며, 이러한 교사에게서 받은 관심과 사랑은 학생들에게서 잠재력의 꽃으로 피어날 것이다.

제23조의3(학생정보의 보호원칙) ① 학교생활기록 등의 학생정보는 교육적 목적으로 수집·처리·이용 및 관리되어야 한다. ② 부모 등 보호자는 자녀 등 피보호자에 대한 제1항의 학생정보를 제공받을 권리를 가진다. ③ 제1항에 따른 학생정보는 법률로 정하는 경우 외에는 해당 학생(학생이 미성년자인 경우에는 학생 및 학생의 부모 등 보호자)의 동의 없이 제3자에게 제공되어서는 아니 된다.

출처 : 교육기본법[시행 2019. 6. 19] [법률 제15950호, 2018. 12. 18, 일부개정]

또한, 교사는 학생의 정보를 보호할 비밀유지의 의무도 있음을 반드시 기억해야 할 것이다.

(2) 교사 자신에 대한 윤리

교사 자신의 윤리에 대해서는 교육기본법(교육부, 시행 2019. 6. 19) 특히 3조에서는 교육자로서의 윤리의식을 확립하고, 이를 바탕으로 학습윤리를 지도하고 지식을 습득하게 하며, 특정한 정당이나 정파를 지지하거나 반대하는 등에 대해서 정치적인 중립을 지킬 것을 명시하고 있으며, 마땅히 교육자로서의 자질을 계발하기 위해 연구하고 노력해야 할 것도 명시하고 있는 것을 볼 수 있다.

제14조(교원) ① 학교교육에서 교원(敎員)의 전문성은 존중되며, 교원의 경제적·사회적 지위는 우대되고 그 신분은 보장된다. ② 교원은 교육자로서 갖추어야 할 품성과 자질을 향상시키기 위하여 노력하여야 한다. ③ 교원은 교육자로서의 윤리의식을 확립하고, 이를 바탕으로 학생에게 학습윤리를 지도하고 지식을 습득하게 하며, 학생 개개인의 적성을 계발할 수 있도록 노력하여야 한다. ④ 교원은 특정한 정당이나 정파를 지지하거나 반대하기 위하여 학생을 지도하거나 선동

하여서는 아니 된다.
⑤ 교원은 법률로 정하는 바에 따라 다른 공직에 취임할 수 있다.
⑥ 교원의 임용 · 복무 · 보수 및 연금 등에 관하여 필요한 사항은 따로 법률로 정한다.

출처 : 교육기본법[시행 2019. 6. 19] [법률 제15950호, 2018. 12. 18, 일부개정]

또한 교직이 전문직임은 위의 교육기본법에서도 명시하고 있다. 전문직은 그 직의 중요성 때문에 상당히 오래 기간의 준비를 필요로 한다. 생명을 다루는 의사나, 법을 다루는 법조인들처럼 교직도 전문직이다. 전문직 중에서 어느 직이 더 중요한가를 가름할 수는 없지만 교육은 사람을 사람답게 길러 내는 일이라 정의를 내린다면 전문직으로서 교직의 중요성은 아무리 강조해도 지나치지 않는다. 이렇게 중요한 교육을 담당하는 교사의 교직윤리가 중요한 것은 너무나 당연한 일이다. 교사는 그의 삶 자체로 학생에게 많은 가르침을 주고 학생들에게 영향을 미치므로 그 자신을 '잘 교육된 사람'으로 만들어 학생들에게 삶의 교본이 되어 존경받는 스승으로서의 역할을 다해야 한다.

(3) 교사 상호간의 윤리

교직사회는 전문적인 교육자 집단으로서 건강한 교직문화를 형성해 나가야 한다. 교사들끼리 서로 소통하고 이기주의적 행태나 비도덕적인 행태를 버리고, 전체 교직사회에서도 긍정적인 소통과 교류가 이루어져야 한다. 교직은 전문성과 윤리성을 크게 요구받는 직업이다. 그러므로 교사들은 스스로의 모습을 되돌아보고 마땅히 할 바를 다할 수 있도록 최선의 노력을 기울여야 한다. 또한 교사들은 각자 교직자로서 품위유지에 주의를 기울여 교직사회 전체에 누가 되지 않도록 해야 한다. 또한 교원능력평가 때문에 피치 못하게 벌어지는 교사들 간의 불미스런 경쟁이 일어났을 때도 늘 학생들이 보고 있다는 것을 명심하고, 교사는 함께 교직의 길을 함께 걸어가는 동반자라는 사실을 잊어서는 안 된다.

이는 다음의 교육기본법 제1조에서도 강조하고 있는 사항이다.

제15조(교원단체) ① 교원은 상호 협동하여 교육의 진흥과 문화의 창달에 노력하며, 교원의 경제적 · 사회적 지위를 향상시키기 위하여 각 지방자치단체와 중앙에 교원단체를 조직할 수 있다.
② 제1항에 따른 교원단체의 조직에 필요한 사항은 대통령령으로 정한다.

출처 : 교육기본법[시행 2019. 6. 19] [법률 제15950호, 2018. 12. 18, 일부개정]

(4) 학부모에 대한 윤리

제13조(보호자) ① 부모 등 보호자는 보호하는 자녀 또는 아동이 바른 인성을 가지고 건강하게 성장하도록 교육할 권리와 책임을 가진다.
② 부모 등 보호자는 보호하는 자녀 또는 아동의 교육에 관하여 학교에 의견을 제시할 수 있으며, 학교는 그 의견을 존중하여야 한다.
[전문개정 2007. 12. 21.]

출처 : 교육기본법[시행 2019. 6. 19] [법률 제15950호, 2018. 12. 18, 일부개정]

교사는 학생의 학부모가 갖는 권리와 의무를 존중하고 학부모를 교육의 동반자로 인정하고, 학부모가 자녀의 교육에 갖는 의사결정이나 요구를 존중해 주어야 한다. 교육에 대해서 교사 자신이 더 전문성을 가졌다는 생각으로 학부모의 의견과 요구를 가벼이 여기는 것은 옳지 않으며, 학부모가 자신의 자녀가 학교에서 어떻게 학습을 하고, 어떠한 생활을 하는지, 어떠한 성취를 이루었는지 대해 궁금해할 경우 이를 잘 설명하고 알려줄 의무가 있다. 그러므로 교사는 학부모와 원활한 인간관계와 소통관계를 유지하며 학부모에게 학생의 교육과 관련된 다양한 정보를 제공해 주어야 한다. 또한 교사는 학부모들이 교육에 대해 바람직한 가치관을 가지고 동역할 수 있도록 '부모교육 워크샵' 등을 통한 소통이 활발하게 이루어져야 한다.

(5) 국가와 사회에 대한 윤리

제2조(교육이념) 교육은 홍익인간(弘益人間)의 이념 아래 모든 국민으로 하여금 인격을 도야(陶冶)하고 자주적 생활능력과 민주시민으로서 필요한 자질을 갖추게 함으로써 인간

> 다운 삶을 영위하게 하고 민주국가의 발전과 인류공영(人類共榮)의 이상을 실현하는 데에 이바지하게 함을 목적으로 한다.
> [전문개정 2007. 12. 21.]

출처 : 교육기본법[시행 2019. 6. 19] [법률 제15950호, 2018. 12. 18, 일부개정]

우리나라의 모든 국민은 홍익인간의 이념 아래 민주시민으로서의 필요한 자질을 교육을 통해 갖추고 민주국가의 발전과 인류공영의 이상을 실현하는데 이바지하고자 하는 것이 우리나라의 교육이 추구하는 것이다. 그러므로 한 개인은 교육을 통해 그 나라의 국민으로써 가져야 할 다양한 가치관과 신념 등을 배워야 한다. 그러므로 교사는 한 사회의 구성원으로서 각 개인으로 하여금 그가 속한 국가와 사회가 추구하는 이상과 가치실현에 기여할 의무를 다할 수 있도록 도와야 한다. 즉 학교교육의 중요한 목적은 국민으로써 요구되어지는 기본적인 소양과 의식을 습득하고 이러한 과정을 통해서 한 국가의 정체성이 유지되어지고, 사회적인 안정성을 유지하는 것이다. 또한 교사는 변화하는 다양한 사회의 요구에 민감하게 반응하여 사회변화에 따른 국가적이고 사회적인 필요에 부응하는 교육을 위해 사회적인 변화에 민감하고 반응하고, 이를 위한 다양한 방안 마련 등 끊임없는 노력이 필요하다.

다음은 한국교원단체총연합회에서 2005년 5월 19일에 제정한 「교직윤리헌장」은 교사가 지켜야 할 교사의 교육적인 가치관과 교사의 행동선택의 기준에 대해 명시하고 있다. 이는 교사 스스로에게 자정 운동의 성격을 가지고 있으며, 국민과 학생들에게 공개적으로 약속하는 문서로서의 결의로 볼 수 있으므로 이를 알아보면 다음과 같다.

교직윤리헌장

우리는 교육이 인간의 가치와 존엄성을 높이며, 개인의 성장과 자아실현은 물론 국가와 민족의 미래에 중대한 영향을 준다는 사실을 명심하고, 국민으로부터 부여받은 교육자의 책무를 다하기 위해 최선을 다한다. 우리는 균형 있는 지 · 덕 · 체 교육을 통하여 미래사회를 열어 갈 창조정신과 세계를 향한 진취적 기상을 길러 줌으로써, 학생을 학부모의 자랑스런 자녀요, 더불어 사는 민주 사회의 주인으로 성장하게 한다. 우리는 교육자의 품성과 언행이 학생의 인격형성을 좌우할 뿐만 아니라 사회전반의 윤리적 지표가 된다는 사실을 깊이 인식하고, 윤리성과 전문성을 높이기 위해 노력한다. 이에 우리 모두의 의지를 모아 교직의 윤리를 밝히고, 사랑과 정직과 성실에 바탕을 둔 교육자의 길을 걷는다.

우리의 다짐

1. 나는 학생을 사랑하고 학생의 인권과 인격을 존중하며, 합리적인 절차와 방법에 따라 지도한다.
1. 나는 학생의 개성과 가치관을 존중하며, 나의 사상 · 종교 · 신념을 강요하지 않는다.
1. 나는 학생을 학업성적 · 성별 · 가정환경의 차이에 따라 차별하지 않으며, 부적응아와 약자를 세심하게 배려한다.
1. 나는 수업이 교사의 최우선 본분임을 명심하고, 질 높은 수업을 위해 부단히 연구하고 노력한다.
1. 나는 학생의 성적평가를 투명하고 엄정하게 처리하며, 각종 기록물을 정확하게 작성 · 관리한다.
1. 나는 교육전문가로서 확고한 교육관과 교직에 대한 긍지를 갖고, 자기개발을 위해 노력한다.
1. 나는 교직 수행과정에서 습득한 학생과 동료, 그리고 직무에 관한 정보를 악용하지 않는다.
1. 나는 학생이나 학부모로부터 사적 이익을 취하지 않으며, 사교육기관이나 외부업체와 부당하게 타협하지 않는다.
1. 나는 잘못된 제도와 관행을 개선하는 데 앞장서며, 교육적 가치를 우선하는 건전한 교직문화 형성에 적극 참여한다.
1. 나는 학부모와 지역사회를 교육의 동반자로 삼아 바람직한 교육공동체 형성을 위해 함께 노력한다.

출처: 교직윤리헌장(2005년 5월 19일). 한국교원단체총연합회.

마지막으로 올바른 교사의 모습을 생각하면서 늘 현장에서 학생들을 만날 때 늘 자신을 돌아보게 해 주는 시로 정리를 하고자 한다.

내가 그의 이름을 불러 주기 전에는
그는 다만
하나의 몸짓에 지나지 않았다.

내가 그의 이름을 불러 주었을 때
그는 나에게로 와서
꽃이 되었다.

내가 그의 이름을 불러 준 것처럼
나의 이 빛깔과 향기에 알맞은
누가 나의 이름을 불러다오.
그에게로 가서 나도
그의 꽃이 되고 싶다.

우리들은 모두
무엇이 되고 싶다.
나는 너에게 너는 나에게
잊혀지지 않는 하나의 의미가 되고 싶다.

김춘수의 '꽃'

강진령(2015). **학교상담과 생활지도-이론과 실제**. 학지사.

강창동(2015). **교육사회학의 이해**. 학지사.

고도원(2006). **못생긴 나무가 산을 지킨다**. 청아출판사.

고용노동부, 한국고용정보원(2016). **2017 한국직업전망**.

교육과학기술부(2013). **4세 누리교육과정교사용 지침서**.

교육부(2015). **누리과정과 연계한 다문화유아 언어교육 프로그램**.

교육부(2016). **학생유형별 진로상담(지도)운영 매뉴얼**. 한국직업능력개발원.

교육부(2017). **2017년 다문화교육 지원 계획**. 다문화교육지원팀.

교육부(2018). **2017년도 교원연수 중점 추진 방향**.

교육부, 국가평생교육진흥원(2018). **다문화유치원 운영 도움 자료**.

교육부, 국가평생교육진흥원, 중앙다문화교육센터(2018). **교원의 다문화교육 역량 제고를 위한 가이드라인 개발 연구**.

교육부, 국가평생교육진흥원, 중앙다문화교육센터(2018). **다문화유치원 운영 도움자료**.

교육인적자원부(2007). **유아의 세계이해 및 다문화교육을 위한 지침서(부모용 소책자)**.

구정화, 박윤정, 설규주(2010). **다문화교육의 이해와 실천**. 동문사.

권대훈(2015). **교육평가**. 학지사.

권석만(2004). **젊은이를 위한 인간관계의 심리학**. 학지사.

김남성(2005). **교사교육론**. 학지사.

김민정(2007). **대학생의 셀프리더십 개발에 영향을 미치는 학습자 변인 연구**. 이화여자대학교 대학원 박사학위 논문.

김영식(2018). **4차 산업혁명시대 교육의 미래**. 학지사.

김영옥, 서현, 박형신, 정상녀, 윤경선, 박미자, 이나영(2014). **유아 다문화교육의 이론과 실제**. 학지사.

김용준, 윤천성(2016). 전문대학생의 셀프리더십이 취업스트레스와의 관계에서 사회적 지지의 매개효과에 관한 연구. **평생교육리더십연구** 3(1), 47-72.

김은지(2018). Flipped Learning 기반 대학 수업에서 학습몰입과 학습성과 영향 요인간의 관계 분석. **학습자중심교과교육연구,** 18(2), 451~469.

김은하, 고홍월, 조애리, 조원국(2017). **학교 생활지도와 상담**. 학지사.

김이선 외(2010). **다민족 · 다문화사회로의 이행을 위한 정책패러다임 구축(Ⅳ): 생산적 다문화사회 구현을 위한 정책의 질적 도약 기반 구축**. 한국여성정책원.

김정자(2011). **성격특성과 셀프리더십의 관계에 관한 연구**. 울산대학교 대학원 박사학위논문.

김종서, 김신일, 한승희, 강대중(2014). **평생교육개론**. 교육과학사.

김준호, 노성호, 이성식, 곽대경, 박정선, 이동원, 박철현(2013). **청소년비행론(3판)**. 청목출판사.

김지현(2007). **교사 · 학부모가 선호하는 유아교사의 자질에 관한 연구**. 아주대학교 교육대학원 석사학위논문.

김한길, 소경희(2018), 한국의 다문화교육정책 문서에 나타난 다문화교육 성격의 변화 양상 분석, **다문화교육연구**, 11(2). 59-83.

김혜숙(2015). **누리과정과 연계된 유아다문화교육프로그램**. 창지사.

김홍규(1998). **최신 교육사회학**. 형설출판사.

나용주, 윤병섭(2017). 셀프리더십이 진로준비행동에 미치는 영향: 진로결정자기효능감의 매개효과. **경영컨설팅연구,** 7(1), 135-150.

라이터스 편집부(2006. 02. 07). 서번트 리더십으로 경쟁력 키우는 국내외 기업 & 리더들 라이터스.

미치 앨봄, 공경희 역(2017). **모리와 함께한 화요일**. 살림.

민중서림 편집부(2006). **국어사전**. 민중서림.

박주현, 최덕경(2011). **다문화사회의 이해와 실천**. 창지사.

서울대학교 교육연구소(2011. 03. 05), **교육학용어사전**. 하우동설.

성태제, 강대중, 강이철, 곽덕주, 김계현, 김천기, 김혜숙, 송해덕, 유재봉, 이윤미, 이윤식, 임웅, 홍후조(2018). **최신 교육학개론**. 학지사.

숙명여자대학교 역량개발센터(2012). **환영받는 인재**. 시그마프레스

스티브 잡스, 김경섭 역(2017). **성공하는 사람들의 7가지 습관**. 김영사.

신명희, 강소연, 김은경, 김정민, 노원경, 서은희, 송수지, 원영실, 임호용(2018). **교육심리학**. 학지사.

신현경(2009). 유아기에 적합한 다문화교육. **다문화콘텐츠연구**, 10, 81-97.

안병환(2012). **교육사회학의 이해**. 공동체.

여성가족부(2011). **다문화 이해 제고를 위한 교육프로그램 매뉴얼**.

윤길근, 정수천(2014). **교육학개론**. 태영출판사.

이병승, 우영호, 배제현(2015). **쉽게 풀어 쓴 교육학**. 학지사.

이병진(2008). **교육리더십**. 학지사.

이상동(2008). **호텔종사자의 변혁적 리더십과 셀프리더십이 임파워먼트와 직무성과에 미치는 영향**. 동의대학교 대학원 박사학위논문.

이용남, 신현숙(2017). **교육심리학**. 학지사.

이재창(1988). **생활지도**. 문음사.

이정선(2011). **대학생의 셀프리더십이 취업전략에 미치는 영향**. 숙명여자대학교 사회교육대학원 석사학위논문.

이지헌, 송현종, 이두휴, 손승남, 이정화, 김희봉, 김영록, 이순덕, 곽유미, 임배(2018). **교육학개론**. 학지사.

임규혁, 임 웅(2017). **교육심리학**. 학지사.

임소현, 김은영, 백승주, 황은희, 황준성, 김흥주(2017). **한국교육개발원 교육여론조사(KEDI POLL 2017)**. 한국교육개발원 연구보고 RR 2017-23.

임승권(1999). **교육의 심리학적 이해**. 학지사.

임승렬(2002). 유아교사의 교직윤리의식에 관한 연구. **한국교원교육연구, 19**(1), 157-173.

장선철, 정찬주, 이영자, 설재풍(2008). **교육학개론**. 태영출판사.

장윤수, 김영필(2012). **한국다문화사회와 교육**. 양서원

장휘숙(2002). **아동발달**. 학지사

전숙자, 박은아, 최윤정(2009). **다문화사회의 새로운 이해**. 그린.

정명화, 이로미(2015). **교육학개론**. 공동체

정석환(2012). **쉽게 풀어 쓴 교육철학 및 교육사**. 동문사.

정석환, 서의정, 송창백, 이해선, 하경표(2016). **쉽게 풀어 쓴 교육학개론**. 양성원.

정영근, 정혜영, 이원재, 김창완(2011). **교육학적 사유를 여는 교육의 역사와 철학**. 문음사.

정원식, 박성수(1978). **카운슬링의 원리**. 교육과학사.

정종진(2015). **교사를 위한 교육평가**. 태영출판사.

정황순(2014). **교직윤리**. 현대문화.

정황순, 박현숙, 이종섭, 임현수, 장지선, 김영옥(2012). **교육학개론**. 태영출판사.

정황순, 박현정, 김영옥(2013). **교육심리학**. 태영출판사.

조벽(2004). **나는 대학민국 교사다**. 해냄출판사.

조영달, 윤희원(2008). **다문화교육의 이해를 위한 교양교재 저술**. 교육인적자원부.

조영태(2016). **정해진 미래**. 북스톤.

지그 지글러, 이은정 역(2015). **정상에서 만납시다**. 산수야.

토드 휘태커지음, 송형호 역(2013). **훌륭한 교사는 무엇이 다른가**. 지식의 날개.

파울로 코엘료. 오진영 역(2011). **알레프**. 문학동네.

하워드 가드너, 민디 콘하버, 워랜 워크 저, 김정휘 역(2007). **지능심리학**. 시그마프레스.

한국교원단체총연합회 편(1997). **예비교원을 위한 교사론**. 배영사.

행정안전부 보도자료. 2017. 11. 16일자 '지방자치단체 외국인 주민 현황' 조사 발표.

홍경자(2002). **상담의 과정**. 학지사.

황정규 (2010). **인간의 지능**. 학지사.

A. S. Neil. 김은산 역(1993). **자율학교 서머힐**. 양서원.

Amabile, T. M.(1983). *The social psychology of creativity.* New York: Spring-Verlag.

Banks, J. A.(2004). Multicultural education: Historical development, dimensions, and practice. In J. A. Banks and C. A. M. Banks(Eds) *Handbook of research on Multicultural education.* New York: Macmillan.

Banks, J. A.(2006). *Cultural diversity and education: Foundation, Curriculum, and teaching.* Boston: Pearson Education, inc.

Banks, J. A.(2007). *Education Citizens in a Multicultural society*(2nd ed). New York: Teachers College Press.

Banks, J. A.(2008). *A Introduction to Multicultural education*(4th ed.). Boston: Allyan & Bacon.

Brophy, D. R.(1998). Understanding, measuring, and enhancing individual creative problem solving efforts. *Creativity Research Journal, 11,* pp. 123-150.

Clark, C. M.(1988). Teacher preparation: Contribution of research on teacher thinking. *Educational Researcher, 17,* 5-12.

Dave, R. H.(1973). *Lifelong Education and School Curriculum.* Hamburg: UIE.

Derman-Sparks, L.(1992). Reeaching Potentails through Antibias, Multicultural Curriculum, S Bredekamp & T. Rosegrant(Eds), *Reaching Potentails: Appopriate Curriculum and Asessment for Young Children.* NAEYC.

EBS 다큐프라임, 대학입시의 진실 5부 교육불평등 연대기

EBS 아이의 사생활 제작팀(2009). 아이의 사생활. 지식채널.

Eggen, P. D., & Kauchak, D.(1999). *Educational psychology.* Upper Saddle River, NJ: Prentice-Hall.

Gagne, R. M.(1985). *The conditions of learning*(4th ed.). New York: Holt, Rinehart & Winston.

Hillgard, E. R., & Bower, G. H.(1975). *Theories of learning. Englewood Cliffs.* NJ: Prentice-Hall.

Kampwirth, T. J., & Powers, K. M.(2012). *Collaborative consultation in the schools*(4th ed). Upper Saddle River, NJ: Pearson.

Kaufman, J. C., Plucker, J. A., & Baer, J.저, 이순묵, 이효희 공역(2011). **창의성 평가: 검사도구의 이해와 적용**. 학지사

Kneller. G. F.(1971). *introduction to the philosophy of education.* New York : John Wiley & Sons.

Manz, C. C.(1986). Self-Leadership: Toward an expanded theory of self-influence process in organization, *Academy of Management Review, 11*(3), 585-600.

Myrik, R. D.(2003). *Developmental guidance and counseling: A practical approach* (4th ed). Minneapolis, MN: Educational Media Corporation.

Ramsey P. G.(2004). *Teaching and Learning in a Diverse World*(3rd edition). Teachers College, Columbia University.

Reigeluth, C. M, & Merrill, M. D.(1979). Classes of instructional variables. *Educational Technology, 19*, 5-24.

Rosenthal, R., & Jacobson, J.(1968). *Pygmalion in the classroom : Teacher expectation and pupil' s intellectual growth.* New York: Holt, Rinehart and Winston.

Sciven, M.(1967). The methodology of evaluation. In R. Tyler, R. Gagne & M. Scriven(Eds.), *Perspectives on curricular evaluation.*(pp. 39-83). Skokie, IL: Rand McNally.

Shertzer, B., & Stone, S. C.(1981). *Fundamentals of guidance.* Boston; Houghton

Mifflin.

Spearman, C.(1923). *The nature of intelligence and the principles of cognition.* London: Macmillan.

Sternberg, R. J.(1994). Intelligence. *In Encyclopedia of human behavior* (Vol.2). New York: Academic Press.

Sternberg, R. J., Kaufman, J. C., Pretz, J. E.(2001). *The Creativity conundrum: A Propulsion model of kinds of creative contributions.* Philadelphia: Psychology Press.

Torrance, E. P.(1995). *Why fly? A philosophy of creativity.* Norwood, NJ: Ablex publishing Co.

Wallas, G.(1926). *The art of thought.* New York: Harcourt Brace.

Worthen, B. R., Borg, W. R., & White, K. R.(1993). *Measurement and Evaluation in the Schools.* New York: Longman.

부 록

1. 교육기본법
2. 평생교육법
3. 2018년 다문화가족지원센터 현황

부록 1.

교육기본법

[시행 2019. 6. 19] [법률 제15950호, 2018. 12. 18, 일부개정]

제1장 총칙 〈개정 2007. 12. 21.〉

제1조(목적) 이 법은 교육에 관한 국민의 권리 · 의무 및 국가 · 지방자치단체의 책임을 정하고 교육제도와 그 운영에 관한 기본적 사항을 규정함을 목적으로 한다.

[전문개정 2007. 12. 21.]

제2조(교육이념) 교육은 홍익인간(弘益人間)의 이념 아래 모든 국민으로 하여금 인격을 도야(陶冶)하고 자주적 생활능력과 민주시민으로서 필요한 자질을 갖추게 함으로써 인간다운 삶을 영위하게 하고 민주국가의 발전과 인류공영(人類共榮)의 이상을 실현하는 데에 이바지하게 함을 목적으로 한다.

[전문개정 2007. 12. 21.]

제3조(학습권) 모든 국민은 평생에 걸쳐 학습하고, 능력과 적성에 따라 교육 받을 권리를 가진다.

[전문개정 2007. 12. 21.]

제4조(교육의 기회균등) ① 모든 국민은 성별, 종교, 신념, 인종, 사회적 신분, 경제적 지위 또는 신체적 조건 등을 이유로 교육에서 차별을 받지 아니한다.

② 국가와 지방자치단체는 학습자가 평등하게 교육을 받을 수 있도록 지역 간의 교원 수급 등 교육 여건 격차를 최소화하는 시책을 마련하여 시행하여야 한다.

[전문개정 2007. 12. 21.]

제5조(교육의 자주성 등) ① 국가와 지방자치단체는 교육의 자주성과 전문성을 보장하여야 하며, 지역 실정에 맞는 교육을 실시하기 위한 시책을 수립 · 실시하여야 한다.

② 학교운영의 자율성은 존중되며, 교직원 · 학생 · 학부모 및 지역주민 등은 법령으로 정하는 바에 따라 학교운영에 참여할 수 있다.

[전문개정 2007. 12. 21.]

제6조(교육의 중립성) ① 교육은 교육 본래의 목적에 따라 그 기능을 다하도록 운영되어야 하며, 정치적 · 파당적 또는 개인적 편견을 전파하기 위한 방편으로 이용되어서는 아니 된다.

② 국가와 지방자치단체가 설립한 학교에서는 특정한 종교를 위한 종교교육을 하여서는 아니 된다.

[전문개정 2007. 12. 21.]

제7조(교육재정) ① 국가와 지방자치단체는 교육재정을 안정적으로 확보하기 위하여 필요한 시책을 수립 · 실시하여야 한다.

② 교육재정을 안정적으로 확보하기 위하여 지방교육재정교부금 등에 관하여 필요한 사항은 따로 법률로 정한다.

[전문개정 2007. 12. 21.]

제8조(의무교육) ① 의무교육은 6년의 초등교육과 3년의 중등교육으로 한다.

② 모든 국민은 제1항에 따른 의무교육을 받을 권리를 가진다.

[전문개정 2007. 12. 21.]

제9조(학교교육) ① 유아교육 · 초등교육 · 중등교육 및 고등교육을 하기 위하여 학교를 둔다.

② 학교는 공공성을 가지며, 학생의 교육 외에 학술 및 문화적 전통의 유지 · 발전과 주민의 평생교육을 위하여 노력하여야 한다.

③ 학교교육은 학생의 창의력 계발 및 인성(人性) 함양을 포함한 전인적(全人的) 교육을 중시하여 이루어져야 한다.

④ 학교의 종류와 학교의 설립 · 경영 등 학교교육에 관한 기본적인 사항은 따로 법률로 정한다.

[전문개정 2007. 12. 21.]

제10조(사회교육) ① 국민의 평생교육을 위한 모든 형태의 사회교육은 장려되어야 한다.

② 사회교육의 이수(履修)는 법령으로 정하는 바에 따라 그에 상응하는 학교교육의 이수로 인정될 수 있다.

③ 사회교육시설의 종류와 설립 · 경영 등 사회교육에 관한 기본적인 사항은 따로 법률로 정한다.

[전문개정 2007. 12. 21.]

제11조(학교 등의 설립) ① 국가와 지방자치단체는 학교와 사회교육시설을 설립 · 경영한다.

② 법인이나 사인(私人)은 법률로 정하는 바에 따라 학교와 사회교육시설을 설립 · 경영할 수 있다.

[전문개정 2007. 12. 21.]

제2장 교육당사자 〈개정 2007. 12. 21.〉

제12조(학습자) ① 학생을 포함한 학습자의 기본적 인권은 학교교육 또는 사회교육의 과정에서 존중되고 보호된다.

② 교육내용 · 교육방법 · 교재 및 교육시설은 학습자의 인격을 존중하고 개성을 중시하여 학습자의 능력이 최대한으로 발휘될 수 있도록 마련되어야 한다.

③ 학생은 학습자로서의 윤리의식을 확립하고, 학교의 규칙을 준수하여야 하며, 교원의 교육 · 연구활동을 방해하거나 학내의 질서를 문란하게 하여서는 아니 된다.

[전문개정 2007. 12. 21.]

제13조(보호자) ① 부모 등 보호자는 보호하는 자녀 또는 아동이 바른 인성을 가지고 건강하게 성장하도록 교육할 권리와 책임을 가진다.

② 부모 등 보호자는 보호하는 자녀 또는 아동의 교육에 관하여 학교에 의견을 제시할 수 있으며, 학교는 그 의견을 존중하여야 한다.

[전문개정 2007. 12. 21.]

제14조(교원) ① 학교교육에서 교원(教員)의 전문성은 존중되며, 교원의 경제적 · 사회적 지위는 우대되고 그 신분은 보장된다.

② 교원은 교육자로서 갖추어야 할 품성과 자질을 향상시키기 위하여 노력하여야 한다.

③ 교원은 교육자로서의 윤리의식을 확립하고, 이를 바탕으로 학생에게 학습윤리를 지도하고 지식을 습득하게 하며, 학생 개개인의 적성을 계발할 수 있도록 노력하여야 한다.

④ 교원은 특정한 정당이나 정파를 지지하거나 반대하기 위하여 학생을 지도하거나 선동하여서는 아니 된다.

⑤ 교원은 법률로 정하는 바에 따라 다른 공직에 취임할 수 있다.

⑥ 교원의 임용·복무·보수 및 연금 등에 관하여 필요한 사항은 따로 법률로 정한다.
[전문개정 2007. 12. 21.]

제15조(교원단체) ① 교원은 상호 협동하여 교육의 진흥과 문화의 창달에 노력하며, 교원의 경제적·사회적 지위를 향상시키기 위하여 각 지방자치단체와 중앙에 교원단체를 조직할 수 있다.
② 제1항에 따른 교원단체의 조직에 필요한 사항은 대통령령으로 정한다.
[전문개정 2007. 12. 21.]

제16조(학교 등의 설립자·경영자) ① 학교와 사회교육시설의 설립자·경영자는 법령으로 정하는 바에 따라 교육을 위한 시설·설비·재정 및 교원 등을 확보하고 운용·관리한다.
② 학교의 장 및 사회교육시설의 설립자·경영자는 법령으로 정하는 바에 따라 학습자를 선정하여 교육하고 학습자의 학습성과 등 교육의 과정을 기록하여 관리한다.
③ 학교와 사회교육시설의 교육내용은 학습자에게 미리 공개되어야 한다.

제17조(국가 및 지방자치단체) 국가와 지방자치단체는 학교와 사회교육시설을 지도·감독한다.
[전문개정 2007. 12. 21.]

제3장 교육의 진흥 〈개정 2007. 12. 21.〉

제17조의2(남녀평등교육의 증진) ① 국가와 지방자치단체는 남녀평등정신을 보다 적극적으로 실현할 수 있는 시책을 수립·실시하여야 한다.
② 국가 및 지방자치단체와 제16조에 따른 학교 및 사회교육시설의 설립자·경영자는 교육을 할 때 합리적인 이유 없이 성별에 따라 참여나 혜택을 제한하거나 배제하는 등의 차별을 하여서는 아니 된다.
③ 제1항에 따른 시책에는 체육·과학기술 등 여성의 활동이 취약한 분야를 중점 육성할 수 있는 교육적 방안이 포함되어야 한다.
④ 학교교육에서 남녀평등을 증진하기 위한 학교교육과정의 기준과 내용 등 대통령령으로 정하는 사항에 관한 교육부장관의 자문에 응하기 위하여 남녀평등교육심의회를 둔다. 〈개정 2008. 2. 29., 2013. 3. 23.〉
⑤ 제4항에 따른 남녀평등교육심의회 위원의 자격·구성·운영 등에 필요한 사항은 대통령령으로 정한다.
[전문개정 2007. 12. 21.]

제17조의3(학습윤리의 확립) 국가와 지방자치단체는 모든 국민이 학업·연구·시험 등 교육의 모든 과정에 요구되는 윤리의식을 확립할 수 있도록 필요한 시책을 수립·실시하여야 한다.
[전문개정 2007. 12. 21.]

제17조의4(건전한 성의식 함양) ① 국가와 지방자치단체는 학생의 존엄한 성(性)을 보호하고 학생에게 성에 대한 선량한 정서를 함양시킬 수 있도록 필요한 시책을 수립·실시하여야 한다.
② 제1항에 따른 시책에는 학생 개인의 존엄과 인격이 존중될 수 있는 교육적 방안과 남녀의 성 특성을 고려한 교육·편의시설 마련 방안이 포함되어야 한다.
[전문개정 2007. 12. 21.]

제17조의5(안전사고 예방) 국가와 지방자치단체는 학생 및 교직원의 안전을 보장하고 사고를 예방할 수 있도록 필요한 시책을 수립·실시하여야 한다.
[본조신설 2015. 1. 20.]

제17조의6(평화적 통일 지향) 국가 및 지방자치단체는 학생 또는 교원이 자유민주적 기본질서를 확립하고 평화적 통일을 지향하는 교육 또는 연수를 받을 수 있도록 필요한 시책을 수립·실시하여야 한다.

[본조신설 2016. 5. 29.]

제18조(특수교육) 국가와 지방자치단체는 신체적 · 정신적 · 지적 장애 등으로 특별한 교육적 배려가 필요한 자를 위한 학교를 설립 · 경영하여야 하며, 이들의 교육을 지원하기 위하여 필요한 시책을 수립 · 실시하여야 한다.

[전문개정 2007. 12. 21.]

제19조(영재교육) 국가와 지방자치단체는 학문 · 예술 또는 체육 등의 분야에서 재능이 특히 뛰어난 자의 교육에 필요한 시책을 수립 · 실시하여야 한다.

[전문개정 2007. 12. 21.]

제20조(유아교육) 국가와 지방자치단체는 유아교육을 진흥하기 위하여 필요한 시책을 수립 · 실시하여야 한다.

[전문개정 2007. 12. 21.]

제21조(직업교육) 국가와 지방자치단체는 모든 국민이 학교교육과 사회교육을 통하여 직업에 대한 소양과 능력을 계발하기 위한 교육을 받을 수 있도록 필요한 시책을 수립 · 실시하여야 한다.

[전문개정 2007. 12. 21.]

제22조(과학 · 기술교육) 국가와 지방자치단체는 과학 · 기술교육을 진흥하기 위하여 필요한 시책을 수립 · 실시하여야 한다.

[전문개정 2007. 12. 21.]

제22조의2(학교체육) 국가와 지방자치단체는 학생의 체력 증진과 체육활동 장려에 필요한 시책을 수립 · 실시하여야 한다.

[전문개정 2007. 12. 21.]

제23조(교육의 정보화) ① 국가와 지방자치단체는 정보화교육 및 정보통신매체를 이용한 교육을 지원하고 교육정보산업을 육성하는 등 교육의 정보화에 필요한 시책을 수립 · 실시하여야 한다.

② 제1항에 따른 정보화교육에는 정보통신매체를 이용하는 데 필요한 타인의 명예 · 생명 · 신체 및 재산상의 위해를 방지하기 위한 법적 · 윤리적 기준에 관한 교육이 포함되어야 한다.

[전문개정 2018. 12. 18.]

제23조의2(학교 및 교육행정기관 업무의 전자화) 국가와 지방자치단체는 학교 및 교육행정기관의 업무를 전자적으로 처리할 수 있도록 필요한 시책을 마련하여야 한다.

[전문개정 2007. 12. 21.]

제23조의3(학생정보의 보호원칙) ① 학교생활기록 등의 학생정보는 교육적 목적으로 수집 · 처리 · 이용 및 관리되어야 한다.

② 부모 등 보호자는 자녀 등 피보호자에 대한 제1항의 학생정보를 제공받을 권리를 가진다.

③ 제1항에 따른 학생정보는 법률로 정하는 경우 외에는 해당 학생(학생이 미성년자인 경우에는 학생 및 학생의 부모 등 보호자)의 동의 없이 제3자에게 제공되어서는 아니 된다.

[전문개정 2007. 12. 21.]

제24조(학술문화의 진흥) 국가와 지방자치단체는 학술문화를 연구 · 진흥하기 위하여 학술문화시설 설치 및 연구비 지원 등의 시책을 수립 · 실시하여야 한다.

[전문개정 2007. 12. 21.]

제25조(사립학교의 육성) 국가와 지방자치단체는 사립학교를 지원 · 육성하여야 하며, 사립학교의 다양하고

특성있는 설립목적이 존중되도록 하여야 한다.
[전문개정 2007. 12. 21.]

제26조(평가 및 인증제도) ① 국가는 국민의 학습성과 등이 공정하게 평가되어 사회적으로 통용될 수 있도록 학력평가와 능력인증에 관한 제도를 수립·실시할 수 있다.
② 제1항에 따른 평가 및 인증제도는 학교의 교육과정 등 교육제도와 상호 연계되어야 한다.
[전문개정 2007. 12. 21.]

제26조의2(교육 관련 정보의 공개) ① 국가와 지방자치단체는 국민의 알 권리와 학습권을 보장하기 위하여 그 보유·관리하는 교육 관련 정보를 공개하여야 한다.
② 제1항에 따른 교육 관련 정보의 공개에 관한 기본적인 사항은 따로 법률로 정한다.
[전문개정 2007. 12. 21.]

제26조의3(교육 관련 통계조사) 국가와 지방자치단체는 교육제도의 효율적인 수립·시행과 평가를 위하여 교육 관련 통계조사에 필요한 시책을 마련하여야 한다.
[본조신설 2017. 3. 21.]

제27조(보건 및 복지의 증진) ①국가와 지방자치단체는 학생과 교직원의 건강 및 복지를 증진하기 위하여 필요한 시책을 수립·실시하여야 한다. 〈개정 2008. 3. 21.〉
② 국가 및 지방자치단체는 학생의 안전한 주거환경을 위하여 학생복지주택의 건설에 필요한 시책을 수립·실시하여야 한다. 〈신설 2008. 3. 21.〉
[전문개정 2007. 12. 21.]

제28조(장학제도 등) ① 국가와 지방자치단체는 경제적 이유로 교육받기 곤란한 자를 위한 장학제도(獎學制度)와 학비보조제도 등을 수립·실시하여야 한다.
② 국가는 다음 각 호의 자에게 학비나 그 밖에 필요한 경비의 전부 또는 일부를 보조할 수 있다.
1. 교원양성교육을 받는 자
2. 국가가 특히 필요로 하는 분야를 국내외에서 전공하거나 연구하는 자
③ 제1항 및 제2항에 따른 장학금 및 학비보조금 등의 지급 방법 및 절차, 지급받을 자의 자격 및 의무 등에 관하여 필요한 사항은 대통령령으로 정한다.
[전문개정 2007. 12. 21.]

제29조(국제교육) ① 국가는 국민이 국제사회의 일원으로서 갖추어야 할 소양과 능력을 기를 수 있도록 국제화 교육에 노력하여야 한다.
② 국가는 외국에 거주하는 동포에게 필요한 학교교육 또는 사회교육을 실시하기 위하여 필요한 시책을 마련하여야 한다.
③ 국가는 학문연구를 진흥하기 위하여 국외유학에 관한 시책을 마련하여야 하며, 국외에서 이루어지는 우리나라에 대한 이해와 우리 문화의 정체성 확립을 위한 교육·연구활동을 지원하여야 한다.
④ 국가는 외국정부 및 국제기구 등과의 교육협력에 필요한 시책을 마련하여야 한다.
[전문개정 2007. 12. 21.]

부칙 〈제15950호, 2018. 12. 18.〉
이 법은 공포 후 6개월이 경과한 날부터 시행한다.

부록 2.

평생교육법

[시행 2019. 1. 19] [법률 제15964호, 2018. 12. 18, 일부개정]

제1장 총칙

제1조(목적) 이 법은 「헌법」과 「교육기본법」에 규정된 평생교육의 진흥에 대한 국가 및 지방자치단체의 책임과 평생교육제도와 그 운영에 관한 기본적인 사항을 정함을 목적으로 한다.

제2조(정의) 이 법에서 사용하는 용어의 정의는 다음과 같다. 〈개정 2014. 1. 28.〉

1. "평생교육"이란 학교의 정규교육과정을 제외한 학력보완교육, 성인 문자해득교육, 직업능력 향상교육, 인문교양교육, 문화예술교육, 시민참여교육 등을 포함하는 모든 형태의 조직적인 교육활동을 말한다.
2. "평생교육기관"이란 다음 각 목의 어느 하나에 해당하는 시설·법인 또는 단체를 말한다.
   가. 이 법에 따라 인가·등록·신고된 시설·법인 또는 단체
   나. 「학원의 설립·운영 및 과외교습에 관한 법률」에 따른 학원 중 학교교과교습학원을 제외한 평생직업교육을 실시하는 학원
   다. 그 밖에 다른 법령에 따라 평생교육을 주된 목적으로 하는 시설 ·법인 또는 단체
3. "문자해득교육"(이하 "문해교육"이라 한다)이란 일상생활을 영위하는데 필요한 문자해득(文字解得)능력을 포함한 사회적·문화적으로 요청되는 기초생활능력 등을 갖출 수 있도록 하는 조직화된 교육프로그램을 말한다.

제3조(다른 법률과의 관계) 평생교육에 관하여 다른 법률에 특별한 규정이 있는 경우를 제외하고는 이 법을 적용한다.

제4조(평생교육의 이념) ① 모든 국민은 평생교육의 기회를 균등하게 보장받는다.

② 평생교육은 학습자의 자유로운 참여와 자발적인 학습을 기초로 이루어져야 한다.

③ 평생교육은 정치적·개인적 편견의 선전을 위한 방편으로 이용되어서는 아니 된다.

④ 일정한 평생교육과정을 이수한 자에게는 그에 상응하는 자격 및 학력인정 등 사회적 대우를 부여하여야 한다.

제5조(국가 및 지방자치단체의 임무) ① 국가 및 지방자치단체는 모든 국민에게 평생교육 기회가 부여될 수 있도록 평생교육진흥정책을 수립·추진하여야 한다.

② 국가와 지방자치단체는 장애인이 평생교육의 기회를 부여받을 수 있도록 장애인 평생교육에 대한 정책을 수립·시행하여야 한다. 〈신설 2016. 5. 29.〉

③ 국가 및 지방자치단체는 그 소관에 속하는 단체·시설·사업장 등의 설치자에 대하여 평생교육의 실시를 적극 권장하여야 한다. 〈개정 2016. 5. 29.〉

제6조(교육과정 등) 평생교육의 교육과정·방법·시간 등에 관하여 이 법과 다른 법령에 특별한 규정이 있는 경우를 제외하고는 평생교육을 실시하는 자가 정하되, 학습자의 필요와 실용성을 존중하여야 한다.

제7조(공공시설의 이용) ① 평생교육을 실시하는 자는 평생교육을 위하여 공공시설을 그 본래의 용도에 지장이 없는 범위 안에서 관련 법령으로 정하는 바에 따라 이용할 수 있다.

② 제1항의 경우 공공시설의 관리자는 특별한 사유가 없는 한 그 이용을 허용하여야 한다.

제8조(학습휴가 및 학습비 지원) 국가 · 지방자치단체와 공공기관의 장 또는 각종 사업의 경영자는 소속 직원의 평생학습기회를 확대하기 위하여 유급 또는 무급의 학습휴가를 실시하거나 도서비 · 교육비 · 연구비 등 학습비를 지원할 수 있다.

제2장 평생교육진흥기본계획 등

제9조(평생교육진흥기본계획의 수립) ① 교육부장관은 5년마다 평생교육진흥기본계획(이하 "기본계획"이라 한다)을 수립하여야 한다. 〈개정 2008. 2. 29., 2013. 3. 23.〉

② 기본계획에는 다음 각 호의 사항이 포함되어야 한다. 〈개정 2016. 5. 29.〉

1. 평생교육진흥의 중 · 장기 정책목표 및 기본방향에 관한 사항
2. 평생교육의 기반구축 및 활성화에 관한 사항
3. 평생교육진흥을 위한 투자확대 및 소요재원에 관한 사항
4. 평생교육진흥정책에 대한 분석 및 평가에 관한 사항
5. 장애인의 평생교육진흥에 관한 사항
6. 장애인평생교육진흥정책의 평가 및 제도개선에 관한 사항
7. 그 밖에 평생교육진흥을 위하여 필요한 사항

③ 교육부장관은 기본계획을 관계 중앙행정기관의 장, 특별시장 · 광역시장 · 도지사 · 특별자치도지사(이하 "시 · 도지사"라 한다), 시 · 도교육감 및 시장 · 군수 · 자치구의 구청장에게 통보하여야 한다. 〈개정 2008. 2. 29., 2013. 3. 23.〉

제10조(평생교육진흥위원회의 설치) ① 평생교육진흥정책에 관한 주요사항을 심의하기 위하여 교육부장관 소속으로 평생교육진흥위원회(이하 "진흥위원회"라 한다)를 둔다. 〈개정 2008. 2. 29., 2013. 3. 23.〉

② 진흥위원회는 다음 각 호의 사항을 심의한다.

1. 기본계획에 관한 사항
2. 평생교육진흥정책의 평가 및 제도개선에 관한 사항
3. 평생교육지원 업무의 협력과 조정에 관한 사항
4. 그 밖에 평생교육진흥정책을 위하여 대통령령으로 정하는 사항

③ 진흥위원회는 위원장을 포함하여 20인 이내의 위원으로 구성한다.

④ 진흥위원회의 위원장은 교육부장관으로 하고, 위원은 평생교육과 관련된 관계 부처 차관, 평생교육 · 장애인교육과 관련된 전문가 등 평생교육에 관한 전문지식 및 경험이 풍부한 자 중에서 위원장이 위촉한다. 〈개정 2008. 2. 29., 2013. 3. 23., 2016. 5. 29.〉

⑤ 진흥위원회의 구성 · 운영에 필요한 사항은 대통령령으로 정한다.

제11조(연도별 평생교육진흥시행계획의 수립 · 시행) 시 · 도지사는 기본계획에 따라 연도별 평생교육진흥시행계획(이하 "시행계획"이라 한다)을 수립 · 시행하여야 한다. 이 경우 시 · 도교육감과 협의하여야 한다.

제12조(시 · 도평생교육협의회) ① 시행계획의 수립 · 시행에 필요한 사항을 심의하기 위하여 시 · 도지사 소속으로 시 · 도평생교육협의회(이하 "시 · 도협의회"라 한다)를 둔다.

② 시 · 도협의회는 의장 · 부의장을 포함하여 20인 이내의 위원으로 구성한다.

③ 시 · 도협의회의 의장은 시 · 도지사로 하고, 부의장은 시 · 도의 부교육감으로 한다.

④ 시 · 도협의회 위원은 관계 공무원, 평생교육과 관련된 전문가, 장애인 평생교육 전문가, 평생교육 관계 기관의 운영자 등 평생교육에 관한 전문지식 및 경험이 풍부한 자 중에서 해당 시 · 도의 교육감과 협의하여 의장이 위촉한다. 〈개정 2016. 5. 29.〉

⑤ 시 · 도협의회의 구성 · 운영에 필요한 사항은 해당 지방자치단체의 조례로 정한다.

제13조(관계 행정기관의 장 등의 협조) ① 교육부장관은 기본계획을 수립하기 위하여 필요하다고 인정하는 때에는 관계 행정기관이나 그 밖의 기관 또는 단체의 장에게 관련 자료를 요청할 수 있다. 〈개정 2008. 2. 29., 2013. 3. 23.〉

② 시 · 도지사는 시행계획을 수립하기 위하여 필요하다고 인정하는 때에는 관계 행정기관이나 그 밖의 기관 또는 단체의 장에게 관련 자료를 요청할 수 있다.

③ 제1항 및 제2항에 따라 자료를 요청 받은 기관 또는 단체의 장은 특별한 사정이 없는 한 협조하여야 한다.

제14조(시 · 군 · 자치구평생교육협의회) ① 시 · 군 및 자치구에는 지역주민을 위한 평생교육의 실시와 관련되는 사업간 조정 및 유관기관 간 협력 증진을 위하여 시 · 군 · 자치구평생교육협의회(이하 "시 · 군 · 구협의회"라 한다)를 둔다.

② 시 · 군 · 구협의회는 의장 1인과 부의장 1인을 포함하여 12인 이내의 위원으로 구성한다.

③ 시 · 군 · 구협의회의 의장은 시장 · 군수 또는 자치구의 구청장으로 하고, 위원은 시 · 군 · 자치구 및 지역교육청의 관계 공무원, 평생교육 전문가, 장애인 평생교육 관계자, 관할 지역 내 평생교육 관계 기관의 운영자 중에서 의장이 위촉한다. 〈개정 2016. 5. 29.〉

④ 시 · 군 · 구협의회의 구성 · 운영 등에 필요한 사항은 지방자치단체의 조례로 정한다.

제15조(평생학습도시) ① 국가는 지역사회의 평생교육 활성화를 위하여 시 · 군 및 자치구를 대상으로 평생학습도시를 지정 및 지원할 수 있다.

② 제1항에 따른 평생학습도시 간의 연계 · 협력 및 정보교류의 증진을 위하여 전국평생학습도시협의회를 둘 수 있다.

③ 제2항에 따른 전국평생학습도시협의회의 구성 · 운영에 필요한 사항은 대통령령으로 정한다.

④ 제1항에 따른 평생학습도시의 지정 및 지원에 필요한 사항은 교육부장관이 정한다. 〈개정 2008. 2. 29., 2013. 3. 23.〉

제16조(경비보조 및 지원) ① 국가 및 지방자치단체는 이 법과 다른 법령으로 정하는 바에 따라 다음 각 호의 어느 하나에 해당하는 평생교육진흥사업을 실시 또는 지원할 수 있다.

1. 평생교육기관의 설치 · 운영
2. 제24조에 따른 평생교육사의 양성 및 배치
3. 평생교육프로그램의 개발
4. 그 밖에 국민의 평생교육 참여를 촉진하기 위하여 수행하는 사업 등

② 지방자치단체의 장은 해당 지방자치단체의 조례로 정하는 바에 따라 주민을 위한 평생교육진흥사업을 실시하거나 지원할 수 있다. 이 경우 교육감 또는 지역교육장과 협의하여야 한다.

제17조(지도 및 지원) ① 국가 및 지방자치단체는 평생교육기관의 요청이 있는 때에는 그 기관의 평생교육활동을 지도 또는 지원할 수 있다.

② 국가 및 지방자치단체는 평생교육기관의 요청이 있는 때에는 그 기관에서 평생교육활동에 종사하는 자의

능력향상에 필요한 연수를 실시할 수 있다.

제18조(평생교육 통계조사 등) ① 교육부장관 및 시·도지사는 평생교육의 실시 및 지원에 관한 현황 등 기초자료를 조사하고 이와 관련된 통계를 공개하여야 한다. 〈개정 2008. 2. 29., 2013. 3. 23.〉

② 평생교육과 관련된 업무 담당자 및 평생교육기관 운영자 등은 제1항의 조사에 협조하여야 한다.

제3장 국가평생교육진흥원 등 〈개정 2013. 12. 30.〉

제19조(국가평생교육진흥원) ① 국가는 평생교육진흥과 관련된 업무를 지원하기 위하여 국가평생교육진흥원(이하 "진흥원"이라 한다)을 설립한다. 〈개정 2013. 12. 30.〉

② 진흥원은 법인으로 한다.

③ 진흥원은 주된 사무소의 소재지에서 설립등기를 함으로써 성립한다.

④ 진흥원은 다음 각 호의 업무를 수행한다. 〈개정 2013. 5. 22., 2016. 2. 3.〉

1. 평생교육진흥을 위한 지원 및 조사 업무
2. 진흥위원회가 심의하는 기본계획 수립의 지원
3. 평생교육프로그램 개발의 지원
4. 제24조에 따른 평생교육사를 포함한 평생교육 종사자의 양성·연수
5. 평생교육기관간 연계체제의 구축
6. 제20조에 따른 시·도평생교육진흥원에 대한 지원
7. 평생교육 종합정보시스템 구축·운영
8. 「학점인정 등에 관한 법률」 및 「독학에 의한 학위취득에 관한 법률」에 따른 학점 또는 학력인정에 관한 사항
9. 제23조에 따른 학습계좌의 통합 관리·운영

9의2. 문해교육의 관리·운영에 관한 사항

9의3. 이 법 또는 다른 법령에 따라 위탁받은 업무

10. 그 밖에 진흥원의 목적수행을 위하여 필요한 사업

⑤ 진흥원의 정관에는 다음 각 호의 사항을 기재하여야 한다.

1. 목적
2. 명칭
3. 주된 사무소의 소재지
4. 사업에 관한 사항
5. 임원 및 직원에 관한 주요 사항
6. 이사회에 관한 사항
7. 재산 및 회계에 관한 사항
8. 정관의 변경에 관한 사항

⑥ 제5항에 따른 정관의 내용을 변경하고자 하는 때에는 교육부장관의 인가를 받아야 한다. 〈개정 2008. 2. 29., 2013. 3. 23.〉

⑦ 국가는 예산의 범위 내에서 진흥원의 설립·운영에 필요한 경비를 출연할 수 있다.

⑧ 진흥원에 관하여 이 법에서 정하는 것을 제외하고는 「민법」 중 재단법인에 관한 규정을 준용한다.

[제목개정 2013. 12. 30.]

제19조의2(국가장애인평생교육진흥센터) ① 국가는 장애인의 평생교육진흥과 관련된 업무를 지원하기 위하여 국가장애인평생교육진흥센터(이하 “장애인평생교육진흥센터”라 한다)를 둔다.

② 장애인평생교육진흥센터는 다음 각 호의 업무를 수행한다.

1. 장애인 평생교육진흥을 위한 지원 및 조사 업무
2. 진흥위원회가 심의하는 기본계획에 관한 사항 중 장애인 평생교육진흥에 관한 사항
3. 장애 유형별 평생교육프로그램 개발의 지원
4. 장애인 평생교육 종사자의 양성 · 연수와 공무원의 장애인 의사소통 교육
5. 장애인 평생교육기관 간의 연계체제 구축
6. 발달장애인의 평생교육과정의 개발
7. 발달장애인의 의사소통 도구의 개발과 보급
8. 장애인 평생교육프로그램을 운영하는 각급학교와 평생교육기관 양성을 위한 지원
9. 장애 유형별 평생교육 교재 · 교구의 개발과 보급
10. 그 밖에 장애인평생교육진흥센터의 목적수행을 위하여 필요한 사업

③ 장애인평생교육진흥센터의 설립 · 운영에 필요한 사항은 대통령령으로 정한다.

[본조신설 2016. 5. 29.]

제20조(시 · 도평생교육진흥원의 운영) ① 시 · 도지사는 대통령령으로 정하는 바에 따라 시 · 도평생교육진흥원을 설치 또는 지정 · 운영할 수 있다.

②시 · 도평생교육진흥원은 다음 각 호의 업무를 수행한다.

1. 해당 지역의 평생교육기회 및 정보의 제공
2. 평생교육 상담
3. 평생교육프로그램 운영
4. 해당 지역의 평생교육기관간 연계체제 구축
5. 그 밖에 평생교육진흥을 위하여 시 · 도지사가 필요하다고 인정하는 사항

제20조의2(장애인평생교육시설 등의 설치) ① 국가 · 지방자치단체 및 시 · 도교육감은 관할 구역 안의 장애인을 대상으로 평생교육프로그램 운영과 평생교육 기회를 제공하기 위하여 장애인평생교육시설을 설치 또는 지정 · 운영할 수 있다.

② 국가 · 지방자치단체 및 시 · 도교육감 외의 자가 제1항에 따른 장애인평생교육시설을 설치하고자 하는 때에는 대통령령으로 정하는 시설과 설비를 갖추어 교육감에게 등록하여야 한다.

③ 국가 및 지방자치단체는 장애인평생교육시설의 운영에 필요한 경비를 예산의 범위에서 지원할 수 있다.

[본조신설 2016. 5. 29.]

제21조(시 · 군 · 구평생학습관 등의 설치 · 운영 등) ① 시 · 도교육감은 관할 구역 안의 주민을 대상으로 평생교육프로그램 운영과 평생교육 기회를 제공하기 위하여 평생학습관을 설치 또는 지정 · 운영하여야 한다.

② 시장 · 군수 · 자치구의 구청장은 평생학습관의 설치 또는 재정적 지원 등 해당 지방자치단체의 평생교육을 진흥하기 위하여 필요한 사업을 실시할 수 있다.

③ 평생학습관은 다음 각 호의 사업을 수행한다. 〈신설 2014. 1. 28., 2016. 5. 29.〉

1. 평생교육프로그램의 개발 · 운영

1의2. 장애인 대상 평생교육프로그램의 개발 · 운영
2. 평생교육 상담
3. 평생교육 종사자에 대한 교육 · 훈련
4. 평생교육 관련 정보의 수집 · 제공
5. 제21조의3에 따른 읍 · 면 · 동 평생학습센터에 대한 운영 지원 및 관리
6. 그 밖에 평생교육 진흥을 위하여 필요하다고 인정되는 사업

④ 제1항 및 제2항에 따른 평생학습관의 설치 · 운영 등에 필요한 사항은 해당 지방자치단체의 조례로 정한다. 〈개정 2014. 1. 28.〉

제21조의2(장애인 평생교육과정) ① 「유아교육법」 제2조제2호에 따른 유치원 및 「초 · 중등교육법」 제2조에 따른 학교의 장은 해당 학교의 교육환경을 고려하여 「장애인복지법」 제2조에 따른 장애인의 계속교육을 위한 장애인 평생교육과정을 설치 · 운영할 수 있다.

② 평생교육기관은 장애인의 평생교육 기회의 확대를 위하여 별도의 장애인 평생교육과정을 설치 · 운영할 수 있다.

③ 진흥원은 장애인의 평생교육기회 확대 방안 및 장애인 평생교육프로그램을 개발하여야 한다.

④ 제20조에 따른 시 · 도평생교육진흥원은 평생교육기관이 장애인 평생교육과정을 설치 · 운영할 수 있도록 지원하여야 한다.

[본조신설 2016. 5. 29.]

[종전 제21조의2는 제21조의3으로 이동 〈2016. 5. 29.〉]

제21조의3(읍 · 면 · 동 평생학습센터의 운영) ① 시장 · 군수 · 자치구의 구청장은 읍 · 면 · 동별로 주민을 대상으로 하여 평생교육프로그램을 운영하고 상담을 제공하는 평생학습센터를 설치하거나 지정하여 운영할 수 있다.

② 제1항에 따른 읍 · 면 · 동 평생학습센터의 설치 또는 지정 및 운영에 관한 사항은 해당 지방자치단체의 조례로 정한다.

[본조신설 2014. 1. 28.]

[제21조의2에서 이동 〈2016. 5. 29.〉]

제22조(정보화 관련 평생교육의 진흥) ① 국가 및 지방자치단체는 각급학교 · 민간단체 · 기업 등과 연계하여 교육의 정보화와 이와 관련된 평생교육과정의 개발을 위하여 노력하여야 한다.

② 국가 및 지방자치단체는 각급학교 · 평생교육기관 등이 필요한 인적자원을 활용할 수 있도록 하기 위하여 대통령령으로 정하는 바에 따라 강사에 관한 정보를 수집 · 제공하는 제도를 운영할 수 있다.

제23조(학습계좌) ① 교육부장관은 국민의 평생교육을 촉진하고 인적자원의 개발 · 관리를 위하여 학습계좌(국민의 개인적 학습경험을 종합적으로 집중 관리하는 제도를 말한다)를 도입 · 운영할 수 있도록 노력하여야 한다. 〈개정 2009. 5. 8., 2013. 3. 23.〉

② 교육부장관은 제1항의 학습계좌에서 관리할 학습과정을 대통령령으로 정하는 바에 따라 평가인정할 수 있다. 〈신설 2009. 5. 8., 2013. 3. 23.〉

③ 교육부장관은 제2항에 따라 평가인정을 받은 학습과정을 설치 · 운영하는 평생교육기관이 다음 각 호의 어느 하나에 해당하면 그 평가인정을 취소할 수 있다. 다만, 제1호에 해당하는 경우에는 평가인정을 취소하여야 한다. 〈신설 2009. 5. 8., 2013. 3. 23.〉

1. 거짓이나 그 밖의 부정한 방법으로 평가인정을 받은 경우
2. 제2항에 따라 평가인정 받은 내용을 위반하여 학습과정을 운영한 경우
3. 제2항에 따른 평가인정의 기준에 이르지 못하게 된 경우

④ 교육부장관은 제3항제2호 및 제3호에 따라 평가인정을 취소하고자 할 경우에는 대통령령으로 정하는 기간과 절차에 따라 평생교육기관의 장에게 시정을 명하여야 한다. 〈신설 2009. 5. 8., 2013. 3. 23.〉

⑤ 교육부장관은 제4항에 따라 시정명령을 하는 경우에는 평생교육기관의 장에게 시정명령을 받은 사실을 공표할 것을 명할 수 있다. 〈신설 2013. 12. 30.〉

제4장 평생교육사

제24조(평생교육사) ① 교육부장관은 평생교육 전문인력을 양성하기 위하여 다음 각 호의 어느 하나에 해당하는 자에게 평생교육사의 자격을 부여한다. 〈개정 2008. 2. 29., 2009. 5. 8., 2013. 3. 23.〉

1. 「고등교육법」 제2조에 따른 학교(이하 "대학"이라 한다) 또는 이와 동등 이상의 학력이 있다고 인정되는 기관에서 교육부령으로 정하는 평생교육 관련 교과목을 일정 학점 이상 이수하고 학위를 취득한 자
2. 「학점인정 등에 관한 법률」 제3조제1항에 따라 평가인정을 받은 학습과정을 운영하는 교육훈련기관(이하 "학점은행기관"이라 한다)에서 교육부령으로 정하는 평생교육 관련 교과목을 일정 학점 이상 이수하고 학위를 취득한 자
3. 대학을 졸업한 자 또는 이와 동등 이상의 학력이 있다고 인정되는 자로서 대학 또는 이와 동등 이상의 학력이 있다고 인정되는 기관, 제25조에 따른 평생교육사 양성기관, 학점은행기관에서 교육부령으로 정하는 평생교육 관련 교과목을 일정 학점 이상 이수한 자
4. 그 밖에 대통령령으로 정하는 자격요건을 갖춘 자

② 평생교육사는 평생교육의 기획 · 진행 · 분석 · 평가 및 교수업무를 수행한다.

③ 다음 각 호의 어느 하나에 해당하는 자는 평생교육사가 될 수 없다. 〈개정 2016. 5. 29.〉

1. 제24조의2에 따라 자격이 취소된 후 그 자격이 취소된 날부터 3년이 지나지 아니한 사람(제28조제2항제1호에 해당하여 자격이 취소된 경우는 제외한다)
2. 제28조제2항제1호부터 제5호까지의 어느 하나에 해당하는 사람

④ 평생교육사의 등급, 직무범위, 이수과정, 연수 및 자격증의 교부절차 등에 필요한 사항은 대통령령으로 정한다.

⑤ 교육부장관은 제1항에 따른 평생교육사의 자격증을 교부 또는 재교부 받으려는 자에게 교육부령으로 정하는 바에 따라 수수료를 받을 수 있다. 〈신설 2009. 5. 8., 2013. 3. 23.〉

제24조의2(평생교육사의 자격취소) 교육부장관은 평생교육사가 다음 각 호의 어느 하나에 해당하는 경우에는 그 자격을 취소하여야 한다.

1. 거짓이나 그 밖의 부정한 방법으로 평생교육사의 자격을 취득한 경우
2. 다른 사람에게 평생교육사의 명의를 사용하게 하거나 자격증을 빌려준 경우
3. 제24조제3항제2호의 결격사유에 해당하게 된 경우

[본조신설 2016. 5. 29.]

제25조(평생교육사 양성기관) ① 교육부장관은 평생교육사의 양성과 연수에 필요한 시설 · 교육과정 · 교원 등을 고려하여 대통령령으로 정하는 바에 따라 평생교육기관을 평생교육사 양성기관으로 지정할 수 있다.

〈개정 2008. 2. 29., 2013. 3. 23.〉

② 삭제 〈2013. 5. 22.〉

제26조(평생교육사의 배치 및 채용) ① 평생교육기관에는 제24조제1항에 따른 평생교육사를 배치하여야 한다.

②「유아교육법」, 「초 · 중등교육법」 및 「고등교육법」에 따른 유치원 및 학교의 장은 평생교육프로그램을 운영함에 있어서 필요한 경우에 평생교육사를 채용할 수 있다.

③ 제20조에 따른 시 · 도평생교육진흥원, 제20조의2에 따른 장애인평생교육시설 및 제21조에 따른 시 · 군 · 구평생학습관에 평생교육사를 배치하여야 한다. 〈개정 2016. 5. 29.〉

④ 제1항부터 제3항까지의 규정에 따른 평생교육사의 배치대상기관 및 배치기준은 대통령령으로 정한다.

제27조(평생교육사 채용에 대한 경비보조) 국가 및 지방자치단체는 제26조제2항에 따른 평생교육 프로그램 운영 및 평생교육사 채용에 사용되는 경비 등을 보조할 수 있다.

제5장 평생교육기관

제28조(평생교육기관의 설치자) ① 평생교육기관의 설치자는 다양한 평생교육프로그램을 실시하여 지역사회 주민을 위한 평생교육에 기여하여야 한다.

② 다음 각 호의 어느 하나에 해당하는 자는 평생교육기관의 설치자가 될 수 없다. 〈개정 2016. 5. 29.〉

1. 피성년후견인 또는 피한정후견인
2. 금고 이상의 실형을 선고받고 그 집행이 종료(집행이 종료된 것으로 보는 경우를 포함한다)되거나 집행이 면제된 날부터 3년이 경과되지 아니한 자
3. 금고 이상의 형의 집행유예를 선고받고 그 유예기간 중에 있는 자
4. 법원의 판결 또는 다른 법률에 따라 자격이 정지 또는 상실된 자
5. 제42조에 따라 인가 또는 등록이 취소되거나 평생교육과정이 폐쇄된 후 3년이 경과되지 아니한 자
6. 임원 중 제1호부터 제5호까지의 어느 하나에 해당하는 자가 있는 법인

③ 제2조제2호가목에 따른 평생교육기관의 설치자는 특별시 · 광역시 · 도 · 특별자치도(이하 "시 · 도"라 한다)의 조례로 정하는 바에 따라 평생교육시설의 운영과 관련하여 그 시설의 이용자에게 발생한 생명 · 신체상의 손해를 배상할 것을 내용으로 하는 보험가입 또는 공제사업에의 가입 등 필요한 안전조치를 하여야 한다.

④ 평생교육기관의 설치 · 운영자는 학습자의 보호를 위하여 다음 각 호의 어느 하나에 해당하는 경우에는 대통령령으로 정하는 바에 따라 학습비 반환 등의 조치를 하여야 한다. 〈개정 2016. 2. 3.〉

1. 제42조에 따라 평생교육시설의 설치인가 또는 등록이 취소되거나 평생교육과정이 폐쇄 또는 운영정지된 경우
2. 평생교육기관의 설치 · 운영자가 교습을 할 수 없게 된 경우
3. 학습자가 본인의 의사로 학습을 포기한 경우
4. 그 밖에 학습자 보호를 위하여 대통령령으로 정하는 경우

⑤ 제31조제2항에 따른 학력인정 평생교육시설의 설립 주체는 「사립학교법」에 따른 학교법인 또는 「공익법인의 설립 · 운영에 관한 법률」에 따른 재단법인으로 한다.

제29조(학교의 평생교육) ①「초 · 중등교육법」 및 「고등교육법」에 따른 각급학교의 장은 평생교육을 실시함에 있어서 평생교육의 이념에 따라 교육과정과 방법을 수요자 관점으로 개발 · 시행하도록 하며, 학교를 중심으로 공동체 및 지역문화 개발에 노력하여야 한다.

② 각급학교의 장은 해당 학교의 교육여건을 고려하여 학생·학부모와 지역 주민의 요구에 부합하는 평생교육을 직접 실시하거나 지방자치단체 또는 민간에 위탁하여 실시할 수 있다. 다만, 영리를 목적으로 하는 법인 및 단체는 제외한다.

③ 제2항에 따른 학교의 평생교육을 실시하기 위하여 각급학교의 교실·도서관·체육관, 그 밖의 시설을 활용하여야 한다.

④ 제2항 및 제3항에 따라 학교의 장이 학교를 개방할 경우 개방시간 동안의 해당 시설의 관리·운영에 필요한 사항은 해당 지방자치단체의 조례로 정한다.

제30조(학교 부설 평생교육시설) ① 각급학교의 장은 학생·학부모와 지역 주민을 대상으로 교양의 증진 또는 직업교육을 위한 평생교육시설을 설치·운영할 수 있다. 평생교육시설을 설치하는 경우 각급학교의 장은 관할청에 보고하여야 한다.

② 대학의 장은 대학생 또는 대학생 외의 자를 대상으로 자격취득을 위한 직업교육과정 등 다양한 평생교육과정을 운영할 수 있다.

③ 각급학교의 시설은 다양한 평생교육을 실시하기에 편리한 형태의 구조와 설비를 갖추어야 한다.

제31조(학교형태의 평생교육시설) ① 학교형태의 평생교육시설을 설치·운영하고자 하는 자는 대통령령으로 정하는 시설·설비를 갖추어 교육감에게 등록하여야 한다.

② 교육감은 제1항에 따른 학교형태의 평생교육시설 중 일정 기준 이상의 요건을 갖춘 평생교육시설에 대하여는 이를 고등학교졸업 이하의 학력이 인정되는 시설로 지정할 수 있다. 다만, 제6항에 따라 지방자치단체로부터 지원받은 보조금을 목적 외 사용, 부당집행하였을 경우에는 그 지정을 취소할 수 있다. 〈개정 2015. 3. 27.〉

③ 제2항에 따른 학력인정 평생교육시설에는 「초·중등교육법」 제19조제1항의 교원을 둘 수 있다. 이 경우 교원의 복무·국내연수와 재교육에 관하여는 국·공립학교의 교원에 관한 규정을 준용한다.

④「초·중등교육법」제54조제4항에 따라 전공과를 설치·운영하는 고등기술학교는 교육부장관의 인가를 받아 전문대학졸업자와 동등한 학력·학위가 인정되는 평생교육시설로 전환·운영할 수 있다. 이 경우 전공대학의 명칭을 사용할 수 있다. 〈개정 2013. 3. 23.〉

⑤ 제2항에 따른 학력인정 평생교육시설의 지정 및 지정취소 기준·절차, 입학자격, 교원자격 등과 제4항에 따른 평생교육시설의 인가 기준·절차, 학사관리 등의 운영 방법 등에 필요한 사항은 대통령령으로 정한다. 〈개정 2015. 3. 27.〉

⑥ 지방자치단체는 해당 지방자치단체의 조례로 정하는 바에 따라 예산의 범위 내에서 「초·중등교육법」 제2조의 학교에 준하여 제2항에 따른 학력인정 평생교육시설에 필요한 보조금을 교부하거나 그 밖의 지원을 할 수 있다. 〈개정 2015. 3. 27.〉

⑦ 제2항에 따른 학력인정 평생교육시설로 지정을 받은 자가 그 시설을 폐쇄하고자 하는 때에는 재학생 처리방안 등 대통령령으로 정하는 사항을 갖추어 관할 교육감의 인가를 받아야 한다.

⑧ 제2항에 따른 학력인정 평생교육시설의 재산관리, 회계 및 교원 등의 신규채용에 관한 사항은 각각 「사립학교법」 제28조, 제29조 및 제53조의2제9항을 준용하고, 장학지도 및 학생의 학교생활기록 관리는 각각 「초·중등교육법」 제7조 및 제25조제1항을 준용한다. 다만, 교비회계에 속하는 예산·결산 및 회계 업무는 교육부령으로 정하는 방식으로 처리하여야 한다. 〈신설 2015. 3. 27.〉

제32조(사내대학형태의 평생교육시설) ① 대통령령으로 정하는 규모 이상의 사업장(공동으로 참여하는 사업장

도 포함한다)의 경영자는 교육부장관의 인가를 받아 전문대학 또는 대학졸업자와 동등한 학력 · 학위가 인정되는 평생교육시설을 설치 · 운영할 수 있다. 〈개정 2008. 2. 29., 2009. 5. 8., 2013. 3. 23.〉

② 제1항에 따른 사내대학형태의 평생교육시설은 다음 각 호의 어느 하나에 해당하는 사람을 대상으로 한다. 〈개정 2013. 12. 30.〉

1. 해당 사업장에 고용된 종업원
2. 해당 사업장에서 일하는 다른 업체의 종업원
3. 해당 사업장과 하도급 관계에 있는 업체 또는 부품 · 재료 공급 등을 통하여 해당 사업장과 협력관계에 있는 업체의 종업원

③ 제1항에 따른 사내대학형태의 평생교육시설에서의 교육에 필요한 비용은 제2항 각 호에 해당하는 사람을 고용한 고용주가 부담하는 것을 원칙으로 한다. 〈신설 2013. 12. 30.〉

④ 제1항에 따른 사내대학형태의 평생교육시설의 설치기준 · 학점제등 운영에 필요한 사항은 대통령령으로 정한다. 〈개정 2013. 12. 30.〉

⑤ 제1항에 따른 사내대학형태의 평생교육시설을 폐쇄하고자 하는 경우에는 교육부장관에게 신고하여야 한다. 〈개정 2008. 2. 29., 2013. 3. 23., 2013. 12. 30.〉

제33조(원격대학형태의 평생교육시설) ① 누구든지 정보통신매체를 이용하여 특정 또는 불특정 다수인에게 원격교육을 실시하거나 다양한 정보를 제공하는 등의 평생교육을 실시할 수 있다.

② 제1항에 따라 불특정 다수인을 대상으로 학습비를 받고 교육을 실시하고자 하는 경우(「학원의 설립 · 운영 및 과외교습에 관한 법률」 제2조의2제1항제1호의 학교교과교습학원에 해당하는 경우는 제외한다)에는 대통령령으로 정하는 바에 따라 교육감에게 신고하여야 한다. 이를 폐쇄하고자 하는 경우에는 그 사실을 교육감에게 통보하여야 한다. 〈개정 2008. 2. 29., 2011. 7. 25., 2013. 3. 23., 2013. 12. 30.〉

③ 제1항에 따라 전문대학 또는 대학졸업자와 동등한 학력 · 학위가 인정되는 원격대학형태의 평생교육시설을 설치하고자 하는 경우에는 대통령령으로 정하는 바에 따라 교육부장관의 인가를 받아야 한다. 이를 폐쇄하고자 하는 경우에는 교육부장관에게 신고하여야 한다. 〈개정 2008. 2. 29., 2013. 3. 23.〉

④ 교육부장관은 제3항에 따라 인가한 원격대학형태의 평생교육시설에 대하여는 평가를 실시하고 그 결과를 공개하여야 한다. 〈개정 2008. 2. 29., 2013. 3. 23.〉

⑤ 제3항에 따른 원격대학형태의 평생교육시설의 설치기준, 학사관리 등 운영방법과 제4항에 따른 평가에 필요한 사항은 대통령령으로 정한다.

⑥ 제28조제2항 각 호의 어느 하나에 해당하는 자는 원격대학형태의 평생교육시설의 설치자가 될 수 없다.

제34조(준용 규정) 제33조제3항에 따른 원격대학형태의 평생교육시설을 설치 · 운영하는 자와 그 시설에 대하여는 「사립학교법」 제28조 · 제29조 · 제31조 · 제70조를 준용한다.

제35조(사업장 부설 평생교육시설) ① 대통령령으로 정하는 규모 이상 사업장의 경영자는 해당 사업장의 고객 등을 대상으로 하는 평생교육시설을 설치 · 운영할 수 있다.

② 제1항에 따른 사업장 부설 평생교육시설을 설치하고자 하는 자는 대통령령으로 정하는 바에 따라 교육감에게 신고하여야 한다. 이를 폐쇄하고자 하는 경우에는 그 사실을 교육감에게 통보하여야 한다.

제36조(시민사회단체 부설 평생교육시설) ① 시민사회단체는 상호 유기적인 협조체제를 구축하고 공공시설 및 민간시설 등 유휴시설을 활용하여 해당 시민사회단체의 목적에 부합하는 평생교육과정을 운영하도록 노력하여야 한다.

② 대통령령으로 정하는 시민사회단체는 일반 시민을 대상으로 하는 평생교육시설을 설치 · 운영할 수 있다.

③ 제2항에 따른 시민사회단체 부설 평생교육시설을 설치하고자 하는 자는 대통령령으로 정하는 바에 따라 교육감에게 신고하여야 한다. 이를 폐쇄하고자 하는 경우에는 그 사실을 교육감에게 통보하여야 한다.

제37조(언론기관 부설 평생교육시설) ① 신문 · 방송 등 언론기관을 경영하는 자는 해당 언론매체를 통하여 다양한 평생교육프로그램을 방영하는 등 국민의 평생교육진흥에 기여하여야 한다.

② 대통령령으로 정하는 언론기관을 경영하는 자는 일반 국민을 대상으로 교양의 증진과 능력향상을 위한 평생교육시설을 설치 · 운영할 수 있다.

③ 제2항에 따른 언론기관 부설 평생교육시설을 설치하고자 하는 자는 대통령령으로 정하는 바에 따라 교육감에게 신고하여야 한다. 이를 폐쇄하고자 하는 경우에는 그 사실을 교육감에게 통보하여야 한다.

제38조(지식 · 인력개발 관련 평생교육시설) ① 국가 및 지방자치단체는 지식정보의 제공과 교육훈련을 통한 인력개발을 주된 내용으로 하는 지식 · 인력개발사업을 진흥 · 육성하여야 한다.

② 제1항에 따른 지식 · 인력개발사업을 경영하는 자 중 대통령령으로 정하는 자는 평생교육시설을 설치 · 운영할 수 있다.

③ 제2항에 따른 지식 · 인력개발사업과 관련하여 평생교육시설을 설치하고자 하는 자는 대통령령으로 정하는 바에 따라 교육감에게 신고하여야 한다. 이를 폐쇄하고자 하는 경우에는 그 사실을 교육감에게 통보하여야 한다.

제38조의2(평생교육시설의 변경인가 · 변경등록 등) ① 제31조부터 제33조까지, 제35조부터 제38조까지의 규정에 따라 평생교육시설 인가를 받거나 등록 · 신고를 한 자가 인가 또는 등록 · 신고한 사항을 변경하고자 하는 때에는 대통령령으로 정하는 바에 따라 변경인가를 받거나 변경등록 · 변경신고를 하여야 한다.

② 제1항에 따른 변경인가 및 변경등록 · 변경신고의 방법 · 절차 등에 필요한 사항은 교육부령으로 정한다.

[본조신설 2013. 12. 30.]

제38조의3(신고 등의 처리절차) ① 교육부장관은 제32조제5항, 제33조제3항 후단에 따른 신고를 받은 날부터 20일 이내에 신고수리 여부를 신고인에게 통지하여야 한다.

② 교육감은 제33조제2항 전단, 제35조제2항 전단, 제36조제3항 전단, 제37조제3항 전단 또는 제38조제3항 전단에 따른 신고를 받은 날부터 10일 이내에 신고수리 여부를 신고인에게 통지하여야 한다. 제38조의2제1항에 따라 제33조제2항 전단, 제35조제2항 전단, 제36조제3항 전단, 제37조제3항 전단 또는 제38조제3항 전단에 따른 신고 사항에 관한 변경신고를 받은 경우에도 또한 같다.

③ 교육부장관 또는 교육감이 제1항 또는 제2항에서 정한 기간 내에 신고수리 여부 또는 민원 처리 관련 법령에 따른 처리기간의 연장 여부를 신고인에게 통지하지 아니하면 그 기간(민원 처리 관련 법령에 따라 처리기간이 연장 또는 재연장된 경우에는 해당 처리기간을 말한다)이 끝난 날의 다음 날에 신고를 수리한 것으로 본다.

[본조신설 2018. 12. 18.]

제6장 문해교육 〈개정 2014. 1. 28.〉

제39조(문해교육의 실시 등) ① 국가 및 지방자치단체는 성인의 사회생활에 필요한 문자해득능력 등 기초능력을 높이기 위하여 노력하여야 한다.

② 교육감은 대통령령으로 정하는 바에 따라 관할 구역 안에 있는 초 · 중학교에 성인을 위한 문해교육 프로그

램을 설치 · 운영하거나 지방자치단체 · 법인 등이 운영하는 문해교육 프로그램을 지정할 수 있다. 〈개정 2014. 1. 28.〉

③ 국가 및 지방자치단체는 문해교육 프로그램을 위하여 대통령령으로 정하는 바에 따라 우선하여 재정적 지원을 할 수 있다. 〈개정 2014. 1. 28.〉

[제목개정 2014. 1. 28.]

제39조의2(문해교육센터 설치 등) ① 국가는 문해교육의 활성화를 위하여 진흥원에 국가문해교육센터를 둔다.

② 시 · 도교육감 및 시 · 도지사는 시 · 도문해교육센터를 설치하거나 지정 · 운영할 수 있다.

③ 국가문해교육센터 및 시 · 도문해교육센터의 구성, 기능 및 운영, 그 밖에 필요한 사항은 대통령령으로 정한다.

[본조신설 2016. 2. 3.]

제40조(문해교육 프로그램의 교육과정 등) 제39조에 따라 설치 또는 지정된 문해교육 프로그램을 이수한 자에 대하여는 그에 상응하는 학력을 인정하되, 교육과정 편성 및 학력인정 절차 등에 필요한 사항은 대통령령으로 정한다. 〈개정 2014. 1. 28.〉

[제목개정 2014. 1. 28.]

제40조의2(문해교육종합정보시스템 구축 · 운영 등) ① 교육부장관은 문해교육의 효율적 지원을 위하여 문해교육종합정보시스템을 구축 · 운영할 수 있다.

② 교육부장관은 문해교육종합정보시스템 운영업무를 국가문해교육센터에 위탁할 수 있다.

③ 제1항에 따른 문해교육정보시스템의 구축 · 운영과 제2항에 따른 문해교육정보시스템 운영업무의 위탁 등에 필요한 사항은 대통령령으로 정한다.

[본조신설 2016. 2. 3.]

제7장 평생학습 결과의 관리 · 인정

제41조(학점, 학력 등의 인정) ① 이 법에 따라 학력이 인정되는 평생교육과정 외에 이 법 또는 다른 법령의 규정에 따른 평생교육과정을 이수한 자는 「학점인정 등에 관한 법률」로 정하는 바에 따라 학점 또는 학력을 인정받을 수 있다.

② 다음 각 호의 어느 하나에 해당하는 자는 「학점인정 등에 관한 법률」로 정하는 바에 따라 그에 상응하는 학점 또는 학력을 인정받을 수 있다. 〈개정 2015. 3. 27.〉

1. 각급학교 또는 평생교육시설에서 각종 교양과정 또는 자격취득에 필요한 과정을 이수한 자
2. 산업체 등에서 일정한 교육을 받은 후 사내인정자격을 취득한 자
3. 국가 · 지방자치단체 · 각급학교 · 산업체 또는 민간단체 등이 실시하는 능력측정검사를 통하여 자격을 인정받은 자
4. 「무형문화재 보전 및 진흥에 관한 법률」에 따라 인정된 국가무형문화재의 보유자와 그 전수교육을 받은 사람
5. 대통령령으로 정하는 시험에 합격한 자

③ 각급학교 및 평생교육시설의 장은 학습자가 제31조에 따라 국내외의 각급학교 · 평생교육시설 및 평생교육기관으로부터 취득한 학점 · 학력 및 학위를 상호 인정할 수 있다.

제8장 보칙

제42조(행정처분) ①교육부장관 또는 교육감은 평생교육시설의 설치자가 다음 각 호의 어느 하나에 해당하는 경우에는 그 시설의 설치인가 또는 등록을 취소하거나 평생교육과정을 폐쇄할 수 있고, 1년 이내의 기간을 정하여 평생교육과정의 전부 또는 일부에 대한 운영의 정지를 명할 수 있다. 다만, 제1호 및 제4호의 경우에는 그 인가 또는 등록을 취소하여야 한다. 〈개정 2008. 2. 29., 2013. 3. 23., 2013. 12. 30., 2015. 3. 27.〉

1. 거짓이나 그 밖의 부정한 방법으로 인가를 받거나 등록 또는 신고한 경우
2. 인가 또는 등록 시의 기준에 미달하게 된 경우
3. 평생교육시설을 부정한 방법으로 관리·운영한 경우
4. 제28조제2항 각 호의 어느 하나의 결격사유에 해당하는 경우
5. 제38조의2를 위반하여 변경인가를 받지 아니하거나 변경등록·변경신고를 하지 아니하고 평생교육시설을 변경하여 운영한 경우

② 교육부장관 또는 교육감은 제1항에 따라 평생교육과정의 전부 또는 일부에 대한 운영의 정지를 명하기 전에 1개월 이상의 기간을 정하여 위반사항의 시정 및 개선을 명할 수 있다. 〈신설 2015. 3. 27.〉

제42조의2(지도·감독) ① 교육부장관 또는 교육감은 이 법에 따라 설치 인가·지정을 하거나 등록 또는 신고를 받은 평생교육시설의 회계 관리 및 운영 실태 등을 지도·감독할 수 있다.

② 교육부장관 또는 교육감은 제1항에 따른 지도·감독을 위하여 필요하면 대통령령으로 정하는 바에 따라 해당 평생교육시설의 장에게 자료의 제출을 요구하거나 그 밖에 필요한 지시를 할 수 있다.

[본조신설 2015. 3. 27.]

제43조(청문) 교육부장관 또는 교육감은 다음 각 호의 어느 하나에 해당하는 처분을 하려는 경우에는 청문을 실시하여야 한다. 〈개정 2008. 2. 29., 2013. 3. 23., 2015. 3. 27., 2016. 5. 29.〉

1. 제24조의2에 따른 평생교육사 자격의 취소
2. 제42조제1항에 따른 인가 또는 등록의 취소

제44조(권한의 위임 및 위탁) ① 교육부장관은 이 법에 따른 권한의 일부를 대통령령으로 정하는 바에 따라 교육감에게 위임할 수 있다. 〈개정 2008. 2. 29., 2013. 3. 23., 2013. 5. 22.〉

② 교육부장관은 다음 각 호에 따른 업무의 전부 또는 일부를 대통령령으로 정하는 바에 따라 진흥원에 위탁할 수 있다. 〈신설 2013. 5. 22.〉

1. 제24조에 따른 평생교육사의 양성 및 평생교육사 자격증의 교부·재교부
2. 제25조에 따른 평생교육사 양성기관의 지정

③ 교육감은 이 법에 따른 권한의 일부를 대통령령으로 정하는 바에 따라 소관 교육장에게 위임할 수 있다. 〈신설 2013. 5. 22.〉

[제목개정 2013. 5. 22.]

제45조(유사 명칭의 사용 금지) 이 법에 따른 진흥위원회·진흥원·평생교육협의회·평생학습관 ·평생학습센터·국가문해교육센터 및 시·도문해교육센터가 아니면 이와 비슷한 명칭을 사용하지 못한다. 〈개정 2014. 1. 28., 2016. 2. 3.〉

제45조의2(벌칙) 제31조제2항에 따른 학력인정 평생교육시설을 설치·운영하는 자가 다음 각 호의 어느 하나에 해당하는 경우에는 2년 이하의 징역 또는 2천만원 이하의 벌금에 처한다.

1. 제31조제8항에 따라 준용되는 「사립학교법」 제28조를 위반한 경우

2. 제31조제8항에 따라 준용되는「사립학교법」제29조제6항을 위반한 경우
[본조신설 2015. 3. 27.]

제46조(과태료) ① 다음 각 호의 어느 하나에 해당하는 자에게는 500만원 이하의 과태료를 부과한다. 〈개정 2013. 12. 30., 2015. 3. 27., 2016. 2. 3.〉
1. 제18조제2항을 위반하여 자료를 제출하지 아니하거나 거짓의 자료를 제출한 자
1의2. 제28조제4항을 위반하여 학습비 반환 등의 조치를 하지 아니한 자
2. 제32조제5항, 제33조제2항 · 제3항, 제35조제2항, 제36조제3항, 제37조제3항 및 제38조제3항에 따른 신고를 태만히 한 자
3. 제42조제2항에 따른 명령을 위반한 평생교육시설 또는 설치자
4. 제45조를 위반하여 유사 명칭을 사용한 자
② 제1항에 따른 과태료는 대통령령으로 정하는 바에 따라 관할청이 부과 · 징수한다.
③ 삭제 〈2018. 12. 18.〉
④ 삭제 〈2018. 12. 18.〉
⑤ 삭제 〈2018. 12. 18.〉

부칙 〈제15964호, 2018. 12. 18.〉

제1조(시행일) 이 법은 공포 후 1개월이 경과한 날부터 시행한다.

제2조(사내대학형태의 평생교육시설 등의 신고 또는 변경신고에 관한 적용례) 제38조의3의 개정규정은 이 법 시행 후 제32조제5항, 제33조제2항 전단, 제33조제3항 후단, 제35조제2항 전단, 제36조제3항 전단, 제37조제3항 전단, 제38조제3항 전단 또는 제38조의2제1항에 따라 신고 또는 변경신고를 하는 경우부터 적용한다.

부록 3.

◉ 2018년 다문화가족지원센터 현황 (218개소)

2018. 6월말 기준

연번	센터명	주 소	전화번호
1	서울*종로구다문화가족지원센터	서울특별시 종로구 창신길 124 동부여성문화센터 2층	02-764-3521
2	서울중구다문화가족지원센터	서울특별시 중구 퇴계로 460, 중구종합복지센터 10층	02-2254-3670
3	서울*용산구다문화가족지원센터	서울특별시 용산구 이태원로 224-19(한남동) 한남동 공영주차장 부대시설 3층	02-792-9174
4	서울*성동구다문화가족지원센터	서울특별시 성동구 무학로 6길 9(홍익동) 3층	02-3395-9445
5	서울광진구다문화가족지원센터	서울특별시 광진구 아차산로 24길 17, 자양공공힐링센터 5층	02-458-0666
6	서울*동대문구다문화가족지원센터	서울특별시 동대문구 청계천로 521 다사랑행복센터 7층	02-957-1073
7	서울*중랑구다문화가족지원센터	서울특별시 중랑구 용마산로 369(면목동) (면목동 62-2)	02-435-4149
8	서울*성북구다문화가족지원센터	서울 성북구 안암로 145(안암동 5가) 고려대학교 라이시움 102호	02-3290-1660
9	서울*강북구다문화가족지원센터	서울특별시 강북구 인수봉로 66길 9 수유동(410-293번지) 강북구 육아종합지원센터 4층	02-945-7381
10	서울*도봉구다문화가족지원센터	서울특별시 도봉구 도봉로 552(창동) 도봉구민회관 2층 도봉구 다문화가족지원센터	02-995-6800
11	서울*노원구다문화가족지원센터	서울특별시 노원구 동일로 173가길 94 가온빌딩 3F	02-979-3502
12	서울*은평구다문화가족지원센터	서울특별시 은평구 서오릉로 174(갈현동 469-1) 3층	02-376-3731
13	서울*서대문구다문화가족지원센터	서울 서대문구 증가로 244(북가좌동), 2층	02-375-7530
14	서울*마포구다문화가족지원센터	서울특별시 마포구 양화로 19(합정동) 홀트아동복지회 3층	02-3142-5027
15	서울*양천구다문화가족지원센터	서울특별시양천구 남부순환로 88길 5-7지층	02-2699-6900
16	서울*강서구다문화가족지원센터	서울 강서구 강서로 5길 50, 곰달래 문화복지센터 4층	02-2606-2037
17	서울*구로구다문화가족지원센터	서울특별시 구로구 디지털로 32가길 50,	02-869-0317
18	서울*금천구다문화가족지원센터	서울특별시 금천구 금하로 11길 40, 1층	02-803-7743
19	서울*영등포구다문화가족지원센터	서울 영등포구 영등포로 84길 24-5(신길1동 465-2) 주민센터 4층	02-846-5432
20	서울*동작구다문화가족지원센터	서울 동작구 동작대로 29길 63-26, 3층(동작구 사당2동 1136-1 3층)	02-599-3260
21	서울*관악구다문화가족지원센터	서울 관악구 신림로 3길 35(김삼준 문화복지기념관) 다문화복합시설 3층	02-883-9383~4

연번	센터명	주 소	전화번호
22	서울*강남구다문화가족지원센터	서울특별시 강남구 개포로 617 -8, 4층 다문화가족지원센터	02-3414-3346
23	서울*송파구다문화가족지원센터	서울 송파구 마천로41길 12(마천2동 127-1)	02-403-3844
24	서울*강동구다문화가족지원센터	서울 강동구 양재대로 138길 41 강동청소년회관 2층	02-471-0812
25	부산동구다문화가족지원센터	부산광역시 동구 범곡로 8-1(범일동)2층	051-465-7171
26	부산부산진구다문화가족지원센터	부산 부산진구 백양대로 160, 2층(당감동, 부산진구 여성가족문화센터)	051-817-4313
27	부산*동래구다문화가족지원센터	부산광역시 동래구 사직북로 63번길 20-7(사직2동 29-8번지)	051-506-5766
28	부산남구다문화가족지원센터	부산광역시 남구 대연3동38-1 부산광역시 여성회관(남구 수영로 356)	051-610-2027
29	부산북구다문화가족지원센터	부산 북구 효열로 76(금곡동 1108)	051-365-3408
30	부산해운대구다문화가족지원센터	부산광역시해운대구 양운로 91, 좌1동 주민센터 2층	051-702-8002
31	부산사하구다문화가족지원센터	부산광역시 사하구 신산로 177(신평동) 농협신평동지점 2층	051-205-8345
32	부산*사상구다문화가족지원센터	부산광역시 사상구 가야대로 196번길 51(학장동) 다누림센터 4층	051-328-1001
33	부산기장군다문화가족지원센터	부산 기장군 기장읍 차성로 206, 기장종합사회복지관 (대라리 175-3)	051-792-4750
34	대구*동구다문화가족지원센터	대구광역시 동구 안심로 300, 4층 동구 다문화가족지원센터(동호동)	053-961-2203
35	대구*서구다문화가족지원센터	대구광역시 서구 옥산로 28,2층(대구광역시 서구 원대동 3가 1115-5번지, 2층)	053-341-8312
36	대구*남구다문화가족지원센터	대구광역시남구 이천로 10(봉덕3동 624-14번지)	053-475-2324
37	대구*북구다문화가족지원센터	대구광역시 북구 칠곡중앙대로 473(관음동) 조은빌딩 2층	053-327-2994
38	대구*수성구다문화가족지원센터	대구광역시 수성구 들안로16길 78, 두산문화센터 1층	053-764-4317
39	대구*달서구다문화가족지원센터	대구광역시 달서구 달구벌대로 1095동 계명대학교 성서캠퍼스 산학협력관 411호	053-580-6819
40	대구*달성군다문화가족지원센터	대구 달성군 화원읍 성천로 5, 5층(화원읍 설화리 553-41 5층)	053-637-4374
41	인천*중구다문화가족지원센터	인천광역시 중구 우현로48 가톨릭회관 205호	032-891-1094
42	인천*동구다문화가족지원센터	인천광역시 동구 화도진로44번길 21(송현동)	032-773-0297
43	인천남구다문화가족지원센터	인천 남구 소성로 189, 새암빌딩 5층	032-875-1577
44	인천*연수구다문화가족지원센터	인천 연수구 청능대로 109 탑피온빌딩 4층	032-851-2740
45	인천*남동구다문화가족지원센터	인천 남동구 소래로 645(만수동, 남동복지관 2층)	032-467-3912
46	인천부평구다문화가족지원센터	인천 부평구 열우물로 103(십정1동 279-20) 십정1동 청사 7층	032-511-1800~1, 9
47	인천*계양구다문화가족지원센터	인천 계양구 계양산로 102번길 5, 사회복지회관 3층	032-541-2860~1

연번	센터명	주 소	전화번호
48	인천*서구다문화가족지원센터	인천 서구 경명대로 693번길 6, 1층(공촌동 305-13)	032-569-1560
49	인천*강화군다문화가족지원센터	인천광역시 강화군 강화읍 북문길 11-1(관청리 523)	032-933-0980
50	광주*서구다문화가족지원센터	광주 서구 상무대로 1224번길 18(양3동 385-20)	062-369-0073
51	광주*남구다문화가족지원센터	광주 남구 군분로 155 초당빌딩 2층(월산동)	062-351-5432
52	광주*북구다문화가족지원센터	광주 북구 하서로 195(양산동)	062-363-2963
53	광주*광산구다문화가족지원센터	광주 광산구 광산로 57-1(송정2동802-4)	062-954-8004
54	대전동구다문화가족지원센터	대전광역시 동구 동대전로 171(자양동) 우송도서관 706호	042-630-9945
55	대전중구다문화가족지원센터	대전광역시 중구 대흥로 128(대흥동445-1)	042-335-4566
56	대전*서구다문화가족지원센터	대전광역시 서구 배재로 155-40, 배재대학교 우남관 103-1호 (도마동)	042-520-5928
57	대전*유성구다문화가족지원센터	대전광역시 유성구 테크노6로 40-17(관평동767)	042-252-9997
58	대전대덕구다문화가족지원센터	대전광역시 대덕구 오정로 112(오정동) 대전가톨릭사회복지회관 2층	042-639-2664
59	울산*중구다문화가족지원센터	울산 중구 중앙길 162, 4층(시티빌딩 4층)	052-248-1103
60	울산*남구다문화가족지원센터	울산광역시 남구 대공원로 84, 가족문화센터 A동 3층	052-274-3185
61	울산*동구다문화가족지원센터	울산광역시 동구 대학길 59, 3층	052-232-3357
62	울산*북구다문화가족지원센터	울산광역시 북구 호계로 237 2층	052-286-0025
63	울산*울주군다문화가족지원센터	울산광역시 울주군 범서읍 점촌5길 39-7, 중부종합사회복지관 구영관 2층	052-229-9600
64	*세종시다문화가족지원센터	세종특별자치시 새롬로 14 새롬종합복지센터	044-862-9338
65	경기수원시다문화가족지원센터	경기 수원시 팔달구 동말로 77번길 47-36, 교육관 2층	031-257-8504
66	경기성남시다문화가족지원센터	경기도 성남시 중원구 광명로 395번길 1	031-740-1175
67	경기고양시다문화가족지원센터	경기도 고양시 일산서구 송산로 486-28(덕이동)	031-938-9801
68	경기부천시다문화가족지원센터	경기 부천시 부천로 122번길 60 부천시 다문화가족지원센터(1층)	032-327-1370
69	경기*안양시다문화가족지원센터	경기 안양시 동안구 동안로 158(비산동) 동안구청별관 동안문화관 2층	031-8045-5706
70	경기안산시다문화가족지원센터	경기도 안산시 단원구 화정로 26, 안산글로벌다문화센터 2층 (초지동)	031-599-1700~16
71	경기*용인시다문화가족지원센터	경기도 용인시 수지구 상현동1129-2 용인시 종합가족센터(법조로 230)	031-323-7133
72	경기*의정부시다문화가족지원센터	경기도 의정부시 경의로 118번길 49, 1층	031-878-7880~1
73	경기*남양주시다문화가족지원센터	경기 남양주시 경춘로 522 남양주시청 제2청사 2층	031-590-8215

연번	센터명	주 소	전화번호
74	경기*평택시다문화가족지원센터	경기도 평택시 서정로 295, 북부복지타운 1층(서정동)	031-615-3959~65
75	경기*광명시다문화가족지원센터	경기 광명시 디지털로 34 철산별관 노둣돌 1동 2층	02-2060-0453
76	경기*시흥시다문화가족지원센터	경기도 시흥시 봉우재로 63, 4층(정왕동, 상경빌딩)	031-319-7997
77	경기*군포시다문화가족지원센터	경기도 군포시 청백리길 6, 여성회관 2층(금정동)	031-395-1811
78	경기화성시다문화가족지원센터	경기도 화성시 태안로 145, 유앤아이센터 4층(병점동 734)	031-267-8786
79	경기*파주시다문화가족지원센터	경기도 파주시 중앙로 229	031-949-9164
80	경기*이천시다문화가족지원센터	경기도 이천시 남천로 31, 종합복지타운 여성회관3층	031-631-2260
81	경기*구리시다문화가족지원센터	경기도 구리시 동구릉로 8, 건영빌딩 3층	031-556-3873
82	경기김포시다문화가족지원센터	경기도 김포시 사우중로 3번길 13-17 (사우동)(평생학습센터) 1층	031-996-5923
83	경기*포천시다문화가족지원센터	경기도 포천시 호국로 1007, 대진대학교 대진교육관 B1	031-532-2065~6
84	경기*광주시다문화가족지원센터	경기도 광주시 통미로 52번길 19(송정동 115-4)	031-798-7141
85	경기*안성시다문화가족지원센터	경기 안성시 산수유길 15 안성종합사회복지관 3층	031-677-7191
86	경기하남시다문화가족지원센터	경기도 하남시 신장로 130-5(덕풍동)계명빌딩 7층	031-794-5158
87	경기*의왕시다문화가족지원센터	경기도 의왕시 청계동 983번지(덕장로 19) 청계종합사회복지관 4층	031-429-4782
88	경기양주시다문화가족지원센터	경기 양주시 평화로 1475번길 39(덕계동, 회천2동 복합청사 6층)	031-848-5622
89	경기*오산시다문화가족지원센터	경기도 오산시 성호대로 83	031-372-1335
90	경기*여주시다문화가족지원센터	경기 여주시 세종로 61, 상가 3층(홍문동 현대아파트)	031-886-0327
91	경기*양평군다문화가족지원센터	경기 양평군 양평읍 양근로 302-1	031-775-5951
92	경기*동두천시다문화가족지원센터	경기 동두천시 중앙로 249, 두드림희망센터 2층	031-863-3801
93	경기*가평군다문화가족지원센터	경기 가평군 가평읍 향교로 38, 행정정보관 2층	070-7510-5876
94	경기*연천군다문화가족지원센터	경기 연천군 전곡읍 전영로 11 종합복지관 5층	031-835-1107
95	강원*춘천시다문화가족지원센터	강원 춘천시 공지로 305번길	033-251-8014
96	강원*원주시다문화가족지원센터	강원 원주시 원일로 38 한국생명 1층	033-765-8134~5
97	강원*강릉시다문화가족지원센터	강원 강릉시 옥가로 48(강릉농협 2,3층)	033-648-3019
98	강원*동해시다문화가족지원센터	강원 동해시 천곡로 1길 22-1 동해시 다문화가족지원센터	033-535-8378
99	강원*태백시다문화가족지원센터	강원도 태백시 해지개길 41, 태백시다문화가족지원센터	033-554-4003

연번	센터명	주 소	전화번호
100	강원*속초시다문화가족지원센터	강원도 속초시 도리원길 5(노학동) 경동대 설악캠퍼스 유아교육관 2층	033-638-3523
101	강원*삼척시다문화가족지원센터	강원도 삼척시 원당로2길 72 -6삼척시종합사회복지관 5층	033-573-5434
102	강원*홍천군다문화가족지원센터	강원 홍천군 홍천읍 너브내길 123 종합사회복지관 3층	033-433-1915
103	강원*횡성군다문화가족지원센터	강원도 횡성군 횡성읍 횡성로 379 횡성군 종합보건복지타운 3층	033-344-3458~9
104	강원*영월군다문화가족지원센터	강원도 영월군 영월읍 단종로 12, 4층(영월군 영월읍 975-2)	033-372-4769
105	강원*평창군다문화가족지원센터	강원 평창군 평창읍 평창중앙로 67 평창군문화복지센터 2층	033-332-2063~4
106	강원*정선군다문화가족지원센터	강원 정선군 정선읍 봉양7길 16	033-562-3458
107	강원*철원군다문화가족지원센터	강원 철원군 갈말읍 삼부연로 22-1	033-452-7800
108	강원*화천군다문화가족지원센터	강원 화천군 화천읍 산천어길 212	033-442-2344
109	강원*양구군다문화가족지원센터	강원 양구군 양구읍 장터길 43, 행복나눔센터 1층	033-481-8663
110	강원*인제군다문화가족지원센터	강원 인제군 인제읍 비봉로 44번길 100 하늘내린센터 2층	033-462-3651
111	강원*고성군다문화가족지원센터	강원도 고성군 간성읍 간성로 97, 여성회관1층	033-681-9390
112	강원*양양군다문화가족지원센터	강원도 양양군 양양읍 안산1길 36, 여성회관 2층	033-670-2943~5
113	충북*청주시다문화가족지원센터	충청북도 청주시 서원구 무심서로 333번길	043-298-8830,8831
114	충북충주시다문화가족지원센터	충북 충주시 봉방 9길 12(봉방동 203-1)	043-856-2253
115	충북*제천시다문화가족지원센터	충청북도 제천시 명륜로 13길 3 제천가톨릭복지관 2층(의림동)	043-643-0050
116	충북청원다문화가족지원센터	충청북도 청주시 상당구 남일면 단재로 480 상당보건소 내 2층	043-293-8887
117	충북보은군다문화가족지원센터	충청북도 보은군 보은읍 남부로 4515, 거성상가 2층	043-544-5422
118	충북옥천군다문화가족지원센터	충청북도 옥천군 옥천읍 중앙로 126다목적회관 2층	043-733-1915
119	충북영동군다문화가족지원센터	충청북도 영동군 영동읍 성안길 8, 여성회관 1층	043-745-8489
120	충북*증평군다문화가족지원센터	충북 증평군 증평읍 문화로 75-1	043-835-3572
121	충북*진천군다문화가족지원센터	충북 진천군 진천읍 중앙북1길 11-10 생거진천종합사회복지관 2층	043-537-5431~2
122	충북*괴산군다문화가족지원센터	충북 괴산군 괴산읍 금산길 3 괴산군다문화가족지원센터	043-832-1078
123	충북*음성군다문화가족지원센터	충북 음성군 음성읍 음성천서길 103번길 여성회관 2층	043-873-8731
124	충북단양군다문화가족지원센터	충북 단양군 단양읍 별곡12길 5 여성발전센터 2층	043-421-6200
125	충남천안시다문화가족지원센터	충남 천안시 동남구 은행길 15-1 3층	041-558-8653

연번	센터명	주 소	전화번호
126	충남*공주시다문화가족지원센터	충청남도 공주시 영명학당 1길 13(중동) 2층 다문화가족지원센터	041-856-0883
127	충남보령시다문화가족지원센터	충남 보령시 한내로 45 문화빌딩 2층	041-936-8506,8516
128	충남*아산시다문화가족지원센터	충남 아산시 시장길 29 시민문화복지센터 4층	041-548-9779
129	충남*서산시다문화가족지원센터	충남 서산시 율지6로 10, 2층	041-664-2710
130	충남*논산시다문화가족지원센터	충남 논산시 관촉로 277번길 23-13(3층)	041-733-7860~2
131	충남*금산군다문화가족지원센터	충청남도 금산군 금산읍 군청5길 35 금산군가족통합지원센터	041-750-3990
132	충남부여군다문화가족지원센터	충남 부여군 부여읍 나성북로 17(구아리 110번지)	041-830-2900
133	충남*서천군다문화가족지원센터	충남 서천군 서천읍 서천로 38, 2층	041-953-1911
134	충남청양군다문화가족지원센터	충청남도 청양군 청양읍 칠갑산로 9길 32복지타운 2층	041-944-2333
135	충남*홍성군다문화가족지원센터	충청남도 홍성군 홍성읍 조양로 75번길 17	041-634-7432
136	충남예산군다문화가족지원센터	충청남도 예산군 예산읍 산성공원2길 15, 2층	041-334-1368
137	충남*태안군다문화가족지원센터	충남 태안군 태안읍 백화로 180	041-670-2396
138	충남당진시다문화가족지원센터	충남 당진시 시청 1로 38 수청동(1005, 당진시종합복지타운 4층)	041-360-3160
139	충남계룡시다문화가족지원센터	충남 계룡시 엄사면 엄사중앙로 94(4층 411호)	042-551-1133
140	전북전주시다문화가족지원센터	전라북도 전주시 완산구 태평5길 26 3층	063-243-0333
141	전북군산시다문화가족지원센터	전북 군산시 축동1길 15-2(수송동) 군산시 다문화가족지원센터	063-443-0053
142	전북익산시다문화가족지원센터	전라북도 익산시 고현로 10-3(송학동) 익산시다문화가족지원센터	063-841-6040
143	전북*정읍시다문화가족지원센터	전북 정읍시 중앙2길 22 다문화가족지원센터	063-531-0309
144	전북*남원시다문화가족지원센터	전북 남원시 용성로 43 남원시 다문화가족지원센터	063-635-5474
145	전북김제시다문화가족지원센터	전북 김제시 요촌길 45, 지평선어울림센터 3층	063-545-8506
146	전북*완주군다문화가족지원센터	전라북도 완주군 용진읍 완주로 462-9 완주가족문화교육원 1층(운곡리 905-2)	063-231-1037
147	전북진안군다문화가족지원센터	전북 진안군 진안읍 중앙로 28	063-433-4888
148	전북*무주군다문화가족지원센터	전북 무주군 무주읍 신교로2길 17 (구, 군수관사)	063-322-1130
149	전북장수군다문화가족지원센터	전북 장수군 장수읍 싸리재로 15 (장수리 297번지)	063-352-3362
150	전북임실군다문화가족지원센터	전북 임실군 임실읍 운수로 27 새마을금고 2층	063-642-1837
151	전북순창군다문화가족지원센터	전북 순창군 순창읍 장류로 192 순창군청소년수련관 3층	063-652-3844

연번	센터명	주 소	전화번호
152	전북고창군다문화가족지원센터	전북 고창군 고창읍 성산로 57 1층	063-561-1366
153	전북부안군다문화가족지원센터	전북 부안군 부안읍 오리정로 89 2층	063-580-3941
154	전남목포시다문화가족지원센터	전남 목포시 산정로 150번길 22	061-278-4222
155	전남*여수시다문화가족지원센터	전라남도여수시 새터로 33(신기동)	061-659-5428
156	전남*순천시다문화가족지원센터	전라남도 순천시 덕월동 제일대학길 17(덕월동) 학생회관 3층	061-741-1050
157	전남*나주시다문화가족지원센터	전라남도 나주시 예향로 4075(송월동 921-5)	061-331-0709
158	전남*광양시다문화가족지원센터	전남 광양시 중마로 410 커뮤니티센터 6층	061-797-6832
159	전남담양군다문화가족지원센터	전남 담양군 담양읍 완동길 10-5, 여성회관 1층	061-383-3655
160	전남*곡성군다문화가족지원센터	전남 곡성군 곡성읍 학정3길 6	061-362-5411
161	전남고흥군다문화가족지원센터	전남 고흥군 고흥읍 고흥로 1656, 새마을회관 3층	061-832-5399
162	전남*보성군다문화가족지원센터	전남 보성군 보성읍 송재로 186-5	061-852-2664
163	전남*화순군다문화가족지원센터	전라남도 화순군 화순읍 광덕로 180, 부영3차상가 304호	061-375-1057
164	전남*장흥군다문화가족지원센터	전남 장흥군 장흥읍 흥성로 37-24, 장흥종합사회복지관 4층	061-864-4813
165	전남*강진군다문화가족지원센터	전남 강진군 강진읍 사의재길 41	061-433-9004
166	전남*해남군다문화가족지원센터	전남 해남군 해남읍 북부순환로 10	061-534-0017~8
167	전남*영암군다문화가족지원센터	전남 영암군 삼호읍 세가래로 88, 삼호종합복지회관 2층	061-463-2929
168	전남무안군다문화가족지원센터	전남 무안군 무안읍 무안로 511, 2층	061-452-1813
169	전남*함평군다문화가족지원센터	전라남도 함평군 함평읍 남일길 52	061-324-5431
170	전남*영광군다문화가족지원센터	전남 영광군 영광읍 중앙로 3길 6-11 여성문화센터 3층	061-353-7997
171	전남*장성군다문화가족지원센터	전라남도 장성군 장성읍 충무5길 24 가정복지회관내	061-393-5420
172	전남*완도군다문화가족지원센터	전남 완도군 완도읍 개포로 34-10	061-555-4100
173	전남진도군다문화가족지원센터	전남 진도군 진도읍 진도대로 7195(진도여성플라자 1층 우측)	061-544-9993
174	전남신안군다문화가족지원센터	전라남도 신안군 압해읍 천사로 1004보건소 4층	061-240-8708
175	경북*포항시다문화가족지원센터	경북 포항시 남구 시청로 1(시청의회동 지하 1층)	054-270-5556
176	경북경주시다문화가족지원센터	경상북도 경주시 금성로 236, 서라벌문화회관 2층(사정동)	054-779-8709
177	경북*김천시다문화가족지원센터	경북 김천시 공단로 152-32	054-439-8280

연번	센터명	주 소	전화번호
178	경북안동시다문화가족지원센터	경상북도 안동시 은행나무로 106-5, 안동종합사회복지관 3층 다문화북카페	054-853-3111
179	경북*구미시다문화가족지원센터	경북 구미시 형곡동로 5길 6-15 2층(형곡2동)	054-443-0541
180	경북*영주시다문화가족지원센터	경북 영주시 명륜길 28번길 25(하망동, 182)	054-634-5431
181	경북영천시다문화가족지원센터	경상북도 영청시 운동장로 41 3층	054-334-2882
182	경북*상주시다문화가족지원센터	경상북도 상주시 경상대로 3063-10	054-531-1342~4
183	경북문경시다문화가족지원센터	경북 문경시 매봉로 65, 4층	054-554-5591
184	경북*경산시다문화가족지원센터	경북 경산시 경산로 131	053-816-4071
185	경북군위군다문화가족지원센터	경북 군위군 군위읍 중앙길 31-10번지(군위군 구 보건소 2층)	054-383-2511
186	경북*의성군다문화가족지원센터	경북 의성군 의성읍 후죽 1길 21	054-832-5440
187	경북청송군다문화가족지원센터	경북 청송군 청송읍 금월로 244-30	054-872-4320,4322
188	경북영양군다문화가족지원센터	경북 영양군 영양읍 군민회관길 36	054-683-5432
189	경북*영덕군다문화가족지원센터	경북 영덕군 영덕읍 강변길 324 영덕문화체육센터 내 여성회관 2층	054-730-7383
190	경북*청도군다문화가족지원센터	경북 청도군 화양읍 청려로 1846 청소년수련관 3층	054-373-8131~4
191	경북고령군다문화가족지원센터	경북 고령군 고령읍 왕릉로 30 문화누리 3층	054-956-6336
192	경북성주군다문화가족지원센터	경북 성주군 성주읍 성산9길 45 문화예술회관 2층	054-930-8242~5
193	경북*칠곡군다문화가족지원센터	경상북도 칠곡군 북삼읍 인평1길 54, 새마을회관2층	054-975-0834
194	경북예천군다문화가족지원센터	경북 예천군 예천읍 충효로 239, 2층(베스트프라자A)	054-654-4321
195	경북봉화군다문화가족지원센터	경북 봉화군 봉화읍 거촌로 12-3	054-673-9023
196	경북울진군다문화가족지원센터	경북 울진군 울진읍 울진북로 496-11	054-789-5414
197	경북*울릉군다문화가족지원센터	경북 울릉군 울릉읍 봉래 2길 31	054-791-0205
198	경남창원시다문화가족지원센터	경남 창원시 성산구 대정로 20번길 11 창원시여성회관 창원관 1층(가음동)	055-225-3951
199	경남*창원시마산다문화가족지원센터	경남 창원시 마산합포구 중앙북5길 20, 마산YWCA 지하1층	055-245-8744
200	경남진주시다문화가족지원센터	경상남도 진주시 진양호로 305(신안동)	055-749-5443
201	경남*통영시다문화가족지원센터	경남 통영시 안개 4길 94(통영시종합복지관내 3층)	055-640-7741
202	경남*사천시다문화가족지원센터	경상남도 사천시 동금로 12농협3층	055-832-0345
203	경남김해시다문화가족지원센터	경남 김해시 김해대로 2232(4층)	055-338-6349

연번	센터명	주 소	전화번호
204	경남*밀양시다문화가족지원센터	경남 밀양시 밀양대로 2089, 희망나눔봉사센터 1층	055-351-4404
205	경남거제시다문화가족지원센터	경상남도 거제시 탑곡로 75, 2층(아주동, 근로자가족복지회관)	055-682-4956
206	경남*양산시다문화가족지원센터	경상남도 양산시 양주1길 7-1, 2층	055-382-0988
207	경남*의령군다문화가족지원센터	경남 의령군 부림면 대한로 1782 가족문화센터 1층	055-574-8833
208	경남함안군다문화가족지원센터	경남 함안군 산인면 가야로 217, 산인면종합복지관 1층	055-583-5430
209	경남*창녕군다문화가족지원센터	경남 창녕군 창녕읍 창녕대로 172	055-532-1606~7
210	경남고성군다문화가족지원센터	경남 고성군 고성읍 성내로135번길 10-1	055-673-1466
211	경남남해군다문화가족지원센터	경남 남해군 남해읍 망운로 32, 종합사회복지관 2층	055-864-6965
212	경남*하동군다문화가족지원센터	경상남도 하동군 하동읍 섬진강대로 2214, 종합사회복지관 4층	055-880-6530
213	경남*산청군다문화가족지원센터	경남 산청군 산청읍 꽃봉산로 79번길 31-3	055-972-1078
214	경남*함양군다문화가족지원센터	경상남도 함양군 함양읍 함양여중길 10, 함양문화원 1층	055-963-2013
215	경남거창군다문화가족지원센터	경남 거창군 거창읍 강남로 1길 170번지	055-945-1365
216	경남합천군다문화가족지원센터	경상남도 합천군 합천읍 중앙로63 합천군청 제2청사(별관)	055-930-4735
217	제주제주시다문화가족지원센터	제주특별자치도 제주시 중앙로 265 성우빌딩 6층	064-712-1140
218	제주서귀포시다문화가족지원센터	제주특별자치도 서귀포시 중앙로 81, 동산빌딩 3층	064-762-1141

* 표시는 건가-다가 통합 서비스 운영 기관

출처: 여성가족부(2018. 06.30)

저자 소개

✍ 정황순

- 중앙대학교. 원광대학교 대학원 졸업(교육학박사)
- 백석예술대학교 총장 비서실장, 입학관리실장, 평생교육원장
- 현 백석예술대학교 입학관리처장
- 현 백석예술대학교 교수

[저서와 논문]

『유아교사를 위한 현장실무교육』(현대문화, 2017)

『교육심리학』(공저, 태영출판사, 2016)

『교직윤리』(현대문화, 2014), 『교육심리학』(공저, 태영출판사, 2013)

『가족복지론』(공저, 창지사, 2012), 『교육학개론』(공저, 태영출판사, 2012)

『실기교육방법론』(공저, 태영출판사, 2006), 『교육학개론』(공저, 동문사, 2003) 등

"예비유아교사의 셀프리더십이 대학생활 적응에 미치는 영향"(백석논단, 2019)

✍ 권은진

- 숙명여자대학교 교육학 박사
- 현 백석예술대학교 외래강사

교육학개론

초판발행 2020년 3월 5일
3판발행 2023년 3월 5일

2023. 3.

저 자 정황순 · 권은진

발행인 김현태
발행처 태영출판사

주 소 (08371) 서울 구로구 디지털로31길
전 화 02 · 839-3757, 839-3752
팩 스 02 · 837-3754

등 록 2005년 5월 30일 제12-421호
http://www.taeyeongbook.co.kr
E-mail tys2005@hanmail.net
ISBN 978-89-6302-242-0 93370
정 가 18,000원

* 잘못 만들어진 책은 교환해 드립니다.